Ulrike Itze / Martina Plieth

Tod und Leben

Mit Kindern in der Grundschule Hoffnung gestalten

Die Farbbilder aus dem Kapitel „3. Bilder-Kommentare-Interviews" sind in dieser Ausgabe in s/w abgedruckt. Wenn Sie diese in Farbe benötigen, können Sie sich die Seiten 33–110 ganz einfach kostenlos als Farbseiten unter der Adresse www.auer-verlag.de/media/wysiwyg/auer/pdf-dokumente-web/03584_farbig.pdf herunterladen.

2.3 Einheit 3: Erarbeitung des Bilderbuches „Abschied von Tante Sofia":
- Illustrationen (Astrid Leson)
  aus: Abschied von Tante Sofia © Verlag Ernst Kaufmann, Lahr
- Das andere Land (Hiltraud Olbrich)
  aus: Abschied von Tante Sofia © Verlag Ernst Kaufmann, Lahr

Gedruckt auf umweltbewusst gefertigtem, chlorfrei gebleichtem
und alterungsbeständigem Papier.

4. Auflage 2018
Nach den seit 2006 amtlich gültigen Regelungen der Rechtschreibung
© Auer Verlag
AAP Lehrerfachverlage GmbH, Augsburg
Alle Rechte vorbehalten
Das Werk und seine Teile sind urheberrechtlich geschützt. Jede Nutzung in anderen als den gesetzlich zugelassenen Fällen bedarf der vorherigen schriftlichen Einwilligung des Verlages.
Hinweis zu § 52 a UrhG: Weder das Werk noch seine Teile dürfen ohne eine solche Einwilligung eingescannt und in ein Netzwerk eingestellt werden. Dies gilt auch für Intranets von Schulen und sonstigen Bildungseinrichtungen.
Illustrationen: Anna de Riese
Satz: Fotosatz Buck, Kumhausen
Druck und Bindung: Esser printSolutions GmbH
ISBN 978-3-403-**03584**-8

www.auer-verlag.de

Inhaltsverzeichnis

Vorwort

I.	**Theoretische Grundlegung**	8
1.	**Kindliche Vorstellungen vom Tod**	8
1.1	Bedingungsfaktoren für die Entwicklung kindlicher Todeskonzepte	8
1.2	Entwicklungslinien und -schübe vom Vorschulalter bis zum Beginn der Pubertät	18
1.2.1	Vorschulalter	18
1.2.2	Grundschulalter	19
1.2.3	Beginnende Pubertät	22
2.	**Bilder als Gestaltungselemente kindlicher Wirklichkeit**	24
2.1	Bilder und ihre Bedeutung für die kindliche Wahrnehmungs- und Ausdruckswelt	24
2.2	Bilder als wesentliche Elemente kindlicher Todeskonstrukte	25
2.2.1	Symbole der Vergänglichkeit	25
2.2.2	Gräber und Friedhöfe	26
2.2.3	Die geliebten Verstorbenen	26
2.2.4	Die trauernden Hinterbleibenden	27
2.2.5	Das brutale Sterben	28
2.2.6	Der Tod als Gestalt	28
2.2.7	Das „Todes-Danach"	29
II.	**Bilder und Texte von Kindern zum Thema „Tod und Leben"**	31
1.	**Welche Kinder malen hier und melden sich zu Wort?**	31
2.	**In welcher Situation wird hier gemalt und nachgedacht?**	31
3.	**Bilder – Kommentare – Interviews**	33
	Der Weg durchs Leben	33
	Die Lebensuhr	39
	Das schöne Grab	43
	Die weinenden Rosen	47
	Die Uroma und ihr Haus	50
	Auch Tote sind nicht gern allein	53
	Abschiednehmen im Trauerhaus	54
	Tod auf der Straße	59
	Zerbrochene Herzen im Erdbebengebiet	61
	Geheilte Herzen fliegen zu Gott	62
	Der traurige Tod	65
	Der Sensenmann mit stechendem Blick	68

	Der Tod als Sklaventreiber...	69
	Der entmachtete Tod...	70
	Vom Totenbett zum Leben...	73
	Die Verwandlung der Seelen...	76
	Seelen leben in Luftblasen...	79
	Die Gottestür..	83
	Herzgondelfahrt zum Paradies.......................................	86
	Die Hand Gottes...	93
	Der lange Weg zur Gottestür...	97
	Das Regenbogentor..	101
	Willkommen im Himmel...	104
	Grüne Seelen um roten Gott...	108
4.	Welche Erfahrungen und Gedanken sind hier zu entdecken?.........	111

III. Eine Unterrichtsreihe zum Thema „Tod und Leben" – Anregungen zum kreativen Gestalten eigener Unterrichtseinheiten............ 116

1.	Vorüberlegungen		116
1.1	Zielgruppe und Unterrichtsstruktur..		116
1.2	Eigene Erfahrungen reflektieren...		116
1.3	Einbeziehung der Eltern..		117
1.4	Lernchancen...		118
1.5	Die didaktische Thematisierung von „Tod und Leben"...................		118
1.6	Begleitung einzelner Kinder in konkreten Verlustsituationen.............		119
2.	Struktur und Aufbau der einzelnen Unterrichtseinheiten.................		120
2.1	EINHEIT 1:	Über die zeitliche Begrenztheit des menschlichen Lebens nachdenken............	120
2.1.1	Sequenz 1:	Das Lebenslabyrinth..................................	120
2.1.2	Sequenz 2:	Die Lebensstadien...................................	122
2.1.3	Sequenz 3:	Integration der Bilder in das Labyrinth................	124
2.1.4	Sequenz 4:	Was denken und wünschen sich Menschen in den einzelnen Lebensstadien?.................................	125
2.1.5	Sequenz 5:	Wir bringen Kinderfotos mit zur Schule................	127
2.2	EINHEIT 2:	Die eigenen Vorstellungen von „Tod und Leben" malen.....	129
2.2.1	Sequenz 1:	Der Malauftrag: „Wie stellst du dir den Tod vor? Male (d)ein Bild dazu!"................................	129
2.2.2	Sequenz 2:	Schreiben zum Bild...................................	132
2.2.3	Sequenz 3:	Die Bilderausstellung.................................	132
2.2.4	Sequenz 4:	Die Kinder geben ein Radio-Interview.................	133
2.3	EINHEIT 3:	Erarbeitung des Bilderbuches „Abschied von Tante Sofia"....	134
2.3.1	Zum Buch	....	134

2.3.2	Sequenz 1:	Franziska und Fabian – Eine Geschichte über Freundschaft (S. 1–3)	136
2.3.3	Sequenz 2:	Tante Sofia – Ein älterer Mensch „sammelt Zeit" (S. 4–6)	137
2.3.4	Sequenz 3:	Alles, was auf Erden geschieht… – Ein Gebet über die „Zeit" (S. 7)	140
2.3.5	Sequenz 4:	Ein Freund – Was Freunde alles miteinander tun können (S. 8–10)	142
2.3.6	Sequenz 5:	Ein Abendgebet – Für Freundschaft und gemeinsame Erlebnisse „Danke" sagen können (S. 11)	146
2.3.7	Sequenz 6:	Erinnerung – Tante Sofia erinnert sich an ihren verstorbenen Nachbarn Simon (S. 12–13)	149
2.3.8	Sequenz 7:	Wo sind die Toten? – Verschiedene Ansichten und Denkmodelle (S. 14–15)	153
2.3.9	Sequenz 8:	Geburtstag – Tante Sofia denkt an ihrem Geburtstag an ihren Tod (S. 16–17)	154
2.3.10	Sequenz 9:	Das andere Land – Ein Märchen über den Tod und das Leben (S. 18–21)	156
2.3.11	Sequenz 10:	Tante Sofia ist krank – Besuch am Krankenbett (S. 22–23)	158
2.3.12	Sequenz 11:	Abschied von Tante Sofia – Tante Sofia stirbt (S. 24)	159
2.3.13	Sequenz 12:	Das Begräbnis – Der Abschied (S. 25–26)	160
2.3.14	Sequenz 13:	Das Leben geht weiter – Etwas Neues fängt an (S. 27)	162
2.3.15	Sequenz 14:	Auf dem Friedhof – Impressionen (S. 28)	163
2.4	Einheit 4:	Begegnung mit biblischen Hoffnungsbildern – Hoffen, dass der Tod nicht das Ende ist	164
2.4.1	Sequenz 1:	Ein Unterrichtsgang zum Friedhof	164
2.4.2	Sequenz 2:	Begegnung mit biblischen Hoffnungsbildern	164

3. Hilfsmittel und Materialien ... 167

KV 1: Das Lebenslabyrinth ... 167
KV 2: Die Lebensstadien ... 168
KV 3: Schreibblatt ... 169
KV 4: Zeit ... 170
KV 5: Erinnerung ... 171
KV 6: Dialogspiel ... 172
KV 7: Biblische Hoffnungsbilder 1: Was Gott uns verspricht ... 173
KV 8: Biblische Hoffnungsbilder 2: Was Gott uns zeigt ... 174

IV. Weiterführende religionspädagogische Überlegungen ... 175

1. Leitlinien für das Miteinander von Erwachsenen und Kindern im Grundschulbereich für einen konstruktiven Umgang mit dem Thema „Tod und Leben" ... 175

2. Hintergrundwissen ... 180

Info 1: Der Tod in christlich-theologischer Sicht/ Mögliche Elementarisierungen ... 180
Info 2: Was zeichnet tragfähige Hoffnungsbilder aus? ... 181
Info 3: Biblische Hoffnungsbilder I – Was Gott uns verspricht ... 182

Info 4: Biblische Hoffnungsbilder II – Was Gott uns zeigt 183
Info 5: Was Kinder über den Tod wissen möchten – Häufig gestellte
        Kinderfragen 184
Info 6: Was Erwachsene (nicht) sagen sollten – Missverständliche
        Äußerungen und positive Impulse 186

3. Hilfreiche Literatur zum Thema „Sterben – Trauer – Tod" 188

3.1   Zielgruppe: Erwachsene. 188

3.2   Zielgruppe: Kinder. 189

V.   Statt eines Nachwortes: „Das Thema hat mir gefallen..." 192

Vorwort

> *„Ihr sagt:*
> *‚Der Umgang mit Kindern ermüdet uns.'*
> *Ihr habt Recht.*
> *Ihr sagt:*
> *‚Denn wir müssen zu ihrer Begriffswelt hinuntersteigen,*
> *uns herabneigen, beugen, kleiner machen.'*
> *Ihr irrt euch.*
> *Nicht das ermüdet uns.*
> *Sondern – dass wir zu ihren Gefühlen emporklimmen müssen.*
> *Emporklimmen, uns ausstrecken,*
> *auf die Zehenspitzen stellen, hinlangen.*
> *Um nicht zu verletzen."*
> (Janusz Korczak)

Lieber Leser, liebe Leserin,

die vorangestellten Worte des polnischen Arztes und Pädagogen Janusz Korczak (in: Wenn ich wieder klein bin) übernehmen Hinweisfunktion; sie zeigen einen Umstand an, der auch im gegebenen Zusammenhang (der Vorbereitung und Reflexion einer Unterrichtsreihe zum Thema „Tod und Leben") zu berücksichtigen ist: Wer sich mit Kindern und deren Gedanken sowie Gefühlen befasst, kommt nicht umhin, „Seelenkräfte" zu investieren; und das kann in der Tat müde machen und erschöpfen, aber es lohnt sich auch. Schließlich entwickeln Kinder bei der Konstruktion ihrer Wirklichkeit überaus kreative Ideen, die uns mitunter äußerst nüchterne Erwachsene bereichern und an bewegte Zeiten unseres eigenen Kinderlebens erinnern können – an Zeiten, in denen auch in unseren Köpfen komplexe Vorstellungswelten entstanden, deren Existenz wir heute womöglich längst vergessen oder ausgeblendet haben.

Wenn im vorliegenden Buch das Miteinander von Erwachsenen und Kindern in der Grundschule in den Vordergrund gerückt wird, dann geht es dabei neben aller inhaltlich-pädagogischen Arbeit immer auch um alltägliche, sich ständig wiederholende Vorgänge gemeinsamer Existenz: um das Teilen von Traurigkeit und Freude, von Angst und Mut oder um den Austausch von erschreckenden sowie tröstlichen Vorstellungen und Bildern. Kinder und Erwachsene werden dabei im besten Fall wechselseitig voneinander lernen und immer wieder neu erfassen, wie spannend und weiterführend die Verbindung unterschiedlicher Lebenskontexte ist. Und wenn sie das tun, dann sind sie bereits dort angekommen, wo der Einsatz oder die Umsetzung der im Folgenden vorgebrachten Überlegungen zum Thema „Tod und Leben" beginnen können: Bei der Frage nach der Vielfältigkeit komplexer Lebensprozesse, die eben auch das Sterben umfassen und trotz bzw. wegen aller Lebendigkeit grundsätzlich auf den Tod hin angelegt sind. Damit ist ein wichtiger erster Schritt getan, dem hoffentlich viele weitere konstruktive folgen werden: Schritte auf Kinder zu, Schritte mit Kindern und Schritte für Kinder – konkrete (unterrichtliche) Einzelschritte, die zeigen, wie beeindruckend Kinder und vor allen Dingen kindliche Lebens- und Todesvorstellungen insgesamt sind.

Wir wünschen denen, die unser Buch (jetzt in der zweiten Auflage mit aktualisierten Literaturtipps im Anhang) anschauen, lesen und bedenken, viel Freude bei der Arbeit und hoffen, dass auch Sie sich als bereits etwas Ältere – ähnlich wie wir – weiterhin oder ganz neu begeistern lassen von den ihnen anvertrauten jungen Menschen, „ihren" Kindern, und deren motivierender Hoffnungskraft.

Nürnberg/Ladbergen 2015　　　　　　　　　　　　　　*Ulrike Itze und Martina Plieth*

I. Theoretische Grundlegung[1]

1. Kindliche Vorstellungen vom Tod

Die Vorstellungen vom Tod beim Kind sind so unterschiedlich wie Kinder selbst: Es gibt überaus fantasiereiche und plastisch-drastische, aber auch auffällig nüchterne und solche, die konturlos und blass wirken. Bestimmt wird ihre jeweilige Aus-Formung durch äußere und innere Faktoren, die langsam verlaufende, kontinuierliche Entwicklungsprozesse, aber auch plötzliche, manchmal überraschende Wandlungen ermöglichen. All dies sollte bei der Vorbereitung einer Unterrichtsreihe zum Thema „Tod und Leben" berücksichtigt werden, denn nur so ist es möglich, Kinder bei ihrer Individualentwicklung angemessen zu unterstützen und zu begleiten; nur so wird ihnen bei der Bewältigung eines äußerst komplexen und lebenswichtigen Problem(inhalt)s tatsächlich zu helfen sein: durch intensive Auseinandersetzung mit kindlicher Wirklichkeit und den vielfältigen sie bestimmenden Einflüssen.

Erfahrene Grundschullehrer/innen wissen darum und werden versuchen, „ihre" Kinder und deren Welt immer wieder neu in den Blick zu nehmen, um einerseits zu erkennen und zu begreifen, was bei der Beschäftigung mit Sterben, Tod und Trauer Schrecken auslöst, und andererseits das zu entdecken, was Hoffnungskräfte freisetzt und konstruktiv kanalisiert. Die nachfolgenden Ausführungen sollen dabei ordnend wirken und so Entlastung bieten. Sie stellen keine allgemeingültige Sammlung fixer Daten über Kinder und ihre Todesvorstellungen dar, sondern ein Orientierungsraster, das wahrnehmen, verstehen und handeln lehrt: In einem ersten Sektor werden zentrale Bedingungsfaktoren für die Herausbildung kindlicher Todeskonzepte benannt (was beeinflusst die Vorstellungen „unserer" Kinder?) und anhand treffender Beispiele konkretisiert. In einem zweiten Sektor wird eine gegliederte Zusammenschau der im Blick auf das Todesthema relevanten Entwicklungslinien und -schübe vom Vorschulalter bis zum Beginn der Pubertät geboten (welche Vorstellungen bestimmen „unsere" Kinder wann?).

1.1. Bedingungsfaktoren für die Entwicklung kindlicher Todeskonzepte

Für die Herausbildung eines umfassenden Todeskonzepts spielt vor allen Dingen *die jeweilige Art herannahender bzw. hereinbrechender Todeswirklichkeit*, mit der Kinder konfrontiert werden, eine große Rolle: Der massenmedial-vermittelte Tod oder die beiläufige Alltagskommunikation eines Todesthemas (indirekte Todeserlebnisse) haben z. B. völlig andere Auswirkungen als der Tod im engeren oder weiteren Beziehungsfeld eines Kindes (direkte Todeserlebnisse). Und auch der Tod im Spiel bzw. in der Fantasie besitzt ein spezifisches Prägungsvermögen; er wird von Kindern trotz seiner Fiktionalität als wirkliche und vor allen Dingen wirkmächtige Größe empfunden und ist dementsprechend ein wichtiger Teil kindlichen (Er-)Lebens, der ernst genommen werden sollte.

Der durch Filme und Videos eher distanziert vermittelte Tod ist besonders für jüngere Kinder alles andere als unproblematisch: Er kommt zumeist abstrakt daher und kann deshalb sehr leicht unterschätzt werden. Sein Auftreten erscheint – aus sicherem Abstand in den Blick genommen – zwar irgendwie unheimlich und bedrohlich, aber nicht tatsächlich lebensgefährlich. Lein-

---

[1] Der folgende Text ist ganz bewusst (um der besseren Lesbarkeit willen) ohne Fußnoten verfasst. Wer zusätzliche Literatur zu Rate ziehen möchte oder Belegstellen sucht, sollte den weiter hinten abgedruckten bibliographischen Hinweisen (Hilfreiche Literatur zum Thema „Sterben – Trauer – Tod") nachgehen.

wandhelden sinken nun einmal in einem Film tödlich getroffen zu Boden und sind im nächsten Kinostreifen wieder quicklebendig; ihr Schicksal ist beliebig veränderbar und vom radikalen Zu-Ende-Sterben kaum berührt. Mit realen Todessituationen hat dies nur am Rande zu tun, und so können diese „Schicksale" auch nur bedingt eine wirkliche, existentiell bedeutsame Auseinandersetzung mit der Endlichkeit allen Lebens herbeiführen. Stattdessen fördern diese Bilder mitunter sehr rasch einen emotionsarmen Umgang mit ansonsten stark gefühlsbesetzten Themen und Inhalten und lassen abstumpfen, anstatt zu sensibilisieren. Letzteres vor allen Dingen dann, wenn zu viele Medien-Bilder zu oft und auch zu schnell hintereinander konsumiert werden. Wo dies geschieht, kann keine kritische Verarbeitung mehr stattfinden. Kinder geraten dann wesentlich leichter als Erwachsene in einen ungefilterten Bilderstrom, der mitreißt und dabei massiv erregt und zeitgleich Nichtverstehen und emotionale Überforderung verursacht. Dies wird realistisch gesehen zwar nicht immer vermeidbar, aber bei entsprechendem Engagement für Heranwachsende und ihre Denk- und Fühlwelt gezielt quantitativ zu begrenzen und auf bestimmte Situationen bzw. Gelegenheiten zu beschränken sein.

Es ist auffällig, wie viele Kinder im Elementar- und Grundschulbereich am Montagmorgen besonders aggressiv auftreten. Sie schlagen, boxen und treten ohne Rücksicht auf Verluste und zeigen sich wenig berührt von den Schreck- und Schmerzreaktionen anderer. Wenn sie zur Rede gestellt werden, zucken sie oft nur mit den Schultern oder kommentieren ihr Tun mit rohen Bemerkungen („Ich wollte dem wehtun. Ich wollte seh'n, wie das ist, wenn der blaue Flecken kriegt. Wenn der heult, dann ist der doch selber schuld.") – Sie haben nicht eben selten von Freitagabend bis Montagfrüh etliche Gewaltszenen im Fernsehen oder auf Videobändern miterlebt und versuchen nun, sie möglichst authentisch nachzustellen; wie gefährlich, ja lebensbedrohlich die dabei an den Tag gelegten Verhaltensweisen oft sind, ist ihnen ganz offensichtlich nicht klar oder scheint sie nicht zu berühren.

🆔 *Der beiläufig kommunizierte Tod* tritt häufig unversehens und unbemerkt im kindlichen Alltag in Erscheinung. Eltern, Geschwister oder andere Personen erzählen im Beisein Minderjähriger absichtslos und unreflektiert z. B. von Verstorbenen und den (näheren) Umständen ihres Sterbens bzw. Todes oder von Trauerreaktionen Angehöriger; Todesanzeigen werden vorgelesen sowie kommentiert, und Ereignisse auf Friedhöfen oder an anderen „Orten des Todes" (Überführungen, Erdbestattungen, Kremationen etc.) bieten Gesprächsstoff, der allerdings meistens nur zu einem oberflächlichen Gedankenaustausch anregt. Kinder, die so etwas miterleben, werden zwar aufmerksam und mit weit geöffneten Ohren zuhören, aber längst nicht alles begreifen; sie reagieren deshalb häufig mit Befremden und bestenfalls mit konkreten Nachfragen, die Missverständnisse und/oder Fehlinterpretationen aufdecken und beheben helfen. Selbstverständlich kann und soll „beiläufige Kommunikation" nicht andauernd unterdrückt oder sogar völlig abgeschafft werden, denn dies käme einer unangemessenen „Vereigentlichung" unseres Alltags gleich, die im letzten lebensabträglich wäre. Es geht stattdessen darum, sich grundsätzlich (und in gewissen Abständen immer wieder neu) bewusst zu machen, dass und wie kindliche Vorstellungsbilder durch beiläufig vermittelte Informationen beeinflusst werden (können).

Mirja (vier Jahre alt) bekam mit, wie ihr Vater aufgebracht zu seiner Frau, ihrer Mutter, sagte, es „stinke" ihm gewaltig, dass er am Donnerstag zur „Leiche" müsse; und auch das „Fell-Versaufen" sei nichts weiter als vertane

Zeit. – Einige Tage später fragte das Mädchen, ob wirklich alle Toten stinken und ob ihr auch ein Fell wachsen würde, wenn sie tot ginge. Außerdem wollte sie unbedingt wissen, wer das Fell abzieht und ob das sehr wehtut. – Ihre Gesichtszüge waren bei dieser Nachfrage angewidert verzogen und unübersehbar angespannt.

🌀 Nicht nur unbedacht gemachte Äußerungen im Umfeld der Todesthematik können bizarre und vor allen Dingen erschreckende Vorstellungen vom Tod hervorrufen. Auch *Euphemismen und Verklausulierungen*, die in verharmlosender Tendenz absichtlich vorgebracht werden, um Kinder vor der Unerbittlichkeit des Todes (vermeintlich) zu „schützen", wirken in der Regel verunklarend. Sie werden als „uneigentliche Rede" zumeist nur unzureichend verstanden und dann ausschließlich entsprechend ihres Wortsinns und damit fehlerhaft ausgelegt; ähnliches gilt für solche *Begriffe, die aus sich heraus mehrdeutig sind* und deren umfassendes Verständnis vom jeweiligen kognitiven Entwicklungs- und Wissensstand eines Kindes abhängig ist. So kann z. B. die Rede davon, ein Verstorbener sei „in den Himmel" gekommen, nur dann in vollem Umfang umgesetzt werden, wenn der Unterschied zwischen naturwissenschaftlich zu beschreibendem Firmament und der (religiösen) Beziehungsdimension Himmel bekannt und bewusst ist. Fehlt dieses Differenzierungsvermögen, erliegt das Kind womöglich seiner natürlichen Materialisierungstendenz und stellt sich den Himmel ausschließlich als Raum-Körper-Größe vor; Irrtümer mit mehr oder weniger schwerwiegenden Konsequenzen sind dadurch in gewisser Weise regelrecht vorprogrammiert.

So konnte ein fünfjähriger Junge monatelang nicht mehr durchschlafen, weil ihm die Mutter nach dem Tod des geliebten Großvaters erzählt hatte, der Opa sei nun im Himmel bei all den anderen Toten und dort gut aufgehoben. Der kleine Enkel dachte immer wieder an die zahlreichen Toten und vor allen Dingen daran, dass sein Großvater ein dicker, schwergewichtiger Mann gewesen war. Wie sollte der Himmel da bloß halten? Er würde ganz bestimmt durchbrechen, und all die Toten würden, angeführt vom Großvater, herabstürzen und ihn, den hilflosen Enkel, lebendig unter sich begraben. Kein Wunder, dass sich eingedenk dieser Vorstellung Schlafstörungen einstellten.

Das zitierte Beispiel ist überaus eindrücklich und wirkt wie eine Warnung vor der Rede vom Himmel als „Totenort". Nichtsdestoweniger sollte im gegebenen Zusammenhang auch bedacht werden, dass weder Kinder noch Erwachsene permanent dazu in der Lage sein dürften, ganz und gar auf eine räumliche Himmelsvorstellung zu verzichten. Menschen können nun einmal transzendente Wirklichkeit nur vermittelt erfassen; sie brauchen „Mittelinstanzen" (mit zum Teil mythischem Charakter), um sich dem nicht direkt fassbaren Außerweltlichen anzunähern. Der blaue Himmel über uns, zu dem wir auf der Suche nach „höherer Wahrheit" oder „tieferem Sinn" aufblicken, kann durchaus eine solche Vermittlungsgröße sein und muss deshalb nicht völlig ausgeklammert werden, wenn z. B. davon gesprochen wird, dass „Toten der Himmel offen steht". Allerdings erscheint es schon hilfreich, sprachliche Differenzierungen vorzunehmen bzw. zu übernehmen. Grundschulkinder unterscheiden z. B. häufig ganz von selbst intuitiv zwischen „Menschen-" und „Gotteshimmel".

🌀 Eine ähnliche Problematik wie bei dem Einsatz von Euphemismen, Verklausulierungen und mehrdeutigen Begriffen ergibt sich häufig dann, wenn Erwachsene versuchen, vielschichtige Bildrede durch *rationale Erklärungen* zu ersetzen. Auch dabei können – trotz aller Aufklärungsabsicht – Missverständnisse und Fehlverknüpfungen entstehen, die die Herausbildung absonderlicher Vorstellungen und Überzeugungen fördern.

Carsten (vier Jahre alt) betrauerte den plötzlichen Tod seines Freundes: Der Zuchtbulle Oskar war über Nacht im Stall gestorben. Die Großmutter tröstete ihren kleinen Enkel mit den Worten: „Der Oskar ist jetzt im Himmel beim lieben Gott." Carsten schien mit der Auskunft zufrieden und hörte auf zu weinen. Einige Zeit später starb der Großvater des Jungen; Großmutter und Enkel gingen auf den Friedhof, um den „Opa zu besuchen". Am Grabplatz sagte die Großmutter: „Nun ist auch der Opa im Himmel." Carsten widersprach vehement, fast wütend: „Der Papa hat gesagt, das mit dem Himmel ist Quatsch. Den Oskar hat der Abdecker geholt, der hat ihn zu Seife gekocht. Und den Opa hat er auch geholt; ich weiß das genau!"

🌀 Schwierig ist auch der Umgang mit solchen *Ausdrücken und Umschreibungen, die bei Kindern andere Assoziationen als bei Jugendlichen oder Erwachsenen hervorrufen* und deshalb wenig aussagekräftige „Erwachsenenworte ohne genauen Inhalt" bleiben. So ist z. B. der Tod als Trennung von Leib und Seele für Kinder unter zehn Jahren kaum vorstellbar; er wird erst mit dem Übergang zur weiterführenden Schule, also bei den ca. Zehn- bis Elfjährigen, Gegenstand eigener Überlegungen und kann von da an durchaus auch als „Trostfaktor" fungieren; vorher bietet er eher bedrohliche Indizien für die Gefahr völligen Ichverlustes bzw. totaler Selbstauflösung und wird dementsprechend gefürchtet. Dies hat maßgeblich mit dem holistischen Seelenverständnis jüngerer Kinder zu tun, die selbstverständlich davon ausgehen, dass die Rede von der „in den Himmel kommenden Seele" den ganzheitlich-leibhaften Toten meint, der eine Einheit von Körper und Ich bzw. Leib und Seele darstellt.

Marco (fünfeinhalb Jahre alt) wollte unbedingt wissen, wo er denn das „Loch" bekäme, wenn er tot ginge und ob das sehr weh täte. Sein verzweifelter Gesichtsausdruck wies auf Schrecken und Panik hin. – Gezielte Nachfragen ergaben, dass der Junge gehört hatte, die Seele müsse am Ende eines Lebens den Körper verlassen, könne aber nicht durch die natürlichen Körperöffnungen entweichen, da dies bereits zu Lebzeiten eine unzeitige „Entseelung" ermöglichen würde. Folgerichtig schloss das Kind nun, es müsse im Tod eine zusätzliche Öffnung (das Loch) für die Seele geschaffen werden, um deren „Befreiung" zu gewährleisten; es stellte sich vor, sein Körper würde gleichsam von innen her brutal aufgebrochen und so dauerhaft verunstaltet.

🌀 Wesentlich härter als die zuvor angeführten indirekten Konfrontationen mit herannahender bzw. hereinbrechender Todeswirklichkeit werden zumeist *direkte Todeserlebnisse* empfunden. Besonders dort, wo ein Lebewesen, zu dem eine intensive emotionale Bindung besteht, *im näheren Umfeld eines Kindes* stirbt, erfolgt eine Zuspitzung der dadurch zustande kommenden Belastungssituation: Die Unausweichlichkeit und Unwiderrufbarkeit des Todes wird klar konturiert und dadurch in mitunter brutaler Deutlichkeit herausgestellt; ein Kind, das so etwas erlebt, erfährt sich selbst bedroht und ist unvermittelt (mit)betroffen. Dieser Umstand kann massive Ängste auslösen, aber auch – trotz aller mit ihm verbundenen Beeinträchtigungen – zu einer tiefergehenden Auseinandersetzung mit der Endlichkeit allen Lebens führen.

In der in diesem Buch vorgestellten vierten Klasse verstarb während der Durchführung der Unterrichtsreihe zum Thema „Tod und Leben" der Vater eines Schülers. Er war Monate zuvor bereits einmal von seinem Sohn mitten in der Nacht regungslos und ohne spontane Atmung im Schlafzimmer aufgefunden worden, wurde jedoch damals anschließend durch Rettungssanitäter in allerletzter Minute wiederbelebt. – Für den zehnjährigen Tobias war es unendlich schwer, nun mit dem zunächst einmal abgewendeten und dann schließlich doch eingetretenen todbedingten Verlust umzugehen. Er brauchte sehr viel Zuwendung und vor allen

Dingen genügend Freiraum im unterrichtlichen Geschehen, um immer wieder von seinem Vater und dessen Geschick erzählen zu können. Besonders bedeutsam waren für ihn die tröstlichen Aussagen im Blick auf den eigentlichen Sterbevorgang, die sein Vater nach seinem ersten Zusammenbruch gemacht hatte („Dann geht man weg, dann kommt Gott und hebt, und hebt den in ein schönes Tal, und dann kommt man unter die Erde." – Siehe dazu das ausführliche Interview in Abschnitt II.3); in ihnen fand er die für ihn dringend notwendige Bestätigung seiner eigenen zaghaften Hoffnungen. Auch der Umstand, dass fast alle Mitschüler/innen freiwillig (und das an einem Ferientag!) an der Bestattung seines Vaters teilnahmen, bewegte Tobias langandauernd. Noch Wochen später sagte er immer wieder: „Das war richtig gut, dass alle da waren. Da war ich nicht so allein." – Und auch die anderen Kinder reagierten regelrecht stolz auf ihre selbstbestimmte solidarische Gemeinschaftstat, die ganz offensichtlich wenigstens etwas Halt in einer sehr schwer auszuhaltenden Situation vermitteln konnte.

◉ Auch *direkte Todeserlebnisse im weiteren Umfeld eines Kindes*, wie sie z.B. durch einen miterlebten anonymen Unfalltod auf der Straße oder das Auffinden eines unbekannten toten Tieres am Straßenrand vermittelt werden, lösen Empfindungen und Verhaltensweisen aus, die weiterführende Bewusstseinsprozesse und gegebenenfalls auch Einstellungsveränderungen in Gang setzen können.

*Im Eingangsbereich des Kindergartens lag eine tote Drossel, die sich vermutlich beim Aufprall auf eine Glasscheibe das Genick gebrochen hatte. Die Kinder der Außenspielgruppe entdeckten den Vogel und begannen von sich aus unter einem Baum ein Loch zu buddeln. Sie legten den Vogelleichnam vorsichtig hinein und bedeckten ihn sorgfältig mit der zuvor entnommenen Erde. Nachdem der Platz geebnet worden war, wurde die Grabstätte mit Blättern und Gras geschmückt. – In der nächsten Außenspielphase wurde der Vogelleichnam wieder ausgegraben, von Erde befreit und intensiv in-*spiziert; *feststellbare Veränderungen am toten Körper wurden gleichmütig wahrgenommen und kommentiert. Dieser Ablauf wiederholte sich in zunehmend größeren Abständen mehrere Male, bis das Skelett des verstorbenen Vogels sichtbar wurde. Danach schien der Wissensdurst gestillt und das Interesse erlahmt; die Kinder wandten sich wieder anderen (spannenderen) Ereignissen und Beschäftigungen zu.*

◉ *Der Tod in der Fantasie oder im Spiel von Kindern* ermöglicht Vergangenheits- und Zukunftsbewältigung. Er zeigt zum einen unterschiedliche Grade der Verarbeitung oder eventueller Nichtbewältigung bereits erfolgter Todeskonfrontationen an und ermöglicht zum anderen Experimentierverhalten, in dem grundsätzlich mögliche Ereignisse vorweggenommen werden können. Letzteres geht Realsituationen, in denen Tod mit all seinen konkreten Auswirkungen zum Tragen kommt, voraus und ermöglicht ein Einüben eventuell später notwendiger und hilfreicher Verhaltensweisen. Selbsterdachte Geschichten und deren Darstellung vermitteln in diesem Kontext Indizien über die Tragfähigkeit bzw. Brüchigkeit der jeweiligen Ich-Identität eines Kindes sowie seiner darauf einwirkenden Beziehungsmuster und -gefüge.

Britta (siebenjährige Schülerin einer zweiten Grundschulklasse) erzählte vorübergehend anwesenden Schulpraktikantinnen, dass ihr Meerschweinchen plötzlich gestorben sei. Der Tod des Tieres wurde angemessen bedauert und einfühlsam kommentiert. Einen Tag nach diesem Ereignis hieß es, auch Brittas Hund habe am Abend zuvor tot in seinem Körbchen gelegen; die darauf Bezug nehmende Geschichte des Mädchens klang so glaubwürdig, dass niemand an ihr zweifelte. Erst einige Tage später, als Britta davon erzählte, ihr Pferd sei in der Nacht gestorben, regte sich begründeter Verdacht. Und als die Schülerin weinend vom Tod ihrer Mutter berichtete, wurde ein Gespräch unter vier Augen mit ihr geführt, das innerhalb einer halben Stunde mehr über die zerrüttete häusliche Si-

tuation der Schülerin zutage brachte als etliche vorhergegangene längere Aussprachen.

Spezifisch für die Herausbildung kindlicher Vorstellungen vom Tod ist die überaus *enge Verbindung (Koppelung) von Kognitionen und Emotionen*. So gibt es bereits in den allerersten Lebensabschnitten, lange bevor ein mehr oder weniger detailliertes Todeskonzept entwickelt wird, Urerfahrungen und -ängste, die bestimmte, oft diffuse Todesbilder hervorrufen und Lebenskontexte nachhaltig beeinflussen. Zu nennen sind in diesem Zusammenhang die Erstickungs- oder Vernichtungsangst, die Trennungsangst sowie die Angst vor Verstümmelung bzw. Entstelltwerden. Unabhängig davon, ob diese Ängste bereits vorgeburtlich angelegt, während der Geburt oder nachgeburtlich erworben worden sind, ist davon auszugehen, dass sie allesamt Entsprechungen menschlicher Todesangst darstellen. Diese ist also nicht an das völlige Zu-Nichts-Werden eines Lebewesens gebunden, sondern setzt bereits dort ein, wo sein inneres Gleichgewicht durch äußere oder innere Einflüsse bedroht oder gestört wird. Da solche Beeinträchtigungen von Kindern aber meistens nicht eindeutig benannt, sondern nur somatisch bzw. symbolisch (also verschlüsselt) zum Ausdruck gebracht werden, ist es überaus wichtig, kindliche Körpervorgänge und Verhaltensweisen möglichst umfassend wahrzunehmen und zu analysieren. Viele Heranwachsende reagieren eingedenk herannahender oder hereinbrechender Todeswirklichkeit z. B. mit erhöhter Reizbarkeit, Antriebsarmut oder Niedergeschlagenheit, verändertem Essverhalten sowie Darm- und Blasenstörungen oder Magenschmerzen und Erbrechen. Da das nicht allen Erwachsenen klar ist, wird kindliche Todesangst, die sich häufig auch noch bei Grundschulkindern als Angst vor Alleingelassenwerden, vor Trennung und Einsamkeit, vor finanziellem Ruin oder anderweitigem „Bankrott" (so z. B. dem Zerbrechen von Freundschaften usw.) „tarnt", oftmals gar nicht als solche erkannt und dementsprechend auch nicht bearbeitet.

- *Die Erstickungs- oder Vernichtungsangst* ist so etwas wie der „Ur-Grund" aller Lebens- bzw. Todesängste (Angst = angustia = Enge). Sie kommt vor allen Dingen dann zum Tragen, wenn Kinder sich Gedanken über das nachtodliche Schicksal Verstorbener machen. Schließlich sind in einem Grab „eingeschlossene" Leichen aus kindlicher Sicht „gebannte" Wesen, deren Bewegungsspielraum durch äußere und innere Gegebenheiten extrem eingeschränkt wird. So kommt es relativ oft vor, dass Kinder danach fragen, ob bestattete Tote hinreichend mit Luft und Licht versorgt seien. Sie möchten angesichts eines engen Sarges, der nicht nur einen verschraubten Deckel besitzt, sondern auch in die Gruft abgesenkt und anschließend mit Erde bedeckt wird, wissen, wie die Sauerstoffversorgung unterirdisch erfolgen kann und wer dafür sorgt, dass die Toten sich im Dunkeln zurechtfinden. Die Vorstellung, irgendwann einmal selbst im Sarg zu liegen, ist dabei einerseits durchaus anziehend (Gruseleffekt), andererseits aber auch abschreckend.

Philipp (fünf Jahre alt) begann herzzerreißend zu weinen, als sein nachts verstorbener Hund in einen Pappkarton gelegt und im Vorgarten begraben werden sollte. Die Bewegungslosigkeit des kleinen Freundes hatte ihn bereits heftig erschreckt, aber als nun die „Bestattung" anstand, geriet er völlig außer sich und schrie: „Das darfst du nicht tun, das darfst du nicht tun! Der Nico kriegt doch keine Luft." – In den Folgewochen reagierte Philipp klaustrophobisch sowie mit Atembeschwerden und Schlafstörungen; er verlangte, dass sämtliche Türen und Fenster weit geöffnet blieben, strampelte beim Zu-Bett-gebracht-Werden demonstrativ seine Bettdecke weg und jammerte, wenn das Licht gelöscht werden sollte.

- *Die kindliche Trennungsangst* ist als Angst vor dem Verlust des primären Liebesobjektes zu verstehen. Sie durchdringt sämtliche Lebensbereiche und kommt sogar in ansonsten völlig undramatischen Spielsituationen vor – so z. B. beim „Kuckuck-Da-" oder „Versteck-Spiel", wenn die Phasen der Verborgenheit eines begehrten Objekts etwas zu lange andauern. Im Umfeld von Sterben und Tod wird sie dort verursacht, wo Lebewesen, die bislang intensiven Kontakt ermöglicht haben, scheinbar grundlos „verschwinden" und nicht mehr wiederkommen. Die dadurch ausgelöste Verunsicherung ist zumeist tiefgreifend und wirkt äußerst negativ.

Timo (sechs Jahre alt) wollte nicht mehr allein in seinem Zimmer spielen oder schlafen, nachdem sein Vater gestorben war. Er klammerte sich weinend an seine Mutter und hielt sie fest, sobald sie außer Sichtweite zu geraten drohte; nicht einmal die Toilette konnte von ihr allein aufgesucht werden. Jede sich schließende oder verschlossene Tür rief bei dem Jungen Panikattacken hervor, denn sie hätte ja auch die Mutter für immer von ihm fernhalten (trennen) können.

🌀 *Die Angst vor Verstümmelung und Entstellung* bezieht sich in der Regel auf den eigenen Körper und die Möglichkeit des völligen Verlusts von Leibintegrität. Kinder, die ja gerade erst dabei sind, sich selbst zu entdecken und ihre Identität voll und ganz zu entfalten, empfinden bereits Krankheit als einen eindeutigen Angriff auf ihr Körperselbst und erleben Sterben bzw. Tod als massivste Form von Beeinträchtigung, die auf jeden Fall – mitunter sogar (auto)aggressiv – abgewendet werden soll. Sie stellen sich den Tod z. B. als hochexplosives Geschehen mit fürchterlicher Sprengkraft vor und denken mit Schaudern an die Würmer in der Erde, die früher oder später über Verstorbene „herfallen", um sie endgültig zu (ver)nichten.

Der siebenjährige Carsten erklärt seiner Lehrerin: „Wenn ich tot geh', dann weiß ich, dass ich in tausend Stücke geh'. Da bleibt nichts – und alles ist kaputt. Alles kaputt! Aber vorher, da mach' ich sie (!) platt, ganz bestimmt!" – Phillip (sieben Jahre alt) erläutert mit angewidertem Gesichtsausdruck: „In der Erde sind die Würmer, die fressen erst das Fleisch und dann auch die Knochen; das ist gar nicht schön, aber wenn die Würmer kommen, dann laufe ich ganz schnell weg."

Typisch für Kinder, insbesondere Jungen im Grundschulalter ist die Tendenz dazu, eigene Ängste zu kompensieren, indem anderen Angst „eingejagt" wird. Jüngere oder zumindest Schwächere werden mit Horrorvorstellungen aus dem Umfeld von Sterben bzw. Tod malträtiert und so lange gequält, bis sie in Tränen ausbrechen. Auf diese Weise verkehren sich die eingespielten Rollen: Aus Opfern werden Täter, die zumindest vorübergehend das Gefühl entwickeln können, ganz stark und mächtig zu sein. Die eigene Angststruktur wird dadurch zwar nicht grundsätzlich positiv verändert, aber wenigstens zeitweilig außer Kraft gesetzt. Das so erwirkte, kurzfristig andauernde Befreiungsgefühl führt zu immer wieder neuen Attacken gegen das Leben und die Lebendigkeit anderer, die letztlich – obwohl sie selbst zerstörerisch (lebensabträglich, also tödlich) wirken – als (allerdings wenig hilfreiche) Maßnahmen der „Todesabwehr" einzustufen sind.

Kinder einer dritten Grundschulklasse sperrten mehrere Tage hintereinander einen ihrer Mitschüler kurz vor Beginn des Unterrichts in den Schrank mit Bastelmaterial. Sie hatten ihm gesagt, dass er nie wieder herausgelassen würde, wenn er auch nur einen Mucks täte, und zusätzlich damit gedroht, seiner Schwester am Kindergarten aufzulauern, „um sie abzumurksen". – Zwei der Beteiligten wurden zu Hause selber regelmäßig geschlagen und stundenlang in ihrem Kinderzimmer eingeschlossen.

Neben den bisher angeführten, vor allen Dingen emotional bedeutsamen äußeren und inneren Bedingungsfaktoren für die Herausbildung kindlicher Todesvorstellungen gibt es auch solche, die in erster Linie im Bereich kognitiver Wachstumsprozesse verankert sind.

- So kann z. B. ein allererstes Verstehen des Umstandes, dass ein Lebewesen gestorben ist, überhaupt erst dann auftreten, wenn (in der Zeit zwischen dem achten und achtzehnten Lebensmonat) *die Fähigkeit zur sogenannten „Objekt- bzw. Personpermanenz"* erworben wurde; ein Kind muss dementsprechend sicher in der Lage sein, ein inwendiges Bild eines nicht mehr vorhandenen Beziehungsgegenübers zu entwickeln und über die unmittelbare Wahrnehmungssituation hinaus aufrechtzuerhalten.

- Auch *das Zeit- und Raumverständnis* spielt eine wesentliche Rolle für den Entwicklungsgrad des jeweiligen Todeskonzepts eines Heranwachsenden. Kinder mit anschaulichem Zeitbegriff im Alter von ca. zwei bis sechs Jahren - z. B. empfinden Zeit als eine Abfolge vieler ursprünglich unverbundener, in sich unendlicher Momente. Sie leben ganz im Hier und Jetzt und kosten ihre Gegenwart intensiv aus, ohne dabei ein Bewusstsein für deren Flüchtigkeit und die Unwiederbringlichkeit jedes einzelnen Augenblicks zu entwickeln. Leben wird dementsprechend als etwas Unbegrenztes, Unendliches wahrgenommen, und der Tod kann nicht als definitive Trennung verstanden werden. Dieser Umstand ändert sich frühestens mit der Herausbildung eines operativen Zeitbegriffs, der es ermöglicht, zwischen Vergangenheit, Gegenwart und Zukunft zu unterscheiden und Leben als grundsätzlich vergängliches Gut zu identifizieren. – Ähnliches gilt in Bezug auf das räumliche Ordnungsvermögen. Dieses ist im Vorschulalter in der Regel noch nicht voll entfaltet. Da für Untersechsjährige der Raum eine Momentaufnahme der Zeit und die Zeit der Raum in Bewegung ist, bezieht sich ihr vordringliches Rauminteresse (ganz so wie ihr Interesse an der Zeit) auf ihre jeweilige Gegenwart; die Kinder sind sich selbst Zentralpunkt und konzentrieren sich hauptsächlich auf ihre unmittelbare Umgebung. So wie sie nicht danach streben, Vergangenheit zurückzugewinnen oder Künftiges aufzubauen, fragen sie auch selten nach räumlichen Beziehungen, sondern in erster Linie nach einzelnen Orten. Erst im Übergang zum siebten Lebensjahr werden die weiterhin an konkrete Vorstellungen gebundenen kindlichen Denkleistungen zunehmend kompositionsfähig und veränderbar: Das Kind erlangt ganz allmählich einen Zeitbegriff gegliederter Anschauung, sein Zeitgefühl wird zunehmend detaillierter und konsequenter, und auch das Verhältnis zum Raum differenziert sich mehr und mehr aus; der kindliche Horizont weitet sich, und die Beziehungsdimension unterschiedlicher Orte erscheint wichtiger als der Einzelort an sich.

In direktem Zusammenhang mit dem Grad der Ausbildung von „Objekt- bzw. Personpermanenz" und Zeit-Raum-Verständnis stehen noch drei andere Entwicklungsaspekte, die die kindlichen Vorstellungen vom Tod maßgeblich mitbestimmen; es geht dabei um das Erfassen der Irreversibilität des Todes, um das Begreifen seiner Kausalität und um das Wahrnehmen seiner Universalität.

- Kinder, die noch nicht um *die Unwiderruflichkeit (Irreversibilität) des Todesgeschicks* wissen, gehen ganz selbstverständlich davon aus, dass der Tod letztendlich nur ein Interim darstellt und als eine Sonderform des Lebens zu beschreiben ist. Sie halten ihn für eine Art Tiefschlaf, Traum oder Reise und nehmen an, dass Tote eigenständig und mithilfe ihres Willens darüber entscheiden können, wie lange sie tot sein wollen und wann sie in ihr bisheriges Leben zurückkehren. Die Überzeugung von der prinzipiellen Umkehrbarkeit des Todes zeigt sich auch darin, dass Kinder im vooperativen Stadium Tote als „verdünnte Persönlichkeitsreste" mit herabgeminderter Lebensfunktion auffassen und demzufolge davon erzählen, wie Verstorbene sich verhalten, was sie besonders gern tun und welche Gefühle sie dabei entwickeln. Es kommen in diesem Zusammenhang auch äußerst differenzierte Beschreibungen vor, die erkennen lassen, dass Verstorbene nach kindlicher Überzeugung ein breit gefächertes Verhaltensrepertoire besitzen: Sie sind z. B. in der Lage, sich entsetzlich zu langweilen oder auch gegen die eigene Langeweile vorzugehen; sie besitzen die Fähigkeit, sich im Grab zu bewegen, telefonisch oder telepathisch Kontakt zu anderen Toten herzustellen, um mit ihnen zu spielen oder zu feiern, und sie können sogar als „Beobachter/innen" bei der eigenen Bestattung zugegen sein. Selbst Sinneswahrnehmungen wie z. B. Riechen oder Schmecken werden Verstorbenen von Kindern zugestanden; und mitunter wird sogar die Annahme geäußert, dass eigentlich überhaupt keine Totenversorgung nötig sei, da Tote doch für sich selbst sorgen könnten. Besonders interessant ist der Umstand, dass Kinder Verstorbenen intensive Trauerreaktionen zubilligen; sie erwarten, dass in Gräbern kummervoll geweint oder sogar geschrien wird, und suchen dementsprechend nach Trostelementen mit beruhigender Wirkung.

„Wenn du nicht mehr tot sein willst, dann hörst du einfach damit auf, und dann fängt alles wieder von vorne an. Einfach so." (Mädchen, sieben Jahre alt) – „Wenn die Toten die Lobsprüche auf ihren Grabsteinen lesen, dann freuen sie sich sehr. Sie finden das schön, wenn andere von ihnen reden. Und sie mögen viel Licht. Licht ist hell und warm; das tut den Toten richtig gut." (Junge, zehn Jahre alt)

@ Jüngere Kinder kennen nur wenige *Gründe für das Ende eines Lebens (Kausalität des Todes)*. Sie gehen fast immer davon aus, dass der Tod regulär ein reines Altersphänomen sei; falls doch einmal Jüngere sterben, wird ihr Ableben auf Gewalteinflüsse wie Mord oder Unfall und Naturkatastrophen zurückgeführt und als völlig unnatürlich empfunden. Denn eigentlich gelten in Kinderaugen folgende Grundsätze: Erwachsene („Gewachsene") sterben, weil sie ihr Lebensziel („alt" und „groß werden") erreicht haben, aber diejenigen, die noch klein bzw. jung sind, werden noch lange leben und sind vorerst nicht mit der grundsätzlichen Todeswirklichkeit konfrontiert. Und wer dazu in der Lage ist, sein Altern bzw. sein Wachstum mehr und mehr zu verzögern und schließlich völlig zu verhindern, entkommt dem Tod sogar dauerhaft und erlangt mitten im Leben „Quasi-Unsterblichkeit". Letztere ist für Kinder ein wertvolles Gut, das auch nahen Bezugspersonen zukommen sollte; es wird ähnlich positiv bewertet wie die gedankliche Umkehrung von Höchst- und Mindestalter, die einer „Quasi-Transzendierung des Todesgeschicks" entspricht.

Kinder, die ein bereits ausgewachsenes Haustier geschenkt bekommen und längere Zeit mit ihm verbringen, tun sich häufig besonders schwer damit, dessen Sterben zu akzeptieren. Sie konnten kein Wachstum (keine allmähliche Entwicklung zum Lebensende hin) feststellen und sind deshalb zumeist völlig unvorbereitet, wenn der Tod eintritt.

Der Zusammenhang zwischen Krankheit und Tod wird ungefähr ab dem sechsten Lebensjahr nach und nach und vor allen Dingen intuitiv erfasst. Der Ausfall bestimmter Körperfunktionen signalisiert nun herandrängende Todeswirklichkeit und kommt als „Vorstufe" von Sterben und Tod in den Blick. Die Differenz zwischen schweren Erkrankungen mit höchstwahrscheinlich tödlichem Ausgang und z. B. leichten Infekten kann dabei in der Regel bis zum Schuleintrittsalter nicht wahrgenommen werden. Jede krankheitsbedingte „Existenzminderung" wird demgemäß als lebensbedrohlich eingestuft und wirkt (u. U. dauerhaft) ängstigend. Dadurch ausgelöste Negativ-Emotionen können sich verselbstständigen und rufen dann besonders bedrängende Vorstellungsbilder hervor, die einmal mehr das überbordende Nichtungs- und Bannungspotential des Todes erkennen lassen.

„Wenn man zu alt ist oder raucht, dann kann man auch Krebs kriegen oder andere Krankheiten. ... Ja, auch wenn man schon fast neunzig ist oder so. Hundert ist ja schon fast kein Mensch geworden ... Dann kann man sich kaum noch bewegen. Die Knochen werden älter. ... Kinder, die können auch Autounfälle haben. ... Oder ganz viele Menschen sterben auch, wenn ein Flugzeug abstürzt." (Junge, neun Jahre alt) – *„Wenn keiner stirbt, würde es keinen Platz mehr auf der Erde geben. ... Junge sterben an Krankheit und Unfall, und die Alten sterben, wenn sie sich nicht mehr so richtig bewegen." (Mädchen, zehn Jahre alt)*

🌀 Bevor *die Allgemeingültigkeit (Universalität) des Todes* realisiert und sogar in Bezug auf das eigene Leben akzeptiert werden kann, gehen Kinder fast selbstverständlich davon aus, dass Sterben für bestimmte Personengruppen und Lebewesen (vor allen Dingen für sie selbst) vermeidbar sei; sie setzen die wirksame Existenz magischer Kräfte und Praktiken voraus, die eine Überwindung des Todesgeschicks möglich machen und entwickeln regelrechte „Allmachtsfantasien", vor deren Hintergrund eigentlich niemand sein Leben beenden muss – vorausgesetzt, er/sie verhält sich „richtig".

„Ich geh' nicht tot. Ich bin viel schneller als die (!), und wenn sie (!) mich holen, dann lauf' ich um die Ecke oder ich hau' sie (!) – ganz doll!" (Junge, fünf Jahre alt) – *„Also, wenn man ganz viel Sport macht und Joghurt isst und so, dann stirbst du kaum, weil ..., das ist ziemlich gesund und gut für die Muskeln." (Junge, sechs Jahre alt)*

Der Gedanke, dass wirklich alle Menschen sterben könnten, führt bei Heranwachsenden – eben weil er (zumindest in Bezug auf die eigene Person) letztlich nicht akzeptabel erscheint – häufig zu der bangen Frage: „Was mache ich bloß, wenn alle tot sind und keiner mehr bei mir ist?" – So fragen Kinder, die sich davor fürchten, völlig vereinsamt und unversorgt zurückzubleiben; sie bringen damit tiefste Not zum Ausdruck und lassen erkennen, welch hohes Belastungspotential herandrängende (und manchmal auch hereinbrechende) Todeswirklichkeit für sie bereithält.

Ein Junge, ungefähr viereinhalb Jahre alt, sah vom Busfenster aus einen Trauerzug und sagte mit großem Ernst: „Alle müssen sterben, und ich bleibe übrig." – „Mutter", sagte die vierjährige Anka, „alle Menschen müssen sterben. Aber irgendjemand muss ja die Urne mit der Asche des letzten Menschen irgendwo hinstellen. Kann ich das machen, ja?"

Eine Chance, die beängstigenden Auswirkungen dauerhaft nicht zu leugnender Allgemeingültigkeit des Todes zu mindern, besteht kindlicherseits darin, jedem Sterben, das im Tod endet, eine Art „Neugeburt" zuzugesellen. Ist diese auf Verstorbene direkt bezogen gedacht (wer stirbt, wird auf's Neue geboren), entstehen Vorstellungen, die strukturell klassischen Wiedergeburtsmythen gleichen. Sie können auch dort auftauchen, wo keinerlei Kontakt zu östlichen Reinkarnationslehren vorauszusetzen ist und dürften insgesamt weniger mit religiöser Prägung als vielmehr mit der kindlichen Bezogenheit auf Naturvorgänge und Abläufe im Wechsel der Jahreszeiten zu tun haben. Werden und Vergehen bzw. Vergehen und (neu) Werden erscheinen in diesem Zusammenhang als logische Abfolge eines sich ständig wiederholenden Kreislaufprozesses, der Erwartungssicherheit schafft und so angstmindernd wirkt.

„Ja, wer tot geht, kommt dann ins Krankenhaus, und da wird der wieder ein neues Baby. Das holt man da im Krankenhaus. Manchmal, dann kommt man wieder in den Bauch, nämlich ..., aber die meisten Menschen kommen

nicht in den Bauch.... Da kann man wieder aufstehen und wieder tot sein; manchmal kann man gerade ein Baby wieder sein." (Junge, fünf Jahre alt) – „Der Hund ist tot in der Erde, aber das ist gar nicht so traurig: Im Frühling, wenn die Tulpen kommen, dann kommt er auch wieder heraus und spielt mit mir." (Mädchen, vier Jahre alt)

Mitunter wird an „Neugeburt" auch im übertragenen Sinne, d.h. überindividuell und damit generationenübergreifend gedacht (wer stirbt, lebt in seinen Nachkommen weiter). Letzteres ermöglicht die Vorstellung von einer Art „Dauer-Leben im Kollektiv aller Menschen", das durch herannahende bzw. hereinbrechende Todeswirklichkeit nicht aufgehoben werden kann.

„Och, Menschen sterben eigentlich nicht, denn sie kriegen Kinder, und die kriegen auch wieder Kinder, und so geht ihr Leben eigentlich immer weiter." (Junge, sechs Jahre alt)

1.2 Entwicklungslinien und -schübe vom Vorschulalter bis zum Beginn der Pubertät

Angesichts der Vielzahl unterschiedlicher Bedingungsfaktoren für die Herausbildung kindlicher Vorstellungen vom Tod fällt es nicht schwer nachzuvollziehen, dass im Kopf eines jeden Kindes andere Eindrücke entstehen und dass diese durch wechselnde Einflüsse von Umwelt und Lebenserfahrung im Zusammenspiel mit bestimmten vorgegebenen Prägungen sehr persönliche (persönlichkeitsspezifische) Seelenlandschaften und -bilder konstituieren: Seelenlandschaften und Bilder, die gerade aufgrund ihrer Individualität wandelbar sind und bleiben. – Und doch lassen sich für gewisse Altersstufen Übereinstimmungen und Ähnlichkeiten von Vorstellungen ausmachen, die (insgesamt als Spannungseinheit wahrgenommen) Phasenkonstellationen mit typischer Ausrichtung erkennen lassen. Eine durchaus akzeptable Differenzierungsmöglichkeit bietet z.B. die Unterscheidung zwischen dem Vorschulalter, dem Grundschulalter und dem Alter der beginnenden Pubertät sowie der Zeit danach.

1.2.1 Vorschulalter

Im *Vorschulalter* (bis ca. zum fünften Lebensjahr) sind die Vorstellungen vom Tod bei den meisten Kindern vermutlich noch recht diffus; zumindest werden vorhandene innere, auf Sterben und Tod bezogene Bilder von Jüngeren (ohne voll ausgereiftes Verbalisationsvermögen) kaum mit Worten kommentiert und so äußerst selten nachvollziehbar präzisiert. Vielleicht löst herannahende bzw. hereinbrechende Todeswirklichkeit gerade deshalb in den ersten Lebensjahren besonders massive Ängste aus: Das kleine Kind spürt eine unerklärliche Angst vor Verlusten, die das Gefüge seiner Welt aus den Angeln heben könnten, und bleibt mit ihr kognitiv und emotional mehr oder weniger allein; es wird immer wieder von dem Gefühl, verlassen zu werden bzw. zu sein, bestimmt und reagiert dementsprechend „haltlos" und verwirrt.

Da der Tod als solcher in der Entwicklungsphase der ersten Lebensjahre für die meisten Kinder gestaltlos bleibt, rückt mit zunehmender Sprachfähigkeit die Frage nach den Toten und deren Zustand mehr und mehr in den Vordergrund. Vier- bis Fünfjährige wollen z.B. unbedingt wissen, wodurch (nicht warum!) Lebewesen sterben und was mit denen passiert, die (zu Ende) gestorben sind. In ihnen erwacht ein kaum zu befriedigender Forscher/innen-Drang, der weder durch Scham- noch durch Ekelgefühle Begrenzung erfährt; sie interessieren sich insbesondere für all das, was nach einer Bestattung „unter der Erde" geschieht, möchten genau und immer wieder über Verwesungsprozesse aufgeklärt werden und fragen ganz ungeniert nach Details über Leichen und deren Umfeld.

Marco (vier Jahre alt) gräbt täglich eine von seiner Erzieherin verscharrte Vogelleiche aus, um nachzusehen, wie sie sich verändert. Als der Kadaver allmählich zerfällt, stochert der Junge mit einem Stöckchen im Bauchraum des toten Tieres herum und sagt völlig ruhig, einfach nur feststellend: „Bald kommt alles raus, dann wird er ganz platt." – *Maja (fünf Jahre alt) fragt ihre Mutter: „Bist du dann auch ganz grün, wenn du tot gehst?"*

1.2.2 Grundschulalter

Kinder im *Grundschulalter* (ungefähr vom sechsten bis zum neunten/zehnten Lebensjahr) entwickeln keine völlig neuen, vorher überhaupt nicht ausgebildeten Vorstellungen vom Tod, sondern entfalten und vertiefen früher geformtes Gedankengut: Der Unterschied zwischen belebten und unbelebten Objekten (zwischen Leben und Tod) wird üblicherweise in der Zeit zwischen dem sechsten und siebten Lebensjahr eindeutig erfasst; und auch das kindliche Zeit-Raum-Empfinden hat sich bis zum Schuleintritt in der Regel so ausdifferenziert, dass die Endlichkeit eines Vorganges bzw. Zustandes mit all ihren Konsequenzen grundsätzlich verstanden werden kann. Allerdings gibt es auch bei älteren Kindern Aussagen, die darauf schließen lassen, dass bei ihnen immer noch von einem eher „äußeren Todesverständnis" auszugehen ist. Sie begreifen zwar zunehmend folgerichtig, dass Tote keineswegs „aufwachen" wie Schlafende oder „zurückkommen" wie Reisende, realisieren und akzeptieren jedoch letzten Endes nicht die Möglichkeit eines natürlichen (zum Tod führenden) völligen und vor allen Dingen unumkehrbaren Ausfalls sämtlicher Lebensfunktionen. – Die grundsätzliche Endlichkeit allen Lebens ist denkbar geworden, aber das einzelne konkrete Lebensende wird immer noch als von außen kommendes Unglück, als Zufall oder Unfall gewertet; es ist in den Augen der Kinder aufgezwungenes Schicksal, das nicht mit dem innersten Wesen des Lebens selbst begründet werden kann.

Mit Eintritt in die dritte Klasse sind Kinder meistens dazu in der Lage, die Bedeutung des Todes in seinen physikalischen Dimensionen etwas besser zu erfassen. Sie begreifen allmählich, dass der Tod tatsächlich endgültig ist und auf alle Lebewesen zukommt (Irreversibilität und Universalität). Allerdings gehen sie in diesem Lebensabschnitt häufig noch völlig bedenkenlos davon aus, selbst von dieser ansonsten allgemeingültigen Realität nicht betroffen zu sein – ein Umstand, der in einem Gedicht von H. Hesse („Kleiner Knabe", in: Ausgewählte Gedichte) sehr prägnant zum Ausdruck gebracht wird:

Hat man mich gestraft,
Halt ich meinen Mund,
Weine mich in Schlaf,
Wache auf gesund.

Hat man mich gestraft,
Heißt man mich den Kleinen,
Will ich nicht mehr weinen,
Lache mich in Schlaf.

Große Leute sterben,
Onkel, Großpapa,
Aber ich, ich bleibe
Immer, immer da.

Insgesamt sind Grundschüler/innen überaus schöpferisch-erfindungsreich, was die Herausbildung konkreter Todesvorstellungen anbelangt. Nicht zuletzt deshalb, weil sie den Tod als äußere Gewalt verstehen, neigen sie z. B. dazu, ihn figurativ zu binden und bei seiner Darstellung gestalthafte Konstrukte zu entwickeln. Dabei kommen unterschiedliche „Todesgebilde" zum Vorschein, die zumeist bedrohlich-machtvoll auf das Leben/die Lebenden einwirken und häufig mit unheimlichen Attributen ausgestattet sind; sie werden sowohl räumlich (Garten, Keller, Loch, Grube, Grab) als auch leibhaft (Tier, Mensch, Chimäre) gedacht und überraschen durch ihre Ausdrucksstärke. Manche der sie prägenden Elemente dürften mit großer Wahrscheinlichkeit auf konkrete, nachweisbare Umwelteinflüsse zurückzuführen sein, aber längst nicht alle sind „vorgegeben", und viele ihrer Details scheinen regelrecht archetypisch als menschliche „Urbilder" in kindlichen Köpfen und Herzen verankert zu sein.

Wo der Tod als Lebewesen (personifiziert) vergegenwärtigt wird, weist er in der Regel männliche Eigenschaften auf. Dies heißt jedoch nicht, dass jeder Tod eindeutig als Mann zu erkennen ist: Eher selten werden Todesfiguren z. B. mit einem Penis versehen; und wenn, dann zumeist nur von Jungen, die dahin tendieren, ihn so – aus seiner Geschlechtsneutralität herausgehoben – als „ihresgleichen" zu qualifizieren. Mädchen neigen eher dazu, den Tod als Neutrum wahrzunehmen und stellen ihn auch dementsprechend dar. – Die Vorstellung von einer „Frau Tod" oder „Tödin" ist bei Jungen und Mädchen (so wie auch in Literatur und bildender Kunst) verhältnismäßig selten anzutreffen; wo sie vorkommt, wirkt sie jedoch zumeist besonders eindrucksvoll: Dies nicht zuletzt deshalb, weil das weibliche Pendant zu „Gevatter Tod" entweder erotisch-sexualisiert oder aber treusorgend-mütterlich daherkommt und so oder so starke, dem Leben zugewandte Gefühle auslöst.

„Manchmal ist der Tod auch eine Frau. Die guckt meistens ganz traurig, denn es ist gar nicht schön, wenn sie sogar Kinder abholen muss." (Mädchen, zehn Jahre alt)

Auffallend oft weist der Tod in kindlicher Sicht das äußere Erscheinungsbild eines Toten auf: Er wird als Skelett beschrieben, als „Knochenmann" tituliert oder auf einen Schädel reduziert und nähert sich so furchteinflößend seinen Opfern. Sein Ziel besteht darin, Lebewesen anzugreifen, um sie mit Messern, Sensen und Sicheln oder auch hochkomplizierten technischen Mordwerkzeugen (häufig „Induktoren" oder „Strahler" genannt) zu töten; er will nach kindlicher Überzeugung ganz bewusst Schmerzen zufügen und quälen, vor allen Dingen aber entmachten und zerstören.

„Der Tod kommt immer, wenn einer stirbt. Er kommt mit der Sense, haut ihn um und nimmt ihn mit. Und wenn der Tod weggeht, dann kannst du Fußspuren sehen. Wenn die weg sind, kommt der Tod zurück, und dann holt er noch mehr Leute. Und wenn die ihn fangen wollen, dann verschwindet er." (Junge, neun Jahre alt)

Das Bewusstsein für das eigene Leben und vor allen Dingen das eigene Selbst ist bei Grundschulkindern bereits deutlich, wenn auch noch nicht voll ausgebildet und führt zu einer erheblichen Intensivierung todesbezogener Emotionen. Die durch herannahende bzw. hereinbrechende Todeswirklichkeit ausgelösten Ängste und Traurigkeiten sind demgemäß bei Kindern ab dem sechsten Lebensjahr deutlich stärker ausgeprägt als bei Jüngeren und konzentrieren sich auf die Möglichkeit der Zerstörung bzw. des Zerfalls des eigenen Körpers (Angst vor Verstümmelung und Entstellung). Der Tod bedeutet für die Sechs- bis Neun- bzw. Zehnjährigen einen massiven Eingriff in ihre bewusst wahrgenommene Körperintegrität und das als Einheit erlebte Miteinander bzw. Ineinander von Leib und Seele; er wird als Ich-Verlust und Selbstauflösung verstanden und demgemäß gefürchtet. Um die daran anknüpfende Bangigkeit und Sorge zu bewältigen, stellen Kinder Fragen, deren Beantwortung vergewissernd wirken soll: Sie möchten wissen, warum Menschen sterben, wer den Tod schuldhaft zu verantworten hat und ob es ein beglückendes Weiterleben nach dem Tod gibt. Sie denken z. B. auch verstärkt darüber nach, wie Tote zu Gott gelangen und erfinden zahlreiche Möglichkeiten zur Überbrückung der Distanz zwischen Erde (Grab) und Himmel. Dabei kommen viele unterschiedliche Hilfsmittel (z. B. natürliche Flügel oder technische Geräte wie Drehleitern, bewegliche Drahtkonstruktionen oder unsichtbare Angelruten) in den Blick, und es werden konkrete Strategien für das Verlassen des Sarges entwickelt.

„Wie kann man denn aus einem Sarg unter der Erde in den Himmel kommen? Es ist sicher irgendwo ein Loch im Sarg, durch das man nachts herauskriechen kann." (Junge, sechs Jahre alt) – *„Engel haben viel zu tun. Sie müssen alle toten Menschen zum Himmel bringen.*

"Ist man tot, wenn man ertrinkt? Das kann nicht sein. Wie können die Engel denn die Menschen holen, die ertrunken sind? Dann müssen sie doch tauchen? Und wenn sie dann auch ertrinken? Sind sie dann auch tot? Wer holt sie dann?" (Mädchen, sechs Jahre alt) – *"Wenn der Pastor den Schluss gemacht hat, dann gehen alle nach Hause und sind traurig. Aber Gott kommt und guckt, ob der Mann im Sarg mitgehen soll." (Junge, sechs Jahre alt)*

Für manche Kinder stellt die „Verortung" von Toten zwischen diesseitiger und jenseitiger Welt ein großes denkerisches Problem dar: Sie möchten wissen, warum Menschen überhaupt erst bestattet werden, wenn sie danach ohnehin in den Himmel kommen; fragen sich, wo denn die Toten letztlich bleiben und denken intensiv darüber nach, ob wirklich alle Verstorbenen nach gewisser Zeit (z. B. dann, wenn sie genug ausgeruht haben) ihren Grabplatz verlassen werden.

"Die schlimmen Toten bleiben wohl länger im Grab. Sie haben ja keine Kraft mehr, und ihnen ist bestimmt ganz kalt. Aber dann, dann gehen sie auch wieder raus. Und das ist auch viel schöner für sie." (Junge, neun Jahre alt)

Parallel zu furchterregenden Vorstellungen von tödlichem Genichtet- und Ausgelöschtsein entwickeln Grundschulkinder auffällig oft Unsterblichkeitsvorstellungen, die als „Alternativ-Fantasien" zur Stärkung von Individualität und Kontinuität interpretiert werden können. Jungen und Mädchen in der ersten und auch noch in der zweiten Klasse gehen z. B. häufig davon aus, dass Verstorbene eigentlich nur „scheintot" sind und darum nicht wirklich vom Tod berührt werden; sie glauben, Tote verstellten sich bloß und spielten ein makabres Spiel, um andere zu erschrecken. – Wo Gedanken an die Endlichkeit allen Lebens dennoch nicht völlig auszugrenzen sind, bilden sich leidmindernde „Trostideen", die das schließlich doch unvermeidliche Todesgeschick etwas erträglicher erscheinen lassen. So taucht z. B. immer wieder die Hoffnung bzw. der Wunsch auf, mit Vater und Mutter zugleich zu sterben oder wenigstens die Grabstelle mit nahen Angehörigen teilen zu dürfen. Kinder, die solche Fantasien entwickeln, versuchen, vorhandene Trennungsängste zu bewältigen bzw. sich nicht völlig von ihnen beherrschen zu lassen. Sie machen auch deutlich, wie sehr Sechs- bis Zehnjährige um sich selbst kreisen und wie stark sie – auch und gerade bei der Auseinandersetzung mit dem Thema „Sterben/Tod" – mit Fragen rund um die eigene Person beschäftigt sind.

"Wenn ich sterbe, dann geht meine Mama auch tot. Wir können dann immer zusammen spielen. Das finde ich gut." (Junge, sieben Jahre alt)

In der Grundschulzeit beginnen Kinder damit, ihren Vorstellungen vom Tod immer häufiger Gedanken über ein mögliches „Todes-Danach" zuzugesellen. Sie möchten wissen, ob (und wenn ja, wie) das Leben posthum weitergeht und entwickeln diesbezüglich konkrete Fantasien. Im Vordergrund steht dabei die Hoffnung auf völlige Wiederherstellung von Leibintegrität und Beziehungsvermögen: Die Verstorbenen werden in ihrer jenseitigen Welt als kommunikationsfähige „Ganz-Personen" mit unveränderter Identität wahrgenommen; sie können z. B. miteinander sprechen oder spielen und tun das ausgiebig und gern. Der im Tod übliche Zerfall ihres Leichnams kommt dementsprechend häufig nur noch als peripheres Vergangenheitsphänomen in den Blick, und der Verlust von Kontakt- und Begegnungschancen betrifft – auf Zukunft hin betrachtet – lediglich eine kurze „Übergangszeit" (die Phase der Grabesexistenz). Wer den Himmel bzw. eine höhere Sphäre erreicht hat, ist dem Bereich tödlicher Verhältnislosigkeit ein für allemal entkommen bzw. entnommen und kann (wieder) uneingeschränkt eigenes Leben gestalten sowie am Leben anderer teilnehmen. Die dazu erforderlichen Schritte werden nach kindlicher Überzeugung von den Toten selbst, von (lange) vor ihnen Verstorbenen oder von Gott bzw. seinen Helfer/innen (z. B. Engeln) initiiert und sind letztlich mühelos zu gehen.

„Die schon länger im Himmel sind, die sind ganz fröhlich. Weil..., die wissen ja schon, das da alles ganz hell und ganz freundlich ist. Also schön eben, gar nicht dunkel oder so! Und wenn dann einer kommt, und der ist noch ganz traurig, dann sagen die ihm das auch. Und dann kann der auch wieder lachen – vielleicht wohl nicht gleich, aber dann." (Junge, zehn Jahre alt)

Das, was nach kindlicher Auffassung den Toten hilft, wird von Grundschulkindern auch ihren traurig Hinterbliebenen zugebilligt: Wer jemanden „verloren" hat, braucht ihrer Überzeugung nach dringend Zuwendung und ganz viel Nähe; er/sie soll intensiv spüren, was es heißt, in tragfähiger Gemeinschaft zu leben und dort – trotz aller Verluste – geborgen und aufgehoben zu sein. Dementsprechend wird viel darüber nachgedacht, was Trauernden Gutes gesagt und getan werden kann, und dabei kommen worthafte, bildhafte und leibhafte Elemente zum Tragen. Kinder wissen schließlich intuitiv, dass Kommunizieren ein ganzheitlicher Prozess ist, der im besten Fall alle Ebenen unseres Seins berührt.

Nachdem der Vater ihres Mitschülers Tobias gestorben war, verlangten die Kinder des hier im Buch vorgestellten vierten Schuljahrs nach einer Klassenkonferenz. Sie wollten unbedingt gemeinsam an der Bestattung teilnehmen und versuchten zu verhindern, dass ausgerechnet am dafür anberaumten Tag – wie nach Terminplan vorgesehen – schulfrei gegeben würde. Ihr Kommentar lautete: „Wir können jetzt keine Ferien machen. Wir müssen da alle hingehen zu dem Friedhof, wo doch sein Papa gestorben ist. Wenn wir alle hingehen, dann ist er nicht so allein. Und das ist bestimmt viel besser." – Erst der Hinweis darauf, dass jede/r auch an einem unterrichtsfreien Tag an der Trauerfeier teilnehmen könnte, beruhigte die Gemüter. Am Tag der Beisetzung fanden sich tatsächlich achtzehn von insgesamt einundzwanzig Kindern (zum Teil mit beiden Eltern) auf dem Friedhof ein.

1.2.3 Beginnende Pubertät

Mit dem *Übergang zur Pubertät* (ab dem elften, manchmal auch bereits zehnten Lebensjahr) verstehen Heranwachsende den Tod mehr und mehr als medizinisch-biologisch bedingtes natürliches Ende allen Lebens. Sie erfassen, dass er als das endgültige innere Erlöschen von Körperkräften und -funktionen früher oder später sämtliche Menschen, Tiere und Pflanzen betrifft und begreifen, dass auch sie von dieser Regel nicht ausgenommen sind. Irreversibilität, Kausalität und Universalität des Todes können dementsprechend in der Altersgruppe der Zehn- bzw. Elf- bis Vierzehnjährigen als durchaus bekannte und verständliche Phänomene eingestuft werden. Nichtsdestoweniger bleibt der Tod eine überaus bedrohliche Größe, deren Vorhandensein starke, bisweilen unkontrollierte Emotionen auslöst: Das auf die Pubertät zugehende Kind ist durch die körperlichen Wandlungen der sich anbahnenden Identitätskrise des Jugendalters ohnehin stark belastet; es empfindet die Konfrontation mit herannahender bzw. hereinbrechender Todeswirklichkeit als massive Gefährdung des eigenen im Umbruch und/oder Aufbruch befindlichen Ichs und fühlt sich im Gegenüber zum Tod merklich gestört bzw. verstört. Dieser Umstand mag dazu beitragen, dass Jugendliche gezielt nach vertiefter Klärung ihrer Vorstellungen vom Leben und vom Tod streben und darum bemüht sind, ihr diesbezügliches Wissen ständig zu erweitern. Sie möchten Sterben und Tod realistisch deuten und begegnen beidem des öfteren auffallend nüchtern („cool"). Hinter dem so zum Ausdruck gebrachten distanzierten Interesse verbergen sich allerdings nicht eben selten immer noch die Grundängste, denen kleinere Kinder ausgesetzt sind. Und in gewisser Weise haben es Jugendliche sogar schwerer als Jüngere, diesen zu begegnen, denn ihnen fehlen manche Verdrängungs- und Bewältigungsmechanismen, die im Vor- und Grundschulalter noch zur Verfügung stehen: So kann z. B. der Fortfall magischer Vorstellungen, der die herannahende bzw. hereinbrechende Todeswirklichkeit beeinflussbar erscheinen lässt, im guten Sinne ernüchternd und (auf)klärend wirken, aber auch große Schwierigkeiten bereiten, da durch ihn die Unausweichlichkeit und Endgültigkeit des Todes besonders brutal hervortritt. Es heißt dann lapidar „tot ist tot – Schluss, Aus, Ende!", und in einer solchen Aussage liegt nun einmal keinerlei Trost. – Kinder, die das besonders intensiv auf sich wirken lassen, reagieren in erster Linie mit Symptombildungen im (psycho-)somatischen Bereich. Sie fühlen sich häufiger abgeschlagen und müde, klagen über Schwindelanfälle sowie Kopfschmerzen und wirken leicht überreizt oder reizbar. Sie sind Menschen, die ihrer eigenen ungeordneten Gefühlswelt angesichts herandrängender bzw. hereinbrechender Todeswirklichkeit ausgeliefert sind und dringend Unterstützung von außen sowie Beistand und Begleitung benötigen.

„Und dann sagen sie: ‚Jetzt geht nichts mehr!' Und dann schalten sie alle Geräte ab. Und dann ist Schluss, einfach Schluss. Und keiner kann etwas dagegen tun. Eigentlich gibt es dich gar nicht mehr; du liegst nur so da, und dann wirst du weggeräumt." (Junge, zwölf Jahre alt)

Trotz der großen Unterschiede in den drei skizzierten Entwicklungsabschnitten (Vorschulzeit, Grundschulzeit und beginnende Pubertät) lassen sich abschließend durchgängige, d. h. phasenübergreifend wiederkehrende Strukturelemente der bislang benannten kindlichen Schreckens- und Hoffnungsvorstellungen erkennen: Besonders belastend wird der Tod immer dort empfunden, wo er als radikale Ent-Ichung und Nichtung in den Blick kommt und mit völliger Passivität bzw. totaler Verhältnislosigkeit gleichgesetzt wird. Etwas erträglicher erscheint er dort, wo versucht werden kann, positiv erlebte Verhältnisse über die Lebensgrenze hinaus gedanklich fortzuschreiben, weiter zu entwickeln oder neu(e) zu bilden. Schrecken und Bestürzung setzen also dort ein, wo Trennung, Abbruch und Zerstörung erwartet (bzw. erlebt) werden; Hoffnung und Trost drücken sich in solchen Überzeugungen aus, die Beziehungskontinuität oder -neuanfang (Gemeinschaft und Fürsorge) möglich erscheinen lassen. – Für Lehrer/innen, die das ernst nehmen, ergibt sich folgerichtig ein doppelter Lehrauftrag:

- Sie sind zum einen dazu aufgerufen, die ihnen anvertrauten Kinder mit den zentralen im Umfeld des Todes bedeutsamen Fakten bekannt zu machen und dabei zu vermitteln, dass Auf- und Ablösung bzw. Trennung ganz selbstverständlich zum Leben gehören; schließlich sollte jeder Mensch möglichst früh lernen, auch mit Beschränkungen sowie Veränderungen angemessen umzugehen und sich rechtzeitig auf sie einzustellen. – Das hieraus erwachsende Leitziel könnte mit den Schlagworten *„Einübung ins Abschiednehmen"* oder *„Sensibilisierung für abschiedliche Existenz"* skizziert werden; es führt zu der Frage nach der Grundtextur allen Lebens und bietet die Basis für gemeinsame Problemerfassung und -bearbeitung.

- Zum anderen sind Lehrer/innen dazu aufgerufen, den ihnen anvertrauten Kindern nachvollziehbar aufzuzeigen, welche Arten von Kontakt und Begegnung (auf immanenter und transzendenter Ebene) es grundsätzlich gibt und wie diese an, auf und jenseits der Todesgrenze aussehen können; schließlich sollte jeder Mensch die vergewissernde Funktion relationalen Seins erfassen und erfahren, was es heißt, ein „Lebewesen im Gegenüber" zu sein. – Das hieraus erwachsende Leitziel könnte mit den Schlagworten *„Einübung ins Beziehungsleben"* und *„Sensibilisierung für (rück-)bezügliche Existenz"* skizziert werden; es führt zu der Frage nach dem Woher und Wohin allen Lebens und bietet die Basis für gemeinsame Sinnsuche und Sinnfindung.

Beides, Einübung ins Abschiednehmen und Einübung ins Beziehungsleben, wird von Kindern, die mit herandrängender bzw. hereinbrechender Todeswirklichkeit konfrontiert sind, dringend benötigt; es stärkt ihre kognitiven und emotionalen Kräfte und macht sie – auch und gerade im Gegenüber zum Tod – mitten in ihrer Alltagswelt lebensfähig.

2. Bilder als Gestaltungselemente kindlicher Wirklichkeit

2.1 Bilder und ihre Bedeutung für die kindliche Wahrnehmungs- und Ausdruckswelt

Bilder sind für Kinder, die ihre Gedanken zunächst einmal unmittelbar-bildhaft entwickeln, ein überaus wichtiger Zugang zu fremden und eigenen (äußeren sowie inneren) Welten. Als „Sichtbarkeitsgebilde", die trotz ihrer Flächigkeit „plastische Impulse" vermitteln, fixieren sie häufig Momente eines dynamischen Ablaufs und sind in der Lage, auf bewegliche Szenerien und komplexe Ereigniszusammenhänge hinzuweisen. Diesen Umstand erfassen Kinder ganz offensichtlich intuitiv, und deshalb beginnen sie fast automatisch damit, Geschichten zu erzählen, wenn sie mit bildhaften Zeichen konfrontiert werden oder selbst solche freisetzen. Dabei lassen sie sich auf die Ausstrahlungs- und Anziehungskraft des im Bild Festgehaltenen meistens viel spontaner und intensiver ein als Erwachsene. Sie möchten gedanklich und leibhaftig am Bildgehalt teilnehmen und sich im übertragenen und tatsächlichen Sinn in das Bild hineinbewegen („einsehen"), um so der tieferen Bild-Wahrheit nachzuspüren. Auf diese Weise entsteht im bzw. am Bild eine Art „Sinn-Fenster", das nach außen und innen gerichtete Erkundungsgänge in unbekanntes oder noch nicht voll erschlossenes Terrain ermöglicht; wenn Kinder darauf zugehen und schließlich hindurchschreiten, lernen sie Neues kennen und erweitern so ihren Horizont. Dabei werden sie in aller Regel ausdrücken, was sie besonders anspricht, und versuchen, das auch anderen mitzuteilen, es also ausgiebig zu besprechen. Bilder fungieren bei den dabei anfallenden kognitiv und emotional bedeutsamen Wahrnehmungs- und Ausdrucksprozessen als Kommunikationshilfe: Sie schaffen „Sprachreizsituationen" und erleichtern die Beschreibung komplexer Sachverhalte und Gefühlsmomente bzw. ersetzen, kommentieren oder konkretisieren abstrakte Worte; außerdem liegt es im Bereich ihrer Möglichkeiten, dazu beizutragen, Nicht-Sichtbares sichtbar zu machen, denn sie sind immer auch auf das ausgerichtet, was nicht in erster Linie mit den Augen, sondern vor allem mit dem Herzen zu entdecken ist. Der Zielpunkt ihres Einsatzes bei der Förderung von Kindern ist wohl nicht zuletzt deshalb die Entwicklung von kreativer „Einbildungskraft", die dazu befähigt, neue Bilder von sich selbst und anderen, aber auch für sich selbst und andere zu gestalten. Dieser Zielpunkt kann erreicht werden, wenn nicht nur auf die – durchaus wichtige – Vermittlung von Wissen und Können gesetzt wird, sondern insbesondere darauf, das Sammeln, Archivieren, Umarbeiten und Erfinden erfahrungshaltiger Bilder von klein auf kontinuierlich einzuüben. Dabei ist selbstverständlich auch darauf zu achten, dass Bilder, die Kindern als identifikatorische Vorgaben mit Angebotscharakter nahegebracht werden, keine bloßen Zufallsprodukte sein sollten, sondern kritisch reflektierte Gebilde, deren Bearbeitung sinnvoll und lohnend ist.

2.2 Bilder als wesentliche Elemente kindlicher Todeskonstrukte

Wenn Kinder im Grundschulalter ihre Vorstellungen vom Tod mit Stift, (Öl-)Kreide oder Pinsel konturieren, dann entstehen „eindrückliche Ausdrucksgebilde", die überaus bedeutungsvoll und vielfältig sind. Jede einzelne Zeichnung, jedes Bild ist (vorausgesetzt es wurde nicht abgemalt!) einzigartig und zeigt Wesentliches über die jeweiligen Produzent/inn/en und ihre spezifische Art in der Welt zu sein. Nichtsdestoweniger lassen sich bestimmte, häufiger verwendete Grundmotive erkennen, die insgesamt sieben Rubriken zuzuordnen sind. Sie sollen im Folgenden kurz charakterisiert werden. Dass dabei die eine oder andere Doppelung im Blick auf das zuvor Ausgeführte entstehen wird, erklärt sich von selbst – schließlich sind alle bislang dargestellten Erkenntnisse über kindliche Vorstellungen vom Tod mithilfe von Bildern und Bildgesprächen erlangt und kritisch reflektiert worden.

2.2.1 Symbole der Vergänglichkeit

„Wenn einer stirbt, wird es eine Wolke mehr. Die Wolke ist jeder. Wenn du stirbst, wird es eine Wolke mehr." (Mädchen, zehn Jahre alt)

Längst nicht alle Kinderbilder zum Thema „Sterben/Tod" können bereits auf den ersten Blick als solche identifiziert werden; so entstehen z. B. immer wieder scheinbar neutrale Naturdarstellungen, deren Bezugnahme auf herannahende oder hereinbrechende Todeswirklichkeit nur bei genauerem Hinschauen zu erkennen ist. Vor allen Dingen Mädchen zeichnen gern filigrane Blütengebilde an lieblichen Orten und verwenden dabei freundliche Pastellfarben. Jungen hingegen bevorzugen Bäume als Malobjekte und benutzen für deren farbliche Gestaltung in der Regel kräftige Grün- und Brauntöne. (Paradies-)Gärten werden von Mädchen und Jungen ungefähr gleich häufig gestaltet; in ihnen gibt es viel Licht und Luft, Pflanzen sowie Tiere, also alles, was Menschen zum Leben und zum Glücklichsein brauchen. – Auf die Nähe der zerstörerischen Kraft des Todes weisen in derart harmonisch wirkenden Form- und Farb-Kompositionen in der Regel solche Elemente hin, die irgendwie nicht ins Bild passen und die Blicke Betrachtender irritieren. So werden z. B. verbrannte oder vertrocknete Knospen an grünen Pflanzen gemalt, vermeintlich gesunde Bäume besitzen Geschwüre oder verfaulte Wurzeln, Wasser, das ruhig dahinfließt, wird plötzlich schwarz und Wolken oder Sonnen verfinstern sich.

Die grundsätzliche Begrenztheit allen Lebens wird oft durch tickende Uhren dargestellt, die im Todesmoment plötzlich stehen bleiben und nicht mehr funktionieren. In der Nähe von Kranken oder Sterbenden gibt es immer wieder Zeitmesser, deren Pendel nur noch ganz langsam schlagen oder deren Zeiger bereits auf „Fünf vor Zwölf" stehen; Hinweis- und Mahnfunktion im Blick auf die Brüchigkeit lebendiger Existenz übernehmen auch urtümliche, fast leergelaufene Stundengläser und beinahe erloschene Kerzenstummel.

Nicht eben selten tauchen Wegmotive auf: Da gibt es verschlungene Pfade, breite

Straßen und Labyrinthe. Leben wird mit ihrer Hilfe als Reise mit vielen Etappen und (trotz mancher Umwege) klarem Ziel deklariert, wobei nicht auszuschließen ist, dass nach Erreichung desselben wie in einem geschlossenen Kreislaufsystem alles wieder von vorne beginnt.

2.2.2 Gräber und Friedhöfe

„Den Friedhof finde ich ganz gut. Ich geh' da immer hin mit meiner Oma – den Opa harken." (Junge, neun Jahre alt)

Viele Kinder, die gestalterisch ihr Bild vom Tod entwickeln, malen Einzelgräber oder Friedhöfe. Sie achten dabei intensiv darauf, dass trotz oder gerade wegen großer Traurigkeit „schöne" Orte entstehen, die gerne besucht und betrachtet werden. Kindlicher Ästhetik und/oder Erfahrung entsprechend gehören dazu Blumen, Kerzen und Grabsteine bzw. Kreuze. Letztere werden in der Regel nicht als christliches Symbol verstanden, sondern als Todes-Kennzeichen und Schmuck; sie sind dementsprechend auch auf Gräbern von Hunden, Katzen und Mäusen etc. zu finden.

Besonders interessant ist der Umstand, dass die Sparte „Einzelgräber" zwei bedeutsame Untergruppen aufweist: Von Kindern werden reale und fiktive Grabplätze dargestellt. Wesentliches Unterscheidungsmerkmal ist die Farbe der darauf abgebildeten Totengedenksteine oder -kreuze: Auf tatsächlich vorhandenen Grabstätten dominieren Schwarz-Grau (Stein) oder Bräunlich-Grün (verwittertes und/oder bemoostes Holz); auf ausgedachten Gräbern gibt es auch Gelb, Türkis und Lila etc. Einzig Rot als Ausdruck starker Emotion und tiefer Verbundenheit (Liebe) kann überall auftauchen.

Wenn Grabplätze gemalt werden, kommen unterschiedliche Gefühle zum Tragen: Viele Jungen und Mädchen zeigen Traurigkeit und Schmerz, indem sie dunkle (blaue bzw. schwarze) Regenwolken oder auch -tropfen zeichnen und so den Himmel „weinen" lassen. Sehr oft spricht auch das Gesicht der Sonne Bände: Es kann unglücklich, erstaunt oder entsetzt, aber auch freundlich-versonnen wirken. Einzelne Grabszenen vermitteln sogar einen heiter-gelassenen Eindruck – dies vor allen Dingen dann, wenn ein Kind zeichnet, bei dem noch keine direkte Todeskonfrontation stattgefunden hat oder durch Trauerarbeit eine Aussöhnung mit dem Todesgeschick und der mit ihm verbundenen Trennung erfolgen konnte.

2.2.3 Die geliebten Verstorbenen

„Die Toten essen auch Nutella, nur nicht ganz so viel. Sie gucken auch Fernsehen, aber nicht so sehr lange." (Junge, fünf Jahre alt) – „Tote sprechen schon, aber nur leise; sie können auch laufen, aber nicht so schnell." (Mädchen, fünf Jahre alt)

Das nachtodliche Schicksal geliebter Verstorbener wird von Jungen und Mädchen ungefähr gleich häufig in Bildszenen dokumentiert: Es gibt viele Längsschnitte durch Särge und Gräber, die Einblick in die unterirdische Welt Toter bieten. In ihnen sind Details zu entdecken, die die triste Grabesexistenz wenigstens etwas komfortabler und deshalb erträglicher machen: So werden z. B. Kopfkissen und Matratzen gemalt, die vor einem steifen Nacken oder Wundliegen im Sarg schützen und den Aufenthalt dort so bequem wie irgend möglich sein lassen. Außerdem gibt es Fenster, Gucklöcher, Türen und Klappen, denn Verstorbene, die nach kindlicher Überzeugung ja nicht völlig leblos, sondern „verdünnte Persönlichkeitsreste" mit abgeschwächter Lebenskraft sind, brauchen dringend ausreichend Luft und Licht; sie benötigen Wärme im eigentlichen und im übertragenen Sinne und sind darauf angewiesen, Essen und Trinken („Lebensmittel") zu erhalten. Für all das benötigen sie beidseitig passierbare Durchgänge, die späterhin auch dazu benutzt werden können, Sarg, Grab und Friedhof für immer zu verlassen; diese werden oft mit Schriftzeichen versehen und heißen dann „Eingangstor zum Tod" oder „Ausgang des Lebens". Manche Kinder, insbesondere Mädchen, malen auch gerade eben Verstorbene in ihren Betten oder in Leichenkammern. Bei den so entstehenden Bildern rücken Fragen der Erstversorgung von Toten direkt nach Ausfall aller Lebensfunktionen in den Vordergrund: Es sind entspannte, saubere Gesichter, geschlossene Augen und gefaltete Hände zu sehen und auch Leichenhemden kommen in den Blick; letztere werden meistens – äußerst realistisch – weiß gemalt, während Laken, Kissen und Decken im Umfeld der Verstorbenen durchaus bunt (oft in den Lieblingsfarben der Maler/innen) auftreten.

2.2.4 Die trauernden Hinterbleibenden

„Da ist so ein Junge, der weint, weil sein Vater gestorben ist. Er hat Tränen und einen ganz traurigen Mund, und sein Anzug ist schwarz, weil Schwarz auch eine ganz traurige Farbe ist. Als mein Stiefvater gestorben ist, da war ich ganz traurig. Da haben wir auch Blumen hingestellt. Wir waren da alle so bei dem Loch und haben da Sand drauf getan. Das war ganz traurig. Es war ganz plötzlich, Herzinfarkt. Als es dann passiert war, da war ich sehr traurig, denn da ist man verletzt. Und auch wenn da die Sonne scheint, an einem schönen Tag, da ist man ganz traurig." (Junge, zehn Jahre alt)

In den Kinderbildern zum Thema „Sterben/Tod" gibt es viele direkte und indirekte Zeichen heftigen Abschiedsschmerzes und abgrundtiefer Trauer: Zumeist schwarz gekleidete Hinterbleibende, die an den Särgen und Gräbern geliebter Menschen bzw. Tiere dargestellt werden, lassen ihre Schultern hängen, stehen gebeugt da oder knien (sie zeigen sich „geknickt"); sie haben angespannt verzerrte Gesichter und weinen fassungslos hinter vorgehaltenen Händen oder sogar ohne irgendeine Schutzhaltung. Manchmal ist der Strom ihrer Tränen so heftig, dass regelrechte Bäche oder Flüsse entstehen; diese können Erde wegspülen und ursprünglich sichere Standorte gefährlich unterhöhlen.

Besonders intensive Trauerreaktionen werden dort bildhaft dokumentiert, wo der Tod von Kindern dargestellt wird: Geschwister und Eltern stehen schwankend, mitunter auch zitternd an offenen Gräbern oder kleinen weißen Särgen und schreien ihren Kummer heraus. Die Worte in ihren Sprechblasen sind meistens unkoordiniert-konfus; sie machen deutlich, dass der Tod eines jungen Menschen oder Tieres als besonders widersinnig und noch weniger akzeptabel als das Lebensende von Erwachsenen (in womöglich hohem Alter) erscheint. Wo trauernde Hinterbliebende nicht allein, sondern in Gruppen dargestellt werden, stehen sie entweder ganz nah beieinander und fassen sich haltsuchend und -gebend bei den Händen bzw. umarmen sich, oder sie wirken trotz räumlicher Nähe seltsam isoliert, wie in einem unsichtbaren (Gefühls-)Käfig eingeschlossen. Ist Letzteres der Fall, verlieren sich Blicke häufig im Unendlichen und treffen nie auf ein Gegenüber.

2.2.5 Das brutale Sterben

„Da liegt alles auf 'nem Haufen so in so 'nem Bach. Und wenn wir denn mal sterben, dann wird das auch so sein. Alles nur Knochen, völlig cool! Aber Computerspiele sind noch cooler. Da werd'n die auch immer so abgeknallt und von Panzern überfahr'n. Ich schick' einfach meine Panzerarmee auf die paar Männeken."
(Junge, neun Jahre alt)

Besonders Jungen malen Bilder, auf denen Szenen der Zerstörung und des brutalen Sterbens im Zentrum stehen. Sie zeigen sich dabei von Mord und Totschlag oder schrecklichen Unfällen fasziniert und steigern die Nichtungsenergie des Todes durch minutiöse Schilderungen qualvoller Augenblicke. Dabei greifen sie häufig auch auf massenmedial vermittelte Eindrücke zurück und verbinden diese mit ihren persönlichen Fantasien. Das so sichtbar werdende eigene Aggressionspotential ist zumeist hoch; das Empathievermögen in Bezug auf die vom Tod Betroffenen hingegen erscheint eher gering: Wenn jemand vom Tod angegriffen, zerfleischt oder zerstückelt wird, dann muss er z. B. auch noch dessen Hohngelächter und Triumphgebärden aushalten, und selbst bei schrecklichen Metzeleien kommen Umstehende so gut wie nie zur Hilfe. Bei Mädchen, die „schlimme Tote" bzw. „schlimme Tode" gestalten, ist das in der Regel anders: Auch sie vermitteln durch Farben und Formen Einblick in ihre innerste Gefühlswelt, tun das jedoch im Allgemeinen deutlich weniger expansiv als Jungen. Außerdem solidarisieren sie sich in der Regel stark mit den Sterbenden bzw. Verstorbenen, zeichnen Sprechblasen, in denen nach deren Gedanken und Emotionen gefragt wird, und notieren Kommentare, die auf das hinweisen, was für sie gut wäre und ihnen helfen könnte. Die vor diesem Hintergrund entstehenden Szenen sind in der Regel auch hochdramatisch, enden jedoch wesentlich häufiger als bei Jungen mit einem Sieg des Lebens: Der Tod, der zunächst einmal gewaltsam daherkommt, hat letztlich wenig Bestand und nur eingeschränktes Handlungsvermögen. Er wird z. B. oft ohne Füße und Hände gemalt, kann also nicht bleiben und alles vernichtend nach den Lebewesen greifen. Und die von ihm Bedrohten besitzen die Fähigkeit, sich wirkungsvoll zu wehren; sie können – zumindest vorübergehend – weglaufen oder durch Überredungskünste Boden gewinnen.

2.2.6 Der Tod als Gestalt

„Der Tod ist sehr gefährlich. Du weißt nie genau, in welcher Minute er kommt, um dich mitzunehmen. Der Tod ist unsichtbar. Eigentlich niemand in der ganzen Welt hat ihn gesehen. Aber in der Nacht kommt er zu allen und nimmt sie zu sich mit. Der Tod ist wie ein

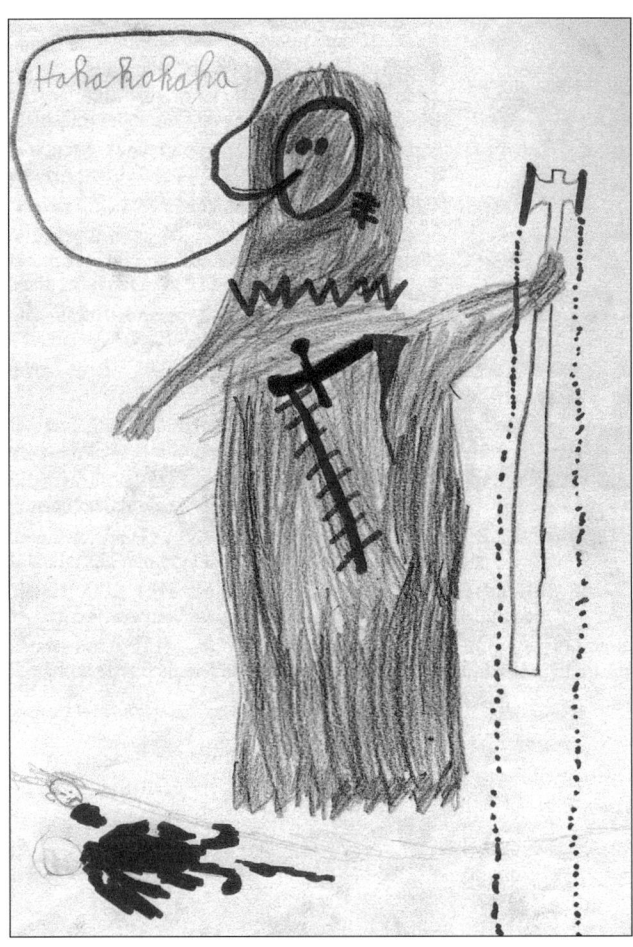

Skelett: Alle seine Teile sind aus Knochen gemacht. Aber wenn es hell wird, wenn es Morgen wird, dann gibt es keine Fußspuren von ihm. Er ist so gefährlich, der Tod." (Junge, sieben Jahre alt)

Wenn Jungen den Tod in ihren Bildern personifiziert darstellen, dann verleihen sie ihm oft teuflische Züge: Sie malen Hörner, gefährliche Reißzähne, Klauen, einen Schwanz sowie Flügel und zu Grimassen verzogene, fratzenhafte Gesichter. Das gesamte Aussehen und Auftreten des Alles-Vernichters wird auf diese Weise massiv überzeichnet und nicht zuletzt dadurch extrem abstoßend und furchterregend gemacht. Auch die Verdoppelung bzw. Vervielfachung von Gliedmaßen des Todes kommt durchaus vor. Es gibt Zeichnungen, auf denen der Tod mehrere Köpfe oder Arme besitzt und so als ein Wesen mit übermächtiger Potenz gekennzeichnet wird. Die dadurch vermittelte Botschaft ist eindeutig: Wer etliche Köpfe hat, hört und sieht mehr als andere, und wer zahlreiche Arme besitzt, kann extrem viel an sich reißen oder auch zerreißen. – Manchmal werden dem derart brutalisierten „Todes-Teufel" auf den ersten Blick harmlos wirkende Helfershelfer beigesellt; sie treten als kleine „Unterteufel" in Erscheinung und tragen diensteifrig dazu bei, Menschen (oder auch Tiere) zu quälen. Mit ihnen gemeinsam herrscht der Tod in seiner finsteren, meist blau-schwarz eingefärbten Unterwelt, der Hölle, die irgendwo unter der Erdoberfläche ihren Platz hat und durch blutrot-lodernde Feuerflammen und glühende Lavaströme markiert wird.

Mädchen, die den Tod als menschenähnliche Gestalt malen, geben ihm oft auch menschliche (humane) Attribute; sie lassen Tränen über sein Gesicht laufen oder zeichnen herabgezogene, d. h. traurige Mundwinkel. In seltenen Fällen kommt bei ihnen sogar eine Identifikation von Tod und Engeln vor. Die dabei in Erscheinung tretenden „Engel-Tode" bzw. „Todesengel" sind in der Regel schwarz gekleidet, weisen aber ansonsten meistens keine beängstigenden Merkmale auf. Sie bewegen sich behutsam auf Sterbende zu, um sie ganz vorsichtig und offensichtlich schmerzfrei „totzuküssen"; auf diese Weise wirken sie trotz ihres tödlichen Auftrags eher tröstlich als beängstigend.

Die gestalthaften Tode von Jungen und Mädchen sind in der Regel selbst verletzt bzw. durch Narben gekennzeichnet. Auf vielen Bildern stecken im Rumpf des Todes Messer oder andere Waffen und der dadurch Blessierte blutet fast eben so stark wie die, die er tötet. Allerdings scheint dieser Umstand seiner Kraft keinerlei Abbruch zu tun; sie bleibt ganz offensichtlich ungebrochen, und das wird durch erhobene Arme und andere Gesten der Übermacht signalisiert.

2.2.7 Das „Todes-Danach"

„Der Geist ist im Himmel ... Vielleicht nicht genau da. Nach unserer Erde ist ja auch noch ein Universum ... Ja, so ungefähr ... Ich wollte erst mal nur helle Farben nehmen, weil ich meine, wenn man hinter den Wolken ist, dann

ist da ein helles Licht. Ich glaube, das wird bestimmt auch stimmen. Ich glaube nicht, dass es dann auf einmal ganz schwarz ist, und dann sagt jemand auf einmal dann ‚Hallo'… Ich meine, das wird dann auch sehr hell sein, wenn man dann z. B. ein anderes Leben bekommt." (Mädchen, zehn Jahre alt)

Viele Kinder, die ihre Vorstellung vom „Todes-Danach" verbildlichen, greifen zu hellen, freundlichen Farben. Sie möchten auf diese Weise ganz offensichtlich zum Ausdruck bringen, dass sie davon überzeugt sind, dass nach der düsteren Zeit von Sterben, Tod und Traurigkeit etwas Lichtvolles, ganz und gar Schönes und aufregend Neues beginnt. Sie setzen die jenseitige Existenz mit unbegrenzter „Freiheit über den Wolken" gleich und malen dementsprechend schwebende oder fliegende „Totenseelen" mit fröhlichen und gelösten Gesichtern. Dabei fällt auf, dass die Aufwärtsstrebenden – in deutlichem Gegensatz zu bestatteten Verstorbenen – weder gemindert noch geschwächt wirken; sie kommen stattdessen (und das unabhängig davon, ob sie abstrakt oder personifiziert dargestellt werden) kraftvoll und unternehmungslustig daher. Es ist ihnen förmlich anzusehen, dass sie voller kreativer Ideen stecken und jede Menge vorhaben.

Der eigentliche Anfang(spunkt) des Schönen und Neuen wird öfters durch ein Tor (häufig „Gottestür" genannt) markiert, durch das die „verlebendigten" Toten nach ihrem „Höhenflug" schreiten, um ihre erste, begrenzte Welt endgültig hinter sich zu lassen. Es ist in vielen Fällen mit den Farben des Regenbogens (Regen = Traurigkeit, Sonne = Freude) versehen, und auf seiner Rückseite beginnt eine zweite Welt, die uneingeschränkt und ohne Beeinträchtigungen existieren lässt. In ihr wird nicht mehr geweint und geklagt, sondern nur noch gelacht und liebevoll miteinander gescherzt.

Wer häufiger mit Kinderbildern zum Thema „Sterben/Tod" zu tun hat, wird bestätigen können, dass die meisten der bildhaften Umsetzungen kindlicher Vorstellungen vom Tod (wie vorab aufgewiesen) äußerst lebendig und lebensnah (bunt) sind. Kinder zeigen mit ihren gestalterischen, auf den Tod bezogenen Produkten ein Stück ihrer Selbst und ihrer Art in der Welt zu sein. Sie identifizieren sich mit ihren Werkstücken, und bereits während deren Herstellung kommt es idealiter zu einer Identifikation von Person und Sache: Das Kind wird zum Bild; und das Bild ist Teil des Kindes.

Dieser Umstand sollte beim Führen von Bildgesprächen und bei der Analyse von Bildgehalten unbedingt berücksichtigt werden. Schließlich ist keine Interpretation „von außen" so aussagekräftig wie eine „von innen", also aus der Perspektive des bildformenden Individuums heraus entwickelte. Diesem Tatbestand entsprechend sollten Erwachsene, die sich mit Kindern über deren Bilder austauschen, sehr zurückhaltend mit Kommentaren und vor allen Dingen Bewertungen sein. Auch Fragen, die bestimmte Antworten nahe legen, sind unter allen Umständen zu vermeiden; letzteres besonders im Grundschulunterricht deshalb, weil gerade jüngere Schüler/innen häufig darum bemüht sind, ihren Lehrer/innen zu „gefallen", indem sie von ihnen geäußerte Annahmen und Wünsche bestätigen bzw. erfüllen. Wo das außer Acht gelassen wird, entstehen leicht irreführende „Schein-Interpretamente", die bloß aus dekorativen Worthülsen bestehen und mehr oder anderes aussagen als im Bild selbst enthalten ist.

II. Bilder und Texte von Kindern zum Thema „Tod und Leben"

1. Welche Kinder malen hier und melden sich zu Wort?

In diesem Buch äußern sich Schüler/innen einer vierten Klasse (Schuljahr 1999/2000) worthaft, bildhaft und leibhaft zum Thema „Tod und Leben".

Die Kinder im Alter von zehn bis zwölf Jahren leben in einer mittelgroßen Kleinstadt in Lengerich im Kreis Steinfurt/Nordrhein-Westfalen. Sie kennen sich (mit wenigen Ausnahmen) seit dem ersten Schultag. Neben der Auseinandersetzung mit Lehr- und Lerninhalten haben sie im Verlauf ihrer fast vierjährigen Schulzeit gelernt, einander zu achten, wertzuschätzen und mit Respekt zu begegnen. Viele Freundschaften sind gewachsen. Konflikte, Streit und andere Disharmonien wurden in der wöchentlich stattfindenden „Klassenparlamentsstunde" geklärt. Das gelebte und erlernte Miteinander hat dazu beigetragen, dass gerade auch Kinder verschiedener Religionen und Konfessionen bzw. Weltanschauungen miteinander leben lernten. So führte der verstärkte Dialog in dieser Klasse auch zu einem Verständnis (des Verhältnisses) von Christentum und Islam; der interkulturelle Austausch wurde gefördert und das Wissen um das je eigene bzw. andere Glaubenskonzept vertieft.

Die so entstandene gemeinsame Basis ermöglichte eine intensive Arbeit zum Thema „Tod und Leben". Die Kinder waren offen für eigene und fremde Vorstellungen und einen konstruktiven Dialog, in dem Schreckensvorstellungen und Hoffnungsbilder gleichermaßen vorkommen durften. Nichts musste verschämt zurückgehalten oder versteckt werden, alle Ansichten, Gedanken und Fragen fanden ihren Raum.

2. In welcher Situation wird hier gemalt und nachgedacht?

Wer sich in einer Gemeinschaft geborgen weiß, kann Mut zu Individualität, zum Ausdruck seiner persönlichen Lebens- und Glaubensansichten und zum Austausch derselben entwickeln. Alle nachfolgend dargestellten Unterrichtsprozesse fanden dementsprechend ganz bewusst im Klassenverband als tragender Größe statt: Katholische, evangelische und muslimische Kinder wurden nicht voneinander getrennt, sondern nahmen gemeinsam am Projekt „Tod und Leben" teil.

Nach vier Jahren gemeinsamen Lebens und Lernens entwickelte sich bei den Schüler/innen deutlich wahrnehmbar das Bedürfnis, über den Tod zu sprechen. Zu Beginn eines jeden Schuljahres schrieben die Kinder immer ihre Themenwünsche für den Religionsunterricht auf. Im vierten Schuljahr wollten sie über „die Entstehung der Welt" – *das Verhältnis von Evolution und Schöpfung* – sprechen. Zudem zeigten sie Interesse für das, „was passiert, wenn man stirbt" und fragten danach, „wo man denn nach dem Ende des Lebens sei" – sie wollten also das Verhältnis von *Tod und Leben* betrachten.

Die von den Kindern geäußerten Arbeitsvorschläge entsprachen den Lehrplanvorgaben im Fach Religion (NRW) und konnten problemlos unter die das vierte Schuljahr bestimmende thematische Perspektive „Den Frieden bewahren" gestellt werden.

Nach einer Unterrichtsreihe zur Schöpfungsthematik, zu Paradiesvorstellungen und Diesseitsprämissen wurde das Thema *Bewahrung der Schöpfung* bedacht. Untergangs- und Rettungsgeschichten – wie die von der Arche Noah – betonten die Verbindlichkeit und Treue des an seiner Schöpfung festhaltenden Gottes. Im zweiten Halbjahr – im Anschluss an die Passions- und Osterzeit – wurde dann das Thema *Tod und Leben* zum Unterrichtsgegenstand erhoben. Zwei Wochen lang arbeitete die Klasse täglich ca. zwei Stunden an diesem Thema. Durch Bucherarbeitung und Schulung des mündlichen Sprachschatzes konnte insbesondere das Fach Sprache in den Religionsunterricht integriert werden. Die Einbeziehung von Kunst, Musik und Bewegung verstand sich von selbst. Auf diese Weise entwickelte sich ein ganzheitlich ausgerichtetes Unterrichtsprojekt.

Die Eingangsfrage zum Malprozess der Unterrichtsreihe „Tod und Leben" (Einheit 2) lautete: *„Wie stellst du dir den Tod vor? – Male (D)ein Bild dazu!"*

Diese Formulierung wurde gewählt, um ein bloßes Abmalen oder Nachzeichnen vorgegebener fremder Bildeindrücke zu verhindern. Die Kinder sollten stattdessen vor aller thematischen Erarbeitung ihre eigenen *„inneren Bilder"* im *„äußeren Bild"* sichtbar machen und dabei zu persönlichen Aussagen über ihre individuellen Denk- und Fühlwelten gelangen. – So entstanden „eindrückliche Ausdrucksgebilde" in bildhafter Form, die im Folgenden ausführlich vorgestellt werden, um die Breite der Vorstellungen *einer* Grundschulklasse zu verdeutlichen und Hilfen für deren Verständnis zu bieten. Alle eingangs erwähnten typischen kindlichen Vorstellungen vom Tod sind hier wiederzufinden.

3. Bilder – Kommentare – Interviews[1]

Nina-Marie (10 Jahre): Der Weg durchs Leben (Bild 1)

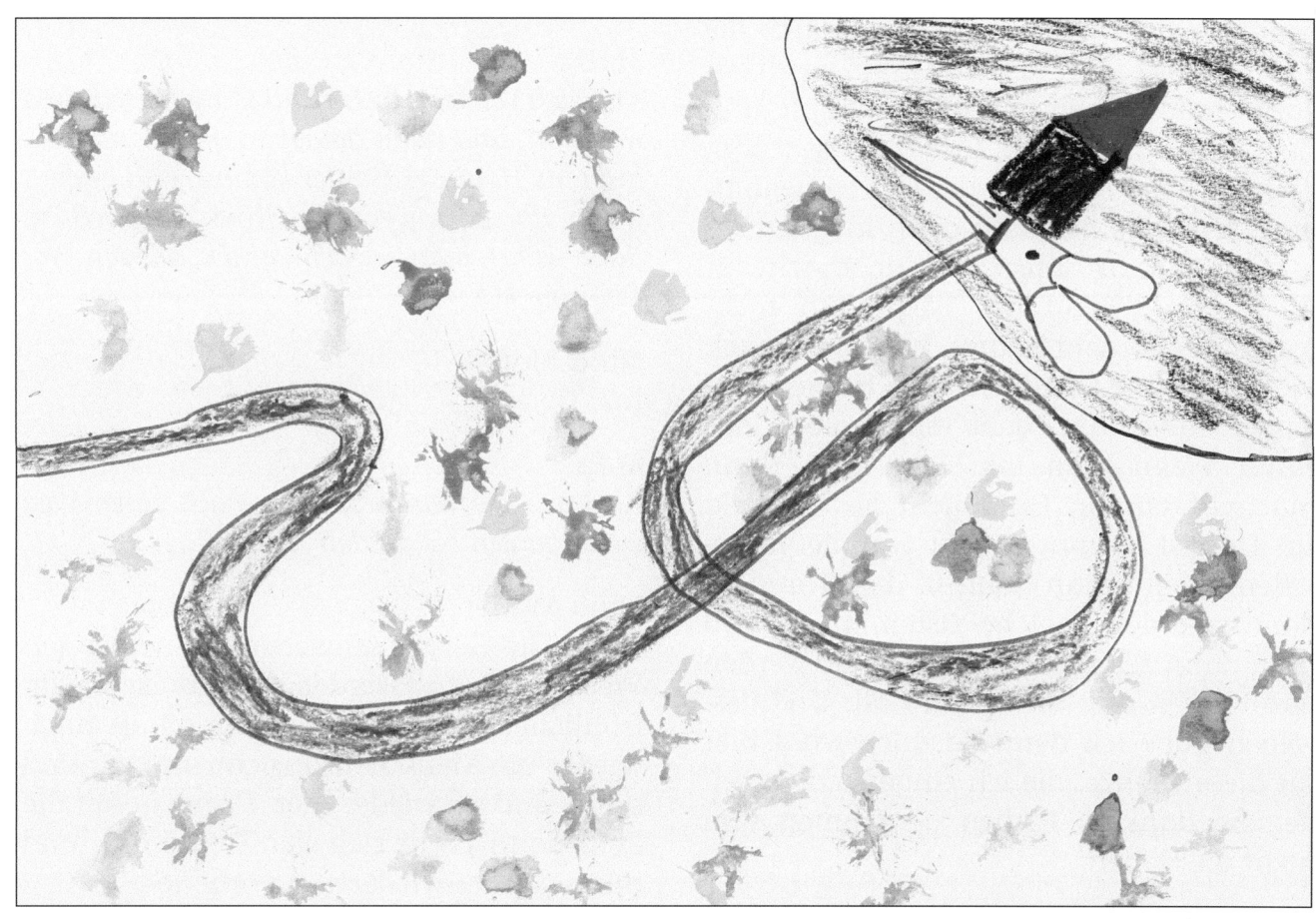

Der Weg durchs Lebens

Der Anfang des Lebens ist schön. Mit viel Freude geht man den Weg des Lebens. Der Weg ist grau; um einen rum spritzen Farben, rote, gelbe, grüne und blaue. Man hüpft und singt im Leben, aber dann, wenn der Weg nicht mehr weitergeht, verwandeln sich die Lebensfarben in die Todesfarben. Die Todesfarben sind schwarz, grau, braun und weiß. Man hat keine Lust mehr zum Hüpfen und Singen; man geht ins Haus: Es macht schnipp, und man ist tot. Das Schnipp war die Todesschere; sie hat die Aufgabe, das Lebensband durchzuschneiden. Der Tod geht schnell vorbei, sodass man gar nichts merkt.[2]

---
1 Die Namensabkürzungen in den Interviews stehen für Martina Plieth (M.P.) und Evamaria Bohle (E.B.).
2 Die transkribierten Texte sind geglättete Varianten der Kindertexte; sie sollen der besseren Lesbarkeit dienen.

Interview:

Nina-Marie:
Also ich habe halt gemalt, den Weg des Lebens. Der geht halt so quer, halt durch die Landschaft. Um einen herum spritzen dann halt Farben, und man hüpft und singt, wenn man geht. Und alles ist schön, deshalb habe ich auch die Farben genommen. Und das habe ich auch mit Wasserfarben gemalt, Kleckse hingemacht ... Aber dann, wenn der Weg dann nicht mehr weiter geht, dann hat man auch plötzlich keine Lust mehr zum Hüpfen und Singen, und dann geht man halt in das Haus. Wenn man ins Haus geht, dann macht es schnipp. Dann geht die Schere da zu. Das ist sozusagen fast wie die Todesschere. Wenn man dann in dem Haus ist, dann sind da so solche Kisten, in die wird man dann reingelegt, und die, die werden dann verbrannt, die Kisten halt. Und deswegen habe ich denn da auch wohl hier für diese Grenze, die ich eingezeichnet habe, die dunklen Farben genommen und nicht die Hellen.

E.B.:
Und das Haus ist ganz schwarz?

Nina-Marie:
Ja, und dann habe ich halt auch rot gemalt, weil oben die ja dann verbrannt werden.

M.P.:
Du sagst, man ist dann in dem Haus, und dann kommt diese Todesschere. Wer ist denn da in diesem Haus, wer verbrennt denn da die Leute, die kommen?

Nina-Marie:
Das ist so ein, ist so ein, na ja, das sind keine Menschen. Also das ist die Luft, die einen da halt hinbringt. Das ist halt wie das Haus der Geister. Und wenn man dann verbrannt ist, dann steigt ja der Dampf hoch, und dann wird man selber so ein Geist, und dann macht man das halt auch, was die dann machen. Man verbrennt dann halt die Leute, und irgendwann, wenn dann das Haus ganz voll ist, dann brechen die Geister ans Tageslicht, und dann fliegen die hier hin, und dann sind die wieder ganz am Anfang. Und dann gehen die wieder den Weg, und dann geht das halt immer so weiter.

M.P.:
Also, ich verstehe dich richtig? Der Lebensweg fängt an, und dann dauert es ganz lange, bis man ins Haus der Geister kommt, und irgendwann, du sagst, wenn das Haus ganz voll ist, dann kehrt man wieder zurück an den Anfangspunkt?

Nina-Marie:
Ja.

M.P.:
Also müsste man dann hier noch einen Weg weiter malen bis an den Anfang?

Nina-Marie:
Nein! Die Geister schweben irgendwie den Weg zurück und werden dann auch wieder fröhlicher. Und dann bekommen die auch wieder die Menschensansicht und so. Und dann sind sie wieder hier. Dann stoppt die Zeit, dann dreht sich der Zeiger um, und dann geht es wieder von vorne los.

M.P.:
Ja, wenn du jetzt sagst, das ist ein Lebensweg, wie alt ist man denn, wenn man da anfängt mit dem Lebensweg?

Nina-Marie:
Da ist man eigentlich ein bis zwei Jahre alt.

M.P.:
Und wie wäre das hier, ein Stückchen weiter auf dem Lebensweg? Wie alt könnte man da sein?

Nina-Marie:
Das ist ja sozusagen die Mitte. Da könnte man vielleicht 30 oder so sein, 31 oder so.

M.P.:
Das wäre die Mitte?

Nina-Marie:
Ja.

M.P.:
Und wenn man dann hier an diesem Geisterhaus, wie du sagst, angekommen ist? Wie alt ist man dann?

Nina-Marie:
Dann ist das dann irgendwie so: Es könnte auch sein, dass die Todesschere schläft, und dass man dann über die Schere klettert. Und dass man dann im Haus der Geister halt nicht verbrannt wird, sondern, dass da dann halt, wenn man dann nämlich darüber klettert, das heißt, also da ist lange keiner mehr gestorben und so, und deswegen schläft die Todesschere, weil sie denkt, es kommt ja eh keiner. Und deswegen, wenn man dann darüber klettert, merkt die Todesschere das nicht, und dann ist man im Haus, und dann ist das so ein Haus wie wir jetzt haben. Dann ist da ein Sessel, da ist ein Tisch, da ist ein Kamin. Und dann setzt man sich da halt hin, ja, dann wartet man, bis die Zeit vergeht.

M.P.:
Was passiert denn mit denen, bei denen die Todesschere geschlafen hat? Die bleiben dann da sitzen und warten, bis die Zeit vergeht?

Nina-Marie:
Die sitzen, die sitzen da also und warten. Dann schlafen die irgendwann ein. Dann schaukeln die auch immer so in dem Sessel. Und dann, dann merkt die Todesschere das, weil da ja auch der da so rumwackelt. Dann merkt die das, dann geht die ein Stück zurück und macht schnipp. Dann verschwindet der Sessel und alles, und man knallt auf den Boden, und dann erwachen auch wieder die Geister durch den Knall. Und dann machen die das halt wieder.

E.B.:
Tut es weh, wenn man dann verbrannt wird?

Nina-Marie:
Nein! Man merkt es eigentlich nicht; man merkt eigentlich gar nichts mehr. Es ist ja halt nur ein Weg, der nicht weitergeht. Und dann geht man halt in das Haus, und es macht schnipp, und dann bumm – dann fällt man hin.

M.P.:
Und das Schnipp der Todesschere, das tut auch nicht weh? Oder ist es schmerzhaft?

Nina-Marie:
Nein, nein! Das ist eigentlich nicht sehr ... Das geht ja so schnell. Die macht einfach nur mal kurz schnipp – weg. Das merkt man eigentlich gar nicht so sehr, weil ..., ja, die ist schon scharf, aber ...

M.P.:
Das geht so schnell, da kriegt man das nicht mit. Hast du denn eine Idee, warum, obwohl alles so schnell geht und gar nicht weh tut, manche Menschen sich davor fürchten? Das hast du ja sicherlich schon gehört, dass manche sich fürchten?

Nina-Marie:
Ja, vielleicht ist meine Vorstellung ja auch nicht ganz so wahr, weil, vielleicht denken manche ja auch anders darüber. Manche denken, dass das besonders doll weh tut oder so. Aber, das denke ich halt nicht, ich denke halt ... also ich bin jetzt vielleicht hier mal gerade so an der Stelle. Ich muss ja noch so einen weiten Weg gehen.

M.P.:
Es dauert noch sehr lange, bis du da eventuell ankommst?

Nina-Marie:
Ja. Und ich stelle mir darunter halt jetzt noch nicht so etwas Ernsthaftes vor. Vielleicht meine Oma, die ist schon 65, die wird sich dann schon eher was darunter vorstellen.

M.P.:
Und wenn du dir das vorstellst, dass deine Oma vielleicht irgendwann mal sterben könnte?

Nina-Marie:
Das muss sie ja mal, weil, man kann das halt nicht aufhalten. Man kann die Todesschere nicht aufhalten. Es sei denn, sie schläft.

M.P.:
Manchmal hat man Glück, dann schläft sie.

Nina-Marie:
Ja, aber das ist ganz selten, dass die Todesschere schläft, weil, es gab ja auch mal eine Zeit, da war ja Krieg. Und dann hatte die natürlich, dann wurde die überhitzt. Dann musste erst wieder eine neue Todesschere hergestellt werden.

M.P.:
Dann ist sie ganz zerschmolzen?

Nina-Marie:
Ja, weil die musste ja dann immer auch schnipp, schnipp, schnipp, schnipp den Weg dann immer abschneiden. In meinem Text habe ich auch so geschrieben, dass man geht und man hüpft und singt auf dem Weg und lauter Farben spritzen um einen herum halt, und dann habe ich da geschrieben: Wenn es nicht mehr weiter geht, dann geht man halt in das Haus. Dann ist man auch weiß ich nicht wie alt schon und so.

M.P.:
Hast du auch schon mal davon gehört, dass manchmal sogar Kinder in diesem Haus ankommen?

Nina-Marie:
Tja, die ... ja, das ist halt so ... Die Kinder sind dann gerade erst mal eben da. Und dann stelle ich mir das so vor, vielleicht werden ja auch manche durch einen Autounfall getötet. Mit einem Auto fährt man die Strecke natürlich schneller, dann ist das hier vielleicht eine Garage, das Haus. Und dann fährt man in die Garage, und dann macht es auch schnipp. Oder, wenn man gerade erst hier ist, und dann wird man überfahren. Und dann merken das die Geister da oben, dann schweben die dahin, aber sonst, wenn die wieder zum Leben kommen, dann schweben die über dem Weg. Aber jetzt schweben die hier dran vorbei und holen das Kind und bringen das hier hin und schweben vor, dass das Kind dann da halt automatisch reinkommt.

E.B.:
Du hast vorhin gesagt, als da Krieg war, ist die Schere sozusagen heiß gelaufen, und dann musste eine neue hergestellt werden?

Nina-Marie:
Ja.

E.B.:
Wer macht die denn, die Schere?

Nina-Marie:
Also, das machen die Geister, das machen die halt aus den ..., also, wenn man die verbrennt, dann verbrennt ja halt nur die Haut und so. Und dann haben die da ja immer noch Knochen und so. Das ist dann halt fast wie Knochen. Und weil dann da nur Knochen sind, heißt das ja auch die Todesschere. Und die besteht dann halt so aus Knochen. Ich habe die jetzt etwas anders gemalt, aber besser konnte ich es halt nicht.

E.B.:
Ist das, wenn du dir vorstellst, was du gemalt hast, irgendwie unheimlich oder eher nicht?

Nina-Marie:
Nein, das soll einfach nur so wirken, einfach nur tot wirken. Unheimlich ist das nicht. Das ist eigentlich, es ist halt nur der Tod. Deswegen habe ich ja auch die dunklen Farben gemalt. Eigentlich scheint die Sonne; es kann die Sonne scheinen. Es kann aber auch mitten in der Nacht sein, und man träumt gerade was ganz Schönes und so. Ja, das ist aber eigentlich nicht unheimlich. Das merkt man eigentlich gar nicht so, und deswegen ist das ja auch kein bisschen unheimlich, weil, das ist, das könnte zum Beispiel wie so eine Haustür sein.

M.P.:
Hast du eine Vorstellung, wie lange man in diesem Haus bleibt?

Nina-Marie:
Also Geister bleiben da nicht so ganz, ganz lange. Verbrennen geht ziemlich schnell. Es sterben ja auch viele Leute. Deswegen wird das Geisterhaus ja auch oft überfüllt. Vielleicht fünfmal im Jahr. Dann stauen sich ja auch hier die Geister. Und dann, wenn die dann hier sind, dann geht das Leben ja wieder von vorne los, aber da müssen sie ja auch erst mal jemanden finden, der ihnen das Leben dann noch mal schenkt.

M.P.:
Eltern?

Nina-Marie:
Ja. Und dann stellen sich die ja hier an, und das könnte dann auch lange dauern, weil, so was macht man ja nicht jeden Tag.

Deswegen könnte das dann so fünf Jahre oder so dauern, bis dann alle Geister hier so weg sind, und in fünf Jahren sterben da ja reichlich mehr. Aber, wenn hier die Geister dann so lange stehen und warten …, aber manchmal sind die dann auch einfach so den Weg wieder nach vorne geflogen und haben dann halt hier wieder Menschenform angenommen.

M.P.:
Und die Geister, wenn sie dann so in der Reihe stehen und warten, tun sie dann irgendwas? Wie stellst du dir das vor?

Nina-Marie:
Nein, sie stehen da und warten. Aber, wenn man darauf gucken würde, auf so eine Geisterschlange, man würde nicht wissen, auf was die warten. Die stelle ich mir auch irgendwie ganz schrecklich vor, und dann stehen die halt so, und die unterhalten sich, und brüllen die Leute dann auch an: „Ja, man, mach' doch endlich! Ich will auch mal raus!" Nur das hören wir dann halt nicht, und dann tanzen auch manche mal aus der Reihe und machen das einfach so: Die fliegen dann den Weg ab und machen das Geisterhaus dann noch voller.

E.B.:
Wo steht das Geisterhaus?

Nina-Marie:
Das steht hier, oben. Da, wo auch die Schere ist.

E.B.:
Gibt es das Haus wirklich?

Nina-Marie:
Ja.

E.B.:
In der Welt?

Nina-Marie:
Ja.

E.B.:
Und wo steht es in der Welt?

Nina-Marie:
Der Lebensweg, der geht halt, das kann man dann nur mit dem Weg verbinden. Das kann doch zum Beispiel dann auch das Haus sein, wo ich drin wohne.

E.B.:
Ach so.

Nina-Marie:
Also es ist halt der Ort, da, wo man stirbt.

M.P.:
Das kann überall sein?

Nina-Marie:
Ja, das Geisterhaus ist halt so wie so ein Überallhaus. Und deswegen, man geht ja, es geht ja nicht jeder den gleichen Weg.

M.P.:
Du hast gesagt, es kann auch eine Garage sein?

Nina-Marie:
Ja.

E.B.:
Überall, wo jemand stirbt, ist die Tür zum Geisterhaus?

Nina-Marie:
Ja, es gibt halt dann viele Türen, die sind halt über der ganzen Welt verstreut. Man stirbt und so, und dann öffnet sich die Tür, und man … Ja, das ist wie so, wie das Grab halt. Da ist dann ja so ein Loch, und man will, man kommt in so eine Kiste, und da ist dann so ein Loch, und da wird man dann rein getan. Und das ist dann halt, dann fällt man irgendwie in die Tür.

E.B.:
Was ich mich gefragt habe: Weißt du noch, wann dir das alles eingefallen ist?

Nina-Marie:
Na ja. Ich habe mal so eine Zeit gehabt. Da hatte ich auch ganz oft darüber nachgedacht. Da hatte ich auch immer Angst, wenn wir was ganz Schönes unternommen hatten. Ich hatte aber seitdem keine Angst mehr. Das ist irgendwie, seitdem wir hier über den Tod sprechen. Dann habe ich irgendwie keine Angst, wenn ich darüber spreche. Und vorher, wenn wir dann was ganz Schönes gemacht haben … Wir sind vielleicht mit dem Fahrrad zum Minigolf-

platz gefahren, und ich muss am Abend schlafen, dann denke ich immer so: „Wann wird das wohl mal zu Ende sein?" Weil daran denke ich dann halt immer. Und jetzt denke ich da eigentlich nicht mehr daran. Mir wird auch manchmal so was erzählt, weil, es gibt auch Krankheiten, wovon man sterben kann, und die kenne ich halt schon. Und das war auch einmal ganz schlimm, da, wo ich mal eine von diesen Krankheiten kennengelernt habe, bei denen es eigentlich kein Zurück mehr gibt. Das kann halt jeder kriegen und so. Es gibt eigentlich viele Möglichkeiten, wie man sterben kann. Der eine stirbt ganz normal, weil er zu alt ist, der eine wird überfahren, dem anderen wird eine Kanonenkugel durch den Kopf gejagt ... Aber eigentlich ist das normale Sterben etwas ... Man ist, man hüpft vielleicht, man ist vielleicht noch gerade den Weg lang gehüpft, dann kann man nicht mehr. Man kippt um und ist tot. Das kann halt überall passieren. Das passiert nicht unbedingt nur, wenn man da an der Todesschere ist.

M.P.:
Nina-Marie, du hast gesagt, seitdem ihr in der Klasse über den Tod redet, ist das für dich nicht mehr so ein großes Problem, über ihn nachzudenken?

Nina-Marie:
Nein! Irgendwie nicht, weil ich weiß, ich denke irgendwie, es gibt so viele Möglichkeiten ... Es gibt Menschen, die stellen sich den Tod so vor. Es gibt auch welche, die stellen ihn sich anders vor, und es gibt welche, die denken, es gibt ihn gar nicht. So denken ja zum Beispiel kleine Babys, die denken: „Was reden die da überhaupt? Das gibt es doch gar nicht, das Leben geht immer noch weiter." Aber irgendwann muss es ja mal zu Ende sein. Das ist ja genau so wie mit der Schule: Man lernt und lernt und lernt und lernt, und irgendwann dann kann man halt nicht mehr lernen, dann ist man halt bereit, was zu machen, was man halt schon weiß. Also, dass man dafür dann halt nicht mehr lernen braucht.

M.P.:
Wie ist das denn so für dich? Also, glaubst du, die Erwachsenen reden genug über den Tod?

Nina-Marie:
Ja, nein ... Ich weiß nicht. Das war für mich ganz komisch. Mir ist dann immer der Gedanke durch den Kopf geschwirrt: Ja, gleich könnte jemand auf mich schießen, oder ich springe aus dem Fenster, oder weiß ich was. Dann hatte ich immer Angst und habe versucht, mich abzulenken. Habe zu meinen Jungs gesagt: „Können wir was spielen?" Na ja, das hat mich dann halt auch nicht davon abgebracht. Ich musste immer daran denken. Das war für mich schon ganz schön komisch. Aber jetzt ist das irgendwie kein Problem mehr, weil jetzt weiß ... Jetzt sehe ich halt so viele Vorstellungen, jetzt sehe ich auch meine Vorstellungen. Nach meiner Vorstellung ist das eigentlich gar nicht schlimm. Vielleicht stehe ich, wenn ich ein Geist bin, an erster Stelle.

Janine (10 Jahre): Die Lebensuhr (Bild 2)

Die Lebensuhr

Ich habe eine Uhr gemalt, weil ich den Lebensweg als einen bestimmten Zeitablauf ansehe. Für jeden von uns wird die Uhr einmal stehen bleiben.
Das kann früher oder später sein, niemand von uns weiß das vorher.
Ich habe meine Uhr in vier Farben gemalt.
Die erste Farbe ist Gelb. 0.00 Uhr ist die Geburt, bis 3.00 Uhr geht die Kindheit.
Der zweite Abschnitt ist rot und geht von 3.00 bis 6.00 Uhr. Die Farbe Rot bedeutet die Jugend.
Der dritte Abschnitt ist blau und geht von 6.00 bis 9.00 Uhr. Die Farbe Blau bedeutet das Erwachsenenalter.
Nun kommt der vierte Abschnitt in braun. Von 9.00 bis 12.00 Uhr. Die Farbe Braun bedeutet das hohe Alter. Wenn die Lebensuhr die Farbe Schwarz erreicht hat, ist es bald Zeit zu sterben. Der Abschnitt geht von 11.04 bis 12.00 Uhr.

Interview:

E.B.:
Du hast eine Uhr gemalt?

Janine:
Hm.

E.B.:
Erzähl mal!

Janine:
Also hier, von null bis drei Uhr ist eigentlich, so habe ich es mir vorgestellt, dass das die Kindheit ist. Und von drei bis sechs Uhr ist das jugendliche Alter, die Jugend. Ja, und dann habe ich hier von sechs bis neun Uhr das Erwachsenenalter und von neun bis zwölf Uhr, also von neun bis eine Minute vor zwölf Uhr, das hohe Alter. Und von einer Minute vor zwölf bis zwölf Uhr ist dann der Tod. So habe ich mir das vorgestellt. Das wurde dann immer dunkler, immer dunkler.

M.P.:
Das wurde immer dunkler, immer dunkler, bis es ganz schwarz wurde?

Janine:
Ja, und dann hat eben das Leben, dann ist die Uhr stehen geblieben. Dann hat die Uhr aufgehört.

M.P.:
Und warum ist das dann ganz schwarz da, eine Minute vor zwölf Uhr?

Janine:
Ja, das ist dann eben ... Das ganze Leben ist dann also weg. Also, man ist ja dann tot, dann ist ja nichts mehr Schönes da.

M.P.:
Kein Licht, keine Farbe?

Janine:
Genau.

E.B.:
Das ist die Kindheit, hast du gesagt, das Gelbe? Das ist am Schönsten, am Hellsten?

Janine:
Hm.

E.B.:
Gibt es Menschen, die gar nicht bis kurz vor zwölf Uhr kommen? Menschen, wo der Tod schon früher kommt?

Janine:
Ja. Aber, also, ich habe das jetzt einfach mal so gemalt. Und hier die Zeiger, da habe ich meine Zeit gemalt. Also, da stehe ich gerade.

M.P.:
Du bist so bei zwei Uhr.

Janine:
Hm.

M.P.:
Also, schon nicht mehr so das ganz kleine Kind, schon so ein bisschen größer? Und was denkst du so, wie alt wirst du sein, wenn du kurz vor zwölf Uhr angekommen bist? Hast du eine Vorstellung, wie alt du dann sein möchtest?

Janine:
Ja, so 95. Das wäre schon ganz schön.

M.P.:
95 wäre ganz schön?

Janine:
Ja.

M.P.:
Hast du eine Idee, wie dein Leben aussehen wird, wenn du 90 bist?

Janine:
Nee, eigentlich nicht.

E.B.:
Du hast vorhin gesagt, der Tod ist ganz schwarz, dann ist nichts Schönes mehr da. Wie stellst du dir den Tod vor? Kannst du das noch mehr beschreiben?

Janine:
Also, ich kann das jetzt nur mit meinem Bild beschreiben. Die Uhr geht immer, also wenn man jetzt nicht schon vorher stirbt, einmal rum. Und wenn sie dann hier angekommen ist, dann dongelt es einmal, und dann hört das Leben eben auf. Also, dann ist man tot.

E.B.:
Kennst du jemanden, dem das passiert ist?

Janine:
Hm. Meinem Opa. Der ist im Schlaf gestorben. Der ist dann morgens nicht mehr aufgewacht.

M.P.:
Der war auch schon ein bisschen älter wahrscheinlich?

Janine:
Das kann sein. Das weiß ich aber nicht mehr.

M.P.:
Das ist schon etwas länger her, das Ganze?

Janine:
Als ich geboren wurde, war der acht Jahre tot.

M.P.:
Ah ja. Du hast ihn gar nicht kennengelernt?

Janine:
Nur auf Bildern und von meiner Oma.

M.P.:
Du sagst, wenn der Tod kommt, dann dongelt es hier so?

Janine:
Hm.

M.P.:
Hören die Menschen das? Merken sie das?

Janine:
Nein! Die hören das nicht.

M.P.:
Es passiert, aber ein Mensch kann das so nicht wahrnehmen?

Janine:
Hm. Aber, das ist jetzt nicht so, dass wenn jetzt ältere Leute, die hier kurz vor zwölf Uhr sind, jetzt da rum laufen und dann auf einmal umfallen, sondern die machen das, die sterben dann auch im Schlaf.

E.B.:
Du hast einen richtigen Wecker gemalt. Meine Mama hatte so einen oder hat so einen mit richtigen Schellen oben dran. Der tickt ganz laut. Kann man das hören bei deiner Lebensuhr? Tickt sie? Oder ist sie ganz leise?

Janine:
Die ist ganz leise. Man hat eigentlich immer so eine Uhr irgendwie im Kopf bei sich. Und man weiß dann eigentlich immer, wo man gerade steht. Und dann kann man sich, wenn man hier ungefähr irgendwo ist, kann man sich denken, dass, irgendwann in ein paar Nächten, dass ich dann morgens nicht mehr aufwache, also, dass weiß dann jeder, eigentlich.

E.B.:
Aber, zum Beispiel du musst dir keine Sorgen machen, wenn du schlafen gehst?

Janine:
Wenn ich schlafen gehe nicht, aber, es könnte ja sein, dass ich irgendwie mal auf der Straße angeschossen werde oder so.

M.P.:
Und wenn die Menschen hier oben angekommen sind? Wie stellst du sie dir denn dann vor? Sehen sie anders aus? Sind sie verändert? Oder sind sie immer noch so wie zu Lebzeiten?

Janine:
Die sind eigentlich genauso wie vorher.

M.P.:
Es hat sich nichts verändert?

Janine:
Hm (verneinend).

M.P.:
Tun sie denn dann noch irgendwas?

Janine:
Hm (verneinend).

M.P.:
Das ist eine gute Vorstellung für dich, das man dann gar nichts mehr tut?

Janine:
Also, dieser Tod, ich glaube, Sie meinen das jetzt so, den möchte wahrscheinlich jeder haben. Also, das ist dann schon schön für die Leute. Weil die können sich jetzt auch nicht ganz so gut helfen, wenn die schon so alt sind. Und ich glaube, dann ist das eigentlich ganz in Ordnung.

M.P.:
Könnte das so wie ein bisschen Ausruhen sein?

Janine:
Ja. Halt nur nicht Ausruhen, sondern … Wenn man sich ausruht, dann steht man eines Tages wieder auf. Was heißt eines Tages?! Man macht eben einen Mittagsschlaf.

M.P.:
Das dauert nicht so lange?

Janine:
Genau.

M.P.:
Und der Tod, dauert der länger? Du nickst. Wie lange dauert denn das Totsein?

Janine:
Ja, das kann man nicht sagen, weil man nicht weiß, wie lange es diese Welt noch gibt. Also, eines Tages werden sowieso alle mal sterben.

M.P.:
Wenn er dann aufhört, der Tod, was kommt denn dann? Was stellst du dir da vor?

Janine:
Also, ich stelle mir eigentlich vor, dass man im Himmel noch weiterlebt, dass man im Himmel genau so ein Leben hat wie hier jetzt. Aber das ist eben alles anders da oben.

M.P.:
Da ist alles so wie hier, ein ganzes Leben, aber doch auch ganz anders?

Janine:
Ja, das sind jetzt nicht solche Räume wie hier so, das ist schon anders. Aber man hat so ein Leben wie hier, denke ich mal.

M.P.:
Und ist das Leben dann auch irgendwann abgelaufen, dieses neue Leben?

Janine:
Das kann schon sein. Aber, ob man dann hinterher noch mal irgendwo anders lebt, das weiß ich nicht. Wenn man tot ist, ist man, sagt man ja, im Himmel. Und es gibt ja keinen anderen Ort, wo man hingehen kann, wenn man tot ist, außer in den Himmel. Man kann ja nicht wieder zurück auf die Erde, und Himmel ist Himmel. Das bleibt immer dasselbe.

M.P.:
Du guckst jetzt, wenn du Himmel sagst, nach oben. Ist das da oben der Himmel?

Janine:
Ja.

M.P.:
Ja?

Janine:
Denke ich mal.

Serpil (11 Jahre): Das schöne Grab (Bild 3)

Das schöne Grab

Eines Tages hat meine Mama gesagt: „Gehe und hole mir bitte von Aldi Backpulver!"
Ich ging zu Aldi.
Als ich wieder nach Hause ging, wollte ich über die Straße. Ich drückte die Ampel. Es war erst grün, und dann war es orange, rot. Und ich durfte rüber. Auf einmal kam ein Auto soo schnell. Als ich meine Augen öffnete, war ich im Krankenhaus. Das Auto hatte mich überfahren.
Mir ging es schlecht.
Dann starb ich.
Mein Grab war mit einer Rose; ich war allein.
Ich sagte: „Tschüss."

Interview:

Serpil:
Ich habe mir das so vorgestellt, also, ich wäre da einfach tot und irgendwie – ja, was soll ich dazu noch sagen?

M.P.:
Das ist also dein eigenes Grab?

Serpil:
Ja. Also, dann habe ich mir wohl gedacht, ich mache das ja wohl ein bisschen schöner, weil ich wollte ja auch irgendwie ein schönes Grab haben. Darum habe ich noch so eine Rose gemalt ... Dann wollte ich hier ganz viele Blumen malen, aber ich habe sie doch nicht gemacht, weil ich fand das noch schöner, dass ich nur eine Rose male. Dann habe ich hier noch so was geschrieben: 1989 bin ich geboren, und dann 2065 bin ich gestorben. Da bin ich wohl 75 Jahre alt, irgendwie.

M.P.:
Das ist ganz schön alt. Denkst du, dass viele Menschen sterben, wenn sie so alt sind?

Serpil:
Ja. Wenn sie so fit sind, finde ich, sterben sie nicht so schnell. Aber wenn ältere Leute nicht so richtig fit sind, sterben sie, ja, wenn sie so 75 oder 80 sind. Weil, ich kenne ja auch noch eine Frau, die ist wohl 100, und, ja, die lebt immer noch.

M.P.:
Wenn man 100 ist, wie ist das denn? Du sagst, die Frau lebt immer noch. Lebt sie anders als du?

Serpil:
Ph, weiß ich nicht. Das ist unsere Nachbarin, ja, und die ist wohl auch so alt, aber die ist richtig nett zu mir. Manchmal gehe ich auch dahin und erzähle ihr was und so, dann gibt sie mir Süßigkeiten.

M.P.:
Also, du magst sie richtig gerne? Und sie ist schon 100, sagst du? Also, so alt kann man auch werden?

Serpil:
Hm.

M.P.:
Und du hast überlegt, du selber wirst ungefähr 75?

Serpil:
Ja. Hm (lachend).

M.P.:
Jetzt sehe ich aber, dass du vorher eine andere Zahl da stehen hattest. Kann das sein?

Serpil:
Ja, ich hatte da irgendwie 2000 stehen, und das fand' ich ja irgendwie so komisch. Es kann ja auch sein, ja, es kann ja auch sein, dass man sofort stirbt. Also, es kann ja sein, dass ein Unfall passiert oder dass man im Bauch stirbt ...

E.B.:
Wo bist du denn auf dem Bild?

Serpil:
Ich bin hier unter dem Grab.

M.P.:
Hast du eine Vorstellung, wie das da aussieht unter dem Grab?

Serpil:
Dunkel. Ja, so dunkel und so. Nicht so gut wie im Bett.

M.P.:
Das kann ich mir schon gut vorstellen: Dunkel und nicht so schön wie im Bett.

E.B.:
Ist da sonst noch jemand?

Serpil:
Nö, nee.

M.P.:
Hast du da noch einen Menschen an deinem Grab gemalt?

Serpil:
Ja, wollte ich wohl machen, und dann konnte ich das wohl nicht.

M.P.:
Und woran lag das, dass du das nicht so gut malen konntest?

Serpil:
Ja, der Kopf ist irgendwie immer so ein Dreieck geworden oder ein Viereck.

M.P.:
Also, er ist dir nicht so gut gelungen?

Serpil:
Nee.

M.P.:
Und wenn es dir besser gelungen wäre? ... Dann habe ich noch eine Frage: Du hast gesagt, du hast als erstes den Grabhügel gemalt, und dann sollte das Grab eigentlich viel schöner werden. Da hast du eine Blume gemalt. Was ist denn das für eine Blume?

Serpil:
Das ist so eine Blume, ja wie soll ich das jetzt sagen? Das ist so eine Blume. Habe ich wohl einfach dahin gemalt, weil, das fand ich noch schöner, weil ohne die Blume würde das ein bisschen langweilig sein. Und dann habe ich wohl die Blume gemalt, und dann ging es ja wohl.

M.P.:
Hast du auf anderen Gräbern, die du dir mal angeguckt hast, auch Blumen gesehen?

Serpil:
Ja, noch mehr eigentlich. Aber ich habe mir wohl gesagt, das sieht nicht so gut aus; da habe ich nur eine Rose gemalt.

M.P.:
Nur eine. Was glaubst du denn, warum machen das die Leute, dass sie Blumen auf die Gräber pflanzen?

Serpil:
Die Menschen legen die Blumen darauf: Vielleicht mögen sie ja die Menschen, die gestorben sind, und so. Ja, das denke ich mir mal so.

M.P.:
So als Zeichen?

Serpil:
Ja, dass sie die Menschen liebten und so, ja.

E.B.:
Weißt du oder hast du beim Malen überlegt, wer dir die Blume aufs Grab getan hat?

Serpil:
Ja.

E.B.:
Magst du es erzählen?

Serpil:
Weiß ich nicht, wohl nicht.

M.P.:
Aber du weißt es?

Serpil:
Hm.

E.B.:
Und was ich mich noch gefragt habe, ist, warum das Grab so gelb ist? Das sieht schön aus.

Serpil:
Ja, eigentlich ist ja Gelb auch meine Lieblingsfarbe. Ich habe mir wohl gesagt: Wenn man gestorben ist, male ich noch ein bisschen Gelb darüber, weil das meine Lieblingsfarbe ist. Ja, da habe ich so gemalt. Fand' ich ja auch wohl schön.

E.B.:
Damit es nicht so dunkel ist?

Serpil:
Erst wollte ich das ja auch ein bisschen blau malen. Da habe ich gedacht, wenn man gestorben ist, kann man ja auch seine Lieblingsfarbe malen.

M.P.:
Serpil, was denkst du denn, die toten Menschen in den Gräbern, können die das denn sehen, die Blumen und die Lieblingsfarben?

Serpil:
Der Geist kann ja wohl alles sehen, aber sonst kann ja auch keiner (von den Toten) sehen.

M.P.:
Ist das also anders als bei uns? Wenn wir gucken, dann gucken wir mit unseren Augen.

Serpil:
Hm.

M.P.:
Und bei den Toten sagst du, da ist es der Geist.

Serpil:
Hm. Der Geist von den Toten.

E.B.:
Weißt du, wo der Geist ist? Oder hast du es dir vorgestellt?

Serpil:
Ich habe es mir wohl vorgestellt. Das ist am Himmel, irgendwie, ja.

E.B.:
Du bist sozusagen da unten, aber der Geist ist oben?

Serpil:
Ja.

M.P.:
Das ist auch eine schöne Vorstellung, das Grab dann ganz schön zu machen, mit der Blume und mit den Lieblingsfarben.

Serpil:
Ja, und erst wollte ich hier noch meinen Namen schreiben, aber da habe ich es doch nicht getan.

M.P.:
Warum hast du es nicht getan?

Serpil:
Ja, ich fand das irgendwie so … also, ich fand das so, meine Freundin, die neben mir saß, hat mir gesagt: „Oh, spinnst du!" Da habe ich gesagt: „Ja, warum? Ich kann da ja meinen Namen hinschreiben." Hat sie gesagt: „Würde ich an deiner Stelle nicht tun." Da habe ich wohl gesagt: „Warum nicht?" Da hat sie gesagt: „Ja, würde ich an deiner Stelle nicht tun. Vielleicht kann das ja auch in echt passieren." Da habe ich gesagt: „Ja."

M.P.:
Sie hat geglaubt, wenn du den Namen, deinen Namen auf den Grabstein schreibst, dann könntest du vielleicht auch bald sterben?

Serpil:
Ja.

M.P.:
Was denkst du denn dazu?

Serpil:
Dazu denke ich nur, eigentlich nichts.

M.P.:
Aber du hast doch deinen Namen nicht aufgeschrieben?

Serpil:
Nein.

M.P.:
Das hast du lieber gelassen?

Serpil:
Hm.

M.P.:
Und wenn du eine Überschrift für dein Bild schreiben würdest, wie würde sie dann heißen?

Serpil:
Äh …

M.P.:
Eine schwere Frage, ich weiß. Du kannst ruhig ein bisschen überlegen.

Serpil:
Das Grab mit der einen Rose. Und: Das schöne Grab.

Sevim (11 Jahre): Die weinenden Rosen (Bild 4)

Ein schrecklicher Unfall

Eines Tages sagte meine Mutter: „Sevim, kannst du zu Aldi gehen und vier Joghurts kaufen?" Und ich antwortete freundlich: „Na klar!" Und ich ging. Aldi war in der Nähe von uns. Ich habe vier Joghurts gekauft. Danach ging ich richtig nach Hause. Die Ampel war grün für Fußgänger. Ich überquerte die Straße. Plötzlich kam ein LKW mit voller Geschwindigkeit und fuhr mich um. Der LKW-Fahrer war so müde und hatte die rote Ampel nicht gesehen. Meine Mutter hatte sich Sorgen gemacht und wollte mal über die Straße gucken, wo ich geblieben sei. Da sah sie die Polizei. Sie guckte und schrie. Lief sofort zur Unfallstelle und sah mich. Sie umarmte mich und weinte. Es war zu spät, ich war schon tot.

Interview:

Sevim:
Auf meinem Bild sind Wolken, eine Sonne, Bäume, Schmetterlinge, Blumen und Gräser.

M.P.:
Du hattest einen Auftrag, und du hast ihn auch sehr gut eingelöst. Du solltest ja nicht nur einen schönen Tag malen ... Was war denn dein Auftrag? Was solltest du malen? Was hat Frau Itze euch gesagt?

Sevim:
Wir mussten malen, was wir wollten.

M.P.:
Ihr solltet malen, was ihr wolltet?

Sevim:
Ja, vom Tod.

M.P.:
Vom Tod. Sie hat gesagt: „Wie stellt ihr euch den Tod vor? Malt ein Bild dazu." Das hast du auch gemacht.

Sevim:
Ja.

M.P.:
Aber jetzt sehe ich auf deinem Bild auch Wolken und die Sonne, den Baum, die Blumen ...

Sevim:
Die Vögel!

M.P.:
Und – wo ist der Tod? Wo sehe ich ihn auf deinem Bild?

Sevim:
Hier!

M.P.:
Du zeigst auf das Braune da unten. Weißt du, wie man das nennt?

Sevim:
Ja, aber ich habe es vergessen.

M.P.:
Ich sage es dir. Das ist ein Grab.

Sevim:
Ja.

M.P.:
Jetzt weißt du es wieder. Es macht nichts, wenn dir Worte nicht gleich einfallen ... Sevim, was ist denn in dem Grab?

Sevim:
Da bin ich drin.

M.P.:
Da bist du drin. Du hast dir vorgestellt, das ist dein Grab?

Sevim:
Ja.

M.P.:
Und wie alt bist du, wenn du da drin liegst?

Sevim:
Mm (überlegend).

M.P.:
Bist du älter als jetzt?

Sevim:
Ja.

M.P.:
Älter, viel älter, eine Oma, eine ganz alte Oma?

Sevim:
Ja, ungefähr 80 (lachend).

M.P.:
Liegst du in dem Grab, ganz normal – so wie du zu Hause in deinem Bett liegst, oder ist da etwas anders?

Sevim:
Nein. Da ist es anders. Äh, da ist man ganz anders. Da kann man nicht träumen.

M.P.:
Man kann nicht mehr träumen ... ?

Sevim:
Da schläft man ja auch nicht.

M.P.:
Man kann nicht mehr träumen, man schläft nicht mehr, man kann auch ganz viele andere Dinge nicht mehr machen. Fällt dir noch irgendetwas ein?

Sevim:
Ja, spielen.

M.P.:
Gibt es denn noch irgendetwas, was man kann?

Sevim:
Ja, tot sein!

M.P.:
Tot sein. Und wie sieht das aus, tot sein? Kann man das sehen?

Sevim:
Mm (verneinend).

M.P.:
Das kann man gar nicht sehen. – Jetzt hast du über diesen Grabplatz, in dem du dir vorstellst, dass du da selber tot drin liegst, noch etwas gemalt?

Sevim:
Na, da ist ein Stein, da steht mein Name.

M.P.:
Das ist der Grabstein, damit man weiß, dass das dein Grab ist?

Sevim:
Ja.

M.P.:
Aber, da ist etwas an den Blumen, da weiß ich noch nicht, was das ist.

Sevim:
Das ist Blut.

M.P.:
Ach, das sind Blutstropfen. Die tropfen aus den roten Rosen heraus. Blutstropfen! Gut, dass du mir das gesagt hast. Das hätte ich sonst jetzt gar nicht gewusst. Warum hast du da Blutstropfen aus den Rosen herauskommen lassen?

Sevim:
Mir ist das eingefallen.

M.P.:
So wie du es im Kopf hast, hast du es gemalt?

Sevim:
Ja.

M.P.:
Da tropft das Blut aus den Blumen?

Sevim:
Ja.

E.B.:
Sind sie verwundet, die Blumen, ein bisschen traurig?

Sevim:
Ja.

M.P.:
Was denkst du denn? Bleibt man da, wenn man tot ist, da in dem Grab?

Sevim:
Ja.

M.P.:
Da bleibt man drin. Für immer?

Sevim:
Ja.

M.P.:
Ist das eine gute oder eine schlechte Vorstellung?

Sevim:
Schlecht.

M.P.:
Was daran ist schlecht?

Sevim:
Ja. Für andere ist das sehr schlecht und sehr traurig.

M.P.:
Nun hast du aber hier zu den ganz traurigen Dingen wie den Blüten mit den Blutstropfen auch Schmetterlinge gemalt.

Sevim:
Ja.

M.P.:
Sie sind sehr schön bunt, die hast du ganz toll gemalt. Sie sind doch eigentlich sehr fröhlich, die Schmetterlinge. Wie kommen sie denn da auf das Bild, wo es doch um so etwas Trauriges geht?

Sevim:
Die wissen ja auch nicht, dass ich tot bin.

M.P.:
Aha, deshalb sind sie eigentlich ganz fröhlich und unbelastet, sie schwirren da so herum, weil sie das nicht wissen. Und wenn man das weiß, dann wird man traurig?

Sevim:
Ja.

Corinna (9 Jahre): Die Uroma und ihr Haus (Bild 5)

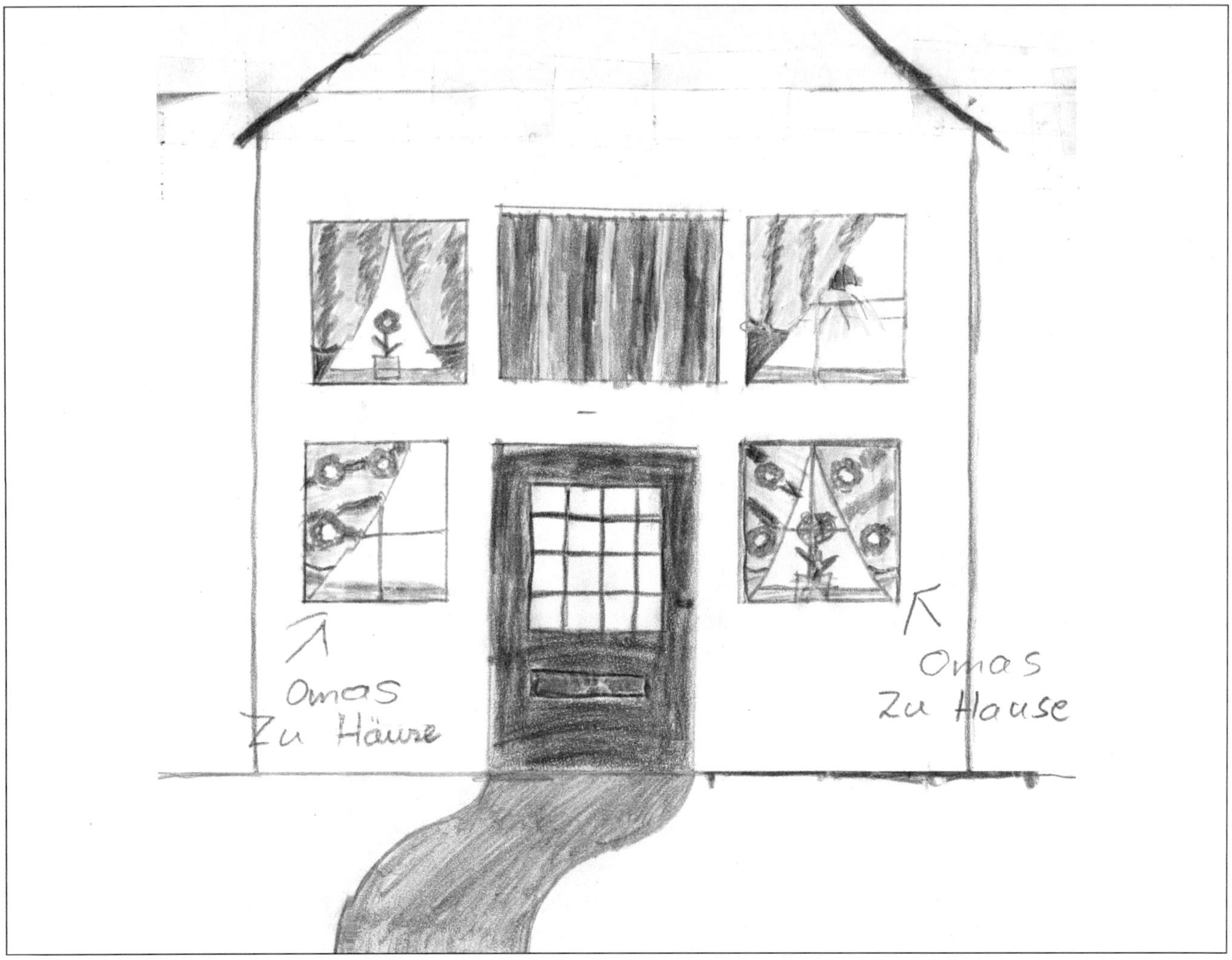

Die Uroma und ihr Haus

An einem wunderschönen Dienstagmorgen im April ging ich zur Schule, meine Schwester auch, und mein kleiner Bruder ging zum Kindergarten. Am Mittag holte Mama uns wieder ab und erzählte uns, dass unsere Uroma gestorben sei. Da fragte ich Mama: „Wieso ist sie denn gestorben?" Und sie erklärte mir, dass Oma schon seit sechs Jahren im Bett gelegen hatte und kaum noch jemanden von ihrer Verwandtschaft erkennen konnte. Und seit zwei Jahren musste sie auch gefüttert werden, weil sie nicht mehr alleine essen konnte. Danach fragte Saskia: „Wie alt war unsere Uroma denn?" Dazu antwortete Mama: „Eure Uroma war 87 Jahre alt." Und am Samstag wurde sie dann beerdigt.

„Innenansicht" des Hauses

Interview:

Corinna:
Ich habe ein Haus gemalt. Erst habe ich so ein kleines Blatt genommen und habe da ein Haus drauf gemalt, von außen. Und dann habe ich das Blatt auf einem zweiten Blatt festgeklebt. Dann kann man das Haus aufklappen, und dann ist das Haus von innen auf dem richtigen Blatt.

E.B.:
Kennst du das Haus?

Corinna:
Das ist das Haus von meiner Uroma. Meine Uroma ist in dem Haus gestorben, und da habe ich das Haus gemalt, damit man auch sieht, wie das aussieht.

E.B.:
Stimmt. Hier sehe ich das Schlafzimmer von der Uroma?

Corinna:
Ja.

M.P.:
Aber deine Uroma sehe ich auf dem Bild gar nicht.

Corinna:
Nee, die ist schon im Sarg. Ich habe nur das Haus gemalt.

E.B.:
Und, was ist das hier hinten im Bild?

Corinna:
Das ist eine Treppe.

E.B.:
Die ist auch in dem Haus.

Corinna:
Ja, weil da sind zwei Etagen. Da wohnen zwei Leute drin. – Ich habe auch eine Geschichte geschrieben, über meine Uroma, wie die gestorben ist und wie meine Mama mir das gesagt hat. Und jetzt habe ich mir das, den Tod, so vorgestellt, weil, meine Oma ist ja im Bett gestorben. Darum habe ich das Bett gemalt. So stelle ich mir den Tod vor, weil, die hatte einen Tod, das tat überhaupt nicht weh. Die war ja schon krank, und die ist einfach eingeschlafen.

M.P.:
Sie hatte keine Kraft mehr und war dann auf einmal ganz müde und ist eingeschlafen?

Corinna:
Ja.

E.B.:
Hast du sie noch mal gesehen?

Corinna:
Nein, die kannte nun gar keinen mehr, seit zwei Jahren, und die war nur auf meiner Taufe da, wo ich getauft worden bin. Meine Schwester kennt die überhaupt nicht.

M.P.:
Als deine Oma dann gestorben war, hast du sie da noch mal gesehen?

Corinna:
Nein.

M.P.:
Warst du denn auf dem Friedhof, als sie beerdigt worden ist?

Corinna:
Nein, meine Mutter und mein Vater waren nur da; und die sind dann nachher noch mal mit uns dahin gegangen und haben uns das Grab gezeigt.

M.P.:
Ist dir da irgendwas aufgefallen?

Corinna:
Nö, da lagen nur ganz viele Blumen drauf … und Kränze.

M.P.:
Und danach hast du es auch noch einmal gesehen?

Corinna:
Wie danach noch mal?

M.P.:
Nach diesem Tag, als ihr da die Blumen und Kränze gesehen habt.

Corinna:
Nein, bisher noch nicht. Vielleicht gehen wir irgendwann noch mal da hin. Man weiß ja nie.

M.P.:
Also, so ganz gut hast du deine Oma gar nicht in Erinnerung. Du hast sie gar nicht so gut gekannt?

Corinna:
Nee, so gut nicht. Ich habe die eigentlich fast gar nicht gekannt. Wir sind auch schon einmal hingefahren. Wir haben uns nur das Haus angeguckt. Meine Oma war krank. Die hat ja keinen mehr gekannt. Die musste immer im Bett liegen.

M.P.:
Ja, das war bestimmt auch ganz einsam für sie?

Corinna:
Die wohnte alleine.

M.P.:
Keine so schöne Vorstellung. Hast du denn noch eine andere Oma?

Corinna:
Ich habe keine andere Uroma mehr, aber eine richtige Oma.

M.P.:
Ah, ja! Du hast noch eine richtige Oma und einen richtigen Opa?

Corinna:
Ja. Sogar zwei.

M.P.:
Sogar zwei. Ist denn sonst schon mal in deiner Familie jemand gestorben?

Corinna:
So viel ich weiß, nicht.

M.P.:
Du kannst dich gar nicht daran erinnern?

Corinna:
Nö.

M.P.:
Auch kein Tier? Oder Tiere vielleicht doch schon mal?

Corinna:
Hm (verneinend). Wir haben kein Tier.

M.P.:
Hast du denn schon mal bei einem der anderen Kinder mitbekommen, dass da jemand gestorben ist?

Corinna:
Ja. Und das Kind hat ganz viel geweint, weil sie war ja auch ganz schön traurig. Einmal war eine Maus gestorben oder mal ein Freund. Und das war für die ganz schön traurig.

M.P.:
Was macht einen denn so traurig? Ich kenne das auch, dass Menschen dann ganz schön traurig sind. Wie kommt das bloß?

Corinna:
Na, wenn man den ganz schön ... also, wenn man den gemocht hat und der immer ganz lieb zu dem war und der stirbt, dann ist man eigentlich ganz schön traurig, denn man hat den nicht mehr. Und man ist irgendwie voll traurig dann.

E.B.:
Wo ist deine Uroma?

Corinna:
Die ist jetzt auf dem Friedhof.

Christina (10 Jahre): Auch Tote sind nicht gern allein (Bild 6)

Die Beerdigung

Als meine Oma sehr krank wurde, fuhren meine Mutter und ich jeden Tag zu ihr. Da sie keine Kräfte mehr hatte, lag meine Oma nur noch im Bett. So stand ich oft an ihrem Bett und erzählte ihr von der Schule und vieles mehr. Von Tag zu Tag ging es ihr schlechter. Sie sagte zu mir: „Christina, bald werde ich sterben. Schade, dass ich nicht mehr erleben kann, wie meine Enkelkinder groß werden." Ich antwortete: „Oma, so etwas darfst du nicht denken."
Schon bald verstarb meine Oma. Es war der 16.10.97. Bei der Beerdigung standen wir alle kurz am Grab, und jeder warf noch eine Blume hinein. Es war ein trauriger Tag.

Anm.: Ein Interview mit Christina konnte leider nicht geführt werden, da die Schülerin krank war.

Maximilian (10 Jahre): Abschiednehmen im Trauerhaus (Bild 7 und 8)

Die Beerdigung

Als ich am Schlafen war, rief mein Onkel an und sagte: „Opa ist gestorben."
Wir sind am nächsten Morgen nach Polen gefahren. Erst haben wir mit jedem gesprochen. Dann sind wir in der Kapelle gewesen. Dann habe ich geweint. Und dann ist meine Tante gekommen. Sie hat mich mitgenommen und getröstet.

Interview:

E.B.:
Du hast zwei Bilder gemalt. Das ist das Erste. Was hast du denn gemalt?

Max:
Ja, hm.

E.B.:
Was kann man sehen?

Max:
Ein Haus.

M.P.:
Ist das ein ganz normales Haus?

Max:
Nein, das ist mehr so, wo man Gebete spricht, da wo mehrere Leute sind, die sich zusammentun. Allerdings sprechen die Gebete, wenn jemand gestorben ist, und nachher, ja, dann ist es ja so ähnlich wie in Deutschland, aber nur anders.

E.B.:
Das ist eine Kapelle?

Max:
Ja. Die Bekannten, also die Familie ... Der liegt da, aber angezogen. Und die sind so dahinter, und dann stehen die da so oder hören den Gebeten auch zu.

M.P.:
Jetzt muss ich mal nachfragen: Ich sehe da drei Menschen in der Kapelle. Dieser Mensch hier unten, der liegt?

Max:
Der ist auch gestorben.

M.P.:
Das ist der Tote?

Max:
Eigentlich sind das ja mehr. Ich konnte das ja nicht alles da reinmalen.

M.P.:
Also, da muss ich mir noch ganz viele Tote vorstellen? Du hast zwei stellvertretend für die anderen gemalt?

Max:
Ja.

M.P.:
Jetzt fällt mir bei diesen Menschen auf, dass du dir ganz viel Mühe gegeben hast, da etwas Blaues zu malen?

Max:
Die weinen.

M.P.:
Ach, die weinen? Ihnen schießen die Tränen richtig aus den Augen. Warum weinen sie?

Max:
Ja, weil die, hm, weil jemand gestorben ist.

M.P.:
Und, das macht sie ganz traurig?

Max:
Ja.

M.P.:
Hast du eine Idee, was sie so denken?

Max:
Ich denke mir mal so, dass sie in Trauer vor dem sind. Also, das sind ja nicht so gute Zeiten, wenn jemand gestorben ist, sondern mehr schlechtere Zeiten.

M.P.:
Also, sie denken vielleicht gar nicht so viel? Sie fühlen mehr?

Max:
Ja.

M.P.:
Und sie sind ganz traurig?

Max:
Mm.

E.B.:
Du weißt gut, wie das ist?

Max:
Ja, natürlich. Ich war ja auch schon mal dabei.

M.P.:
Du warst auch schon mal dabei?

Max:
Ja, als mein Opa gestorben ist.

M.P.:
Ist das schon lange her?

Max:
Drei Jahre.

M.P.:
Das ist einerseits lange her, aber nicht so lange, dass du dich nicht mehr erinnern kannst. Wusstest du, dass dein Opa sterben wird? Oder kam das ganz plötzlich?

Max:
Ja, am Abend.

M.P.:
Kannst du dich noch an etwas erinnern, daran, wie das an dem Abend war?

Max:
Da war ich noch nicht da. Ich war ja in Deutschland.

M.P.:
Wo ist dein Opa gestorben?

Max:
Wie?

M.P.:
Wo war das? Das war nicht in Deutschland?

Max:
Nein. Das war in Polen. Er ist da gestorben.

M.P.:
Und, wie hast du das erfahren?

Max:
Ja, wo ich morgens aufgestanden bin, da hat mein Bruder gesagt: „Mama hat mir gesagt, dass unser Opa gestorben ist." Ich sage so: „Was?!" Dann bin ich zu meiner Mutter gelaufen und habe sie gefragt. Dann bin ich wieder in mein Zimmer gelaufen und habe geweint.

M.P.:
Das konntest du gar nicht glauben, als du das gehört hast? Das war ganz schlimm?

Max:
Ja, dass er uns verlässt.

M.P.:
Du sagst, dass er uns verlässt. Hast du mal darüber nachgedacht, wohin er geht?

Max:
In den Himmel.

E.B.:
Wie ist es im Himmel?

Max:
Das weiß ich doch nicht.

E.B.:
Und, wie wünscht du dir, dass es ist?

Max:
Eigentlich, dass es keinen Krieg da oben gibt. Eigentlich, dass es normal ist und dass niemand stirbt.

E.B.:
Das sind auch alles Menschen hier auf dem Bild? Die sind ganz traurig. Das kann man ganz toll sehen. Und einer weint ganz doll.

M.P.:
Weißt du, wer das ist?

Max:
Ja, das ist eigentlich keine Bekannte, aber, das ist auch eine bisschen ältere Frau, die ist auch mitgekommen. Die sind wir mal besuchen gegangen, und der haben wir immer Blumen geschenkt, weil die dabei war.

M.P.:
Die war auch schon älter?

Max:
Ja, nicht ganz so alt. Ich denke mir mal so 40 oder 50.

M.P.:
Hast du eine Idee, warum sie sehr geweint hat, ganz besonders doll?

Max:
Ich denke mir mal, sie hat ihn gekannt.

M.P.:
Dann war es ganz schlimm für sie, besonders schlimm?

Max:
Oder vielleicht hat die auch gelebt vor meinem Onkel und hat meinen Onkel schon gekannt, weil der Polizist ist.

M.P.:
Er ist bekannt im Dorf, im Städtchen?

Max:
Nicht so bekannt, aber schon wichtig.

M.P.:
Ihr wart alle sehr traurig. Gab es da irgendetwas, was die Traurigkeit ein bisschen kleiner gemacht hat?

Max:
Ja, als ich dann aus der Kapelle rausgegangen bin, haben die immer noch gebetet. Da bin ich rausgegangen zu meinem Vater. Ich habe geweint, und dann ist meine Tante gekommen. Die ist ja die Chefin vom Kindergarten, da bin ich dann mal mitgekommen, und dann ist die Traurigkeit ein bisschen weggegangen. Und am nächsten Tag waren wir alle ein bisschen glücklicher. Wir sind traurig, aber es ging schon.

M.P.:
Also, ihr wart dann alle beieinander. Du hast ja hier auch die traurigen Menschen alle ganz nah beieinander gemalt. Ist das wichtig?

Max:
Nicht ganz so wichtig. Aber, die treffen sich da, nicht alle Leute, sondern ein paar aus dem Dorf. Dann sprechen die Gebete in einer Kapelle.

M.P.:
Du hast gesagt, dein Opa ist in Polen gestorben. Das ist ja doch recht weit weg. Hast du das Grab noch einmal gesehen?

Max:
Ja, als ich immer im Sommer nach Polen gefahren bin, manchmal. Und wo wir dann bei der Beerdigung waren. Ich habe das nicht gesehen, wie der beerdigt wurde. Ich war ja im Kindergarten und habe da mit meinen Freunden gespielt. Dann, am nächsten Tag sind wir mal hingegangen, und dann hat meine Mutter mir auch Fotos gezeigt. Und dann sind wir da mal hingegangen.

E.B.:
Wie findest du Friedhöfe?

Max:
Nicht gruselig. Aber da soll man eigentlich nicht herumbrüllen und nicht stören.

M.P.:
Du sagst nicht gruselig. Könntest du dir denn vorstellen, mal nachts auf dem Friedhof spazieren zu gehen?

Max:
Äh, alleine eigentlich nicht. Aber – da kann ja auch gar nichts passieren, wenn da ein Mann ist, dann würde ich sofort weglaufen, aber wenn ich jemanden nicht kenne, dann würde ich eh weglaufen, das ist ja wohl klar!

M.P.:
Aber wenn da kein Mann wäre, dann wäre es nicht schlimm?

Max:
Na, eigentlich gar nicht.

M.P.:
Wo denkst du denn, dass dein Opa jetzt ist?

Max:
Ich denke mir mal im Himmel.

E.B.:
Wie ist das da?

Max:
Da sind eigentlich nur Wolken und so. Manche Leute meinen dies: Wenn jemand stirbt, die gehen dann in den Himmel.

M.P.:
Der Himmel – sind das die Wolken?

Max:
Ja, weiß ich nicht. Ich kann mir das irgendwie nicht vorstellen, nur Wolken. Und der Himmel sind ja Wolken. Aber ich denke mir mal einen anderen Himmel, nicht so einen Himmel, aber ein anderer.

M.P.:
Noch ein zweiter, der Wolkenhimmel?

Max:
Ja.

E.B.:
Sage mal, du findest dein zweites Bild schöner?

Max:
Ja. Weil das mehr leuchtet. – Ja, manche Leute die sind ja auch schwarz, dass ist eben so. Aber das ist hässlicher, das muss

ich nicht. Ich habe mich ja auch bei der Beerdigung nicht schwarz angezogen, sondern normal, ein bisschen hübscher.

M.P.:
Du denkst, mehr Farbe ist ein bisschen hübscher?

Max:
Ja. Ich denke mir, wenn jemand stirbt, dann ziehen manche Leute immer Schwarz an, weil Schwarz eigentlich mehr eine Farbe des Todes ist. Weil da ist Trauer, das ist die Trauer, denke ich mir mal.

M.P.:
Bei deinem zweiten Bild hast du ihnen dann farbige Gewänder gemalt?

Max:
Jetzt habe ich eigentlich mehr verstanden, dass Schwarz mehr zur Trauer gehört und nicht Bunt.

M.P.:
Aber darüber musstest du noch mal nachdenken?

Max:
Ja. – Es macht mich ein bisschen traurig. Weil uns jemand ja verlässt, und wir den kennen. Das wollen wir ja nicht, dass er uns verlässt.

E.B.:
Und doch müssen alle Menschen einmal sterben?

Max:
Nicht!

E.B.:
Nicht?

Max:
Alle, aber immer nacheinander. Es kommen immer neue Menschen, also Babys, und fast immer stirbt einer, nicht immer, aber immer öfter.

M.P.:
Gibt es denn auch Menschen, die nie sterben?

Max:
Eigentlich nicht. Das geht nicht. Weil jeder Mensch stirbt mal. Ich sterbe auch mal, wenn ich groß bin, 80 oder so. Denke ich mir mal, dass ich uralt werde. Weil wenn man irgendwie immer älter wird, 100 oder so. Dann ist das nicht so gut; dann kann man sich nicht so gut bewegen.

M.P.:
Das dauert aber noch lange, bis du 80 bist?

Max:
Ja, sehr lange!

M.P.:
Und, das ist ganz gut?

Max:
Na, da bin ich fröhlich, dass ich auch die Zeit noch verbringen kann.

Sebastian R. (10 Jahre): Tod auf der Straße (Bild 9)

Beschreibung zu meinem Bild

Auf meinem Bild geht ein alter Mann an einer Straße spazieren. Plötzlich bekam er einen Herzinfarkt. Leblos lag sein Körper da, und er atmete nicht mehr. Für ihn war das Leben zu Ende.

Interview:

Sebastian:
Ich habe einen Mann gemalt, der gerade spazieren ging und auf einmal einen Herzinfarkt gekriegt hat.

M.P.:
Ganz plötzlich?

Sebastian:
Ja.

M.P.:
Aus heiterem Himmel, wie man sagt?

E.B.:
Hast du das schon mal erlebt?

Sebastian:
Nicht direkt.

E.B.:
Aber du hast davon gehört? Und wie stellst du dir das vor?

Sebastian:
Weiß ich nicht genau.

M.P.:
Das ist ja ganz plötzlich passiert? Du hast ja gesagt, der Mann ging spazieren; er hat gar nicht mit dem Tod gerechnet. – Ist das ein guter Tod, wenn man so einfach umfällt? Du zuckst mit den Schultern, du weißt es nicht so genau? – Kannst du dir denn einen Tod vorstellen, der richtig gut ist?

Sebastian:
Wenn einer schwer krank ist, schon.

M.P.:
Warum ist das gut, wenn man dann stirbt?

Sebastian:
Weil, dann sind die Schmerzen nicht mehr da.

M.P.:
Dann muss man nicht mehr so viel leiden.

Sebastian:
Ich habe auch noch eine kleine Geschichte zu erzählen.

M.P.:
Ja.

Sebastian:
Also: Ich weiß nicht, hm, ich weiß nicht, ich glaube, ich war da drei noch. Da war ich aber nicht dabei, da waren meine Oma und meine Uroma da. Meine Uroma lag krank im Bett, und meine Uroma hat zu meiner Oma gesagt, dass sie, also ein Glas Wasser holen sollte. Hat meine Oma ein Glas geholt, ging dann ins Badezimmer, hat ein Glas Wasser fertig gemacht und wollte zurück gehen, und dann war meine Uroma tot.

M.P.:
Ganz plötzlich, niemand hatte damit gerechnet. Sie war lange krank vorher, hatte schon ganz lange im Bett gelegen. Das war sehr traurig, als sie dann plötzlich tot war. Hat es denn irgendetwas gegeben, was dann ein bisschen geholfen hat, mit der Traurigkeit umzugehen?

Sebastian:
Weiß ich nicht mehr.

M.P.:
Weißt du gar nicht mehr. – Kannst du dir denn vorstellen, wenn jemand anders ganz, ganz traurig wäre, was du für ihn tun könntest, damit der ein bisschen weniger traurig ist? Was würde dir denn vielleicht helfen, wenn du ganz traurig wärst?

Sebastian:
Vielleicht da drüber sprechen.

M.P.:
Das ist ganz gut, wenn man darüber reden darf. Ihr habt ja jetzt in der Schule, hier in der Klasse, schon ganz viel darüber gesprochen, in den letzten Tagen. War das auch gut für dich?

Sebastian:
Mm, bisschen.

M.P.:
Ein bisschen. – Hast du denn da auch irgendetwas erfahren von den anderen Kindern, was du vorher vielleicht noch nie gehört hast?

Sebastian:
Manchmal. – Mm. Bloß, manchmal kann man das vor der Öffentlichkeit oder manchen anderen einfach nicht sagen.

Ümit (10 Jahre): Zerbrochene Herzen im Erdbebengebiet (Bild 10)

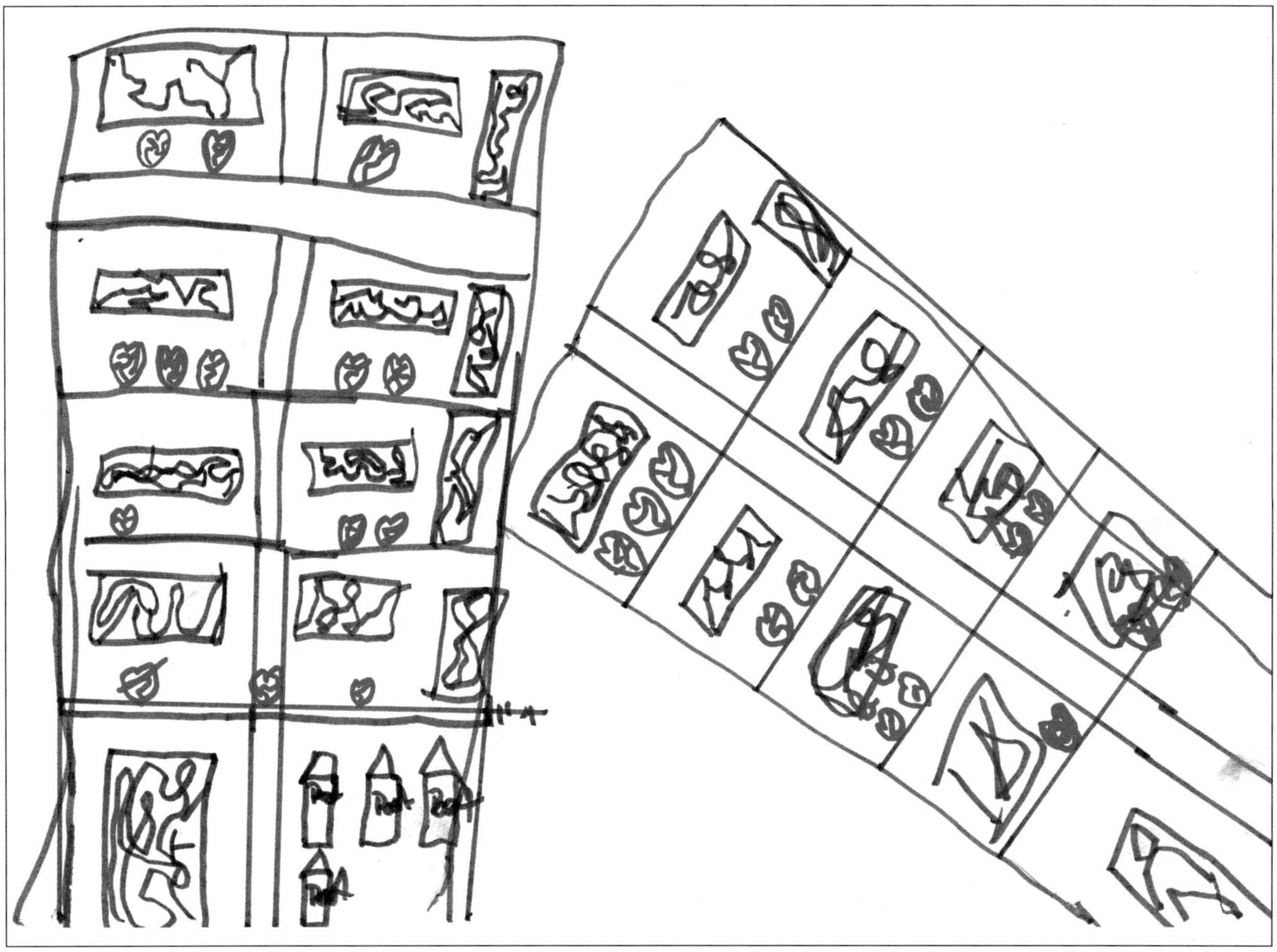

1. Bild: Das Erdbeben

Bei meinem Bild ist ein Erdbeben passiert. Und alle Scheiben sind kaputt gegangen. Und die Menschen sind auch tot gegangen.

1Bild Das Erdbeben

Bei meinen Bild ein Erdbeben basird.
Und alle scheiben sind kaput gegangen. Und die Menschen sind auch Tod gegangen.

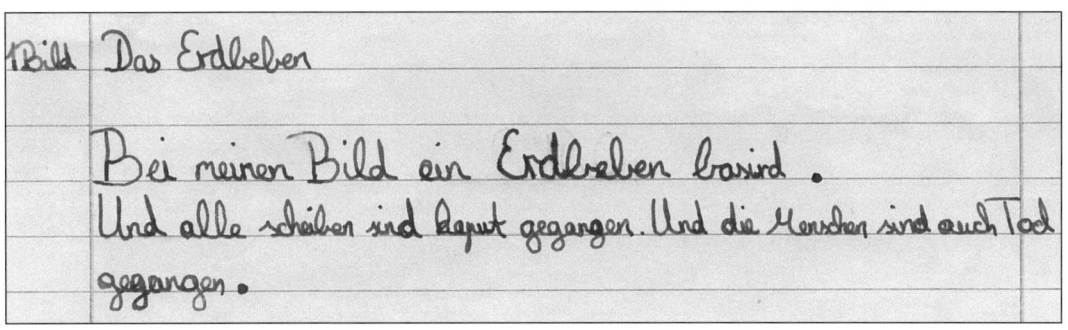

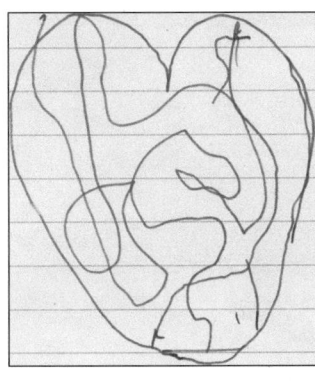

Ümit (10 Jahre): Geheilte Herzen fliegen zu Gott (Bild 11)

2. Bild: Der Tod

In meinem zweiten Bild sind drei tote Menschen unter der Erde. Und die drei toten Menschen haben ihre Herzen zu Gott gegeben. Dass Gott neue Babys zum Leben erweckt.

Interview:

Ümit:
Ich stelle mir vor, irgendwann wird hier ein Erdbeben passieren, und alle Menschen werden tot sein. Nach dem Erdbeben werden alle im Graben sein, und der Gott wird dann ihre Herzen holen und neue Babys zum Leben erwachen.

M.P.:
Du hast gesagt, da wird ein Erdbeben sein. Was hast du da gemalt?

Ümit:
Das ist ein Hochhaus. Und da kippt ein Haus zu einem anderen Haus. Und da werden Scheiben kaputt, und werden alle Menschen kaputt – die kaputten Herzen.

M.P.:
Also dieses Rote, das sind die kaputten Herzen?

Ümit:
Hm.

M.P.:
Dann hast du hier ein zweites Bild gemalt, da sieht man die Menschen …

Ümit:
Die sind begraben, hier in Erden. Und dann ruft der Gott die Herzen, dass Gott neue Babys auf Erden erwacht.

M.P.:
Sind das die Herzen?

Ümit:
Hm.

M.P.:
Also hier haben die Menschen zerbrochene Herzen; sie sind gestorben, sagst du?

Ümit:
Ja, und da sind die begraben von den anderen Menschen, die leben. Und dann ruft Gott den Hirten, dass neue Babys geboren werden.

M.P.:
Hier sind die Menschen also im Grab. Woran sieht man denn in deinem Bild, dass sie tot sind? Kann man das erkennen, wenn man das nicht weiß?

Ümit:
Ja, hier steht ein Kreuz.

M.P.:
Hast du das schon mal irgendwo gesehen?

Ümit:
Ja, in Tecklenburg.

M.P.:
Weißt du denn, wie der Ort heißt, wo die toten Menschen liegen?

Ümit:
Ja, habe ich jetzt gerade im Kopf, aber ich bin gespannt, und da habe ich es vergessen.

M.P.:
Soll ich Dir helfen?

Ümit:
Ja.

M.P.:
Ich glaube, das heißt Friedhof.

Ümit:
Ja.

M.P.:
Warst du schon mal auf einem Friedhof?

Ümit:
Hm.

M.P.:
Und gefällt dir so ein Friedhof?

Ümit:
Nein, eigentlich nicht, irgendwie habe ich Angst, dass ich tot werde.

M.P.:
Du fürchtest dich, dass du auch sterben könntest?

Ümit:
Hm.

E.B.:
Wovor genau fürchtest du dich da?

Ümit:
Vor der Erde, wenn hier ein Erdbeben passiert.

M.P.:
Hast du denn mal darüber nachgedacht, warum Menschen sterben? Manche sterben, weil ein Erdbeben passiert ist....

Ümit:
Passiert in der Türkei oder so.

M.P.:
Gibt es denn noch andere Gründe, warum Menschen sterben?

Ümit:
Ja, vielleicht in Autos, wenn die einen Unfall machen. Vielleicht, wenn jemand einen tötet mit einem Messer oder mit einer Pistole. Oder wenn ein Unfall passiert: Wenn irgendjemandem so ein kleines Ding oder irgendwas oder ein Stein auf seinen Kopf fällt – weiß nicht mehr.

M.P.:
Hast du das schon mal erlebt, dass so was passiert ist?

Ümit:
Mm (verneinend).

M.P.:
Und diese Sache mit dem Erdbeben in der Türkei – woher weißt du die?

Ümit:
Ja, weil ich davon ganz viel gehört habe in einer Türkensendung.

M.P.:
Im Fernsehen hast du eine Sendung darüber gesehen?

Ümit:
Ja.

Julia (12 Jahre): Der traurige Tod (Bild 12)

Die Beschreibung vom Tod

Auf der oberen Hälfte ist der nicht so schöne Tod. Dort ist ein schwarz-gekleideter Mann. Er wird Sensenmann genannt. Er hat seine Sense dabei. Mit der Sense zieht er die Seelen der toten Menschen in sie hinein, dann kommen sie in ein graubraunes Grab mit einer Blume und einem dunkelbraunen Kreuz. Der Hintergrund ist stürmisch-braun mit grau. Auf der unteren Hälfte ist der sehr schöne Tod mit einem bunten Regenbogen, mit einem rotgelben Hintergrund. Das Grab ist mit schönem Gras bewachsen. Auf dem Gras wachsen 17 bunte Blumen, und auf dem Grab ist ein grauer Grabstein. Neben dem Grab steht ein Kreuz.
Zwischen der oberen Hälfte und der unteren Hälfte ist ein schwarzer und gelber Strich.

Interview:

Julia:
Auf der oberen Hälfte habe ich so einen Mann gemalt. Der hat ein schwarzes, so einen schwarzen Umhang an. Und ein Grabstein ist da mit einer Rose. Weil das der nicht so schöne Tod ist. Und darunter ist noch ein Bild mit einem Regenbogen, einem schön bewachsenen Grab und mit vielen Blumen und noch einem kleinen Grabstein.

E.B.:
Der nicht so schöne Tod? Was ist das?

Julia:
Hm. Wenn man vielleicht nicht so nett war, so eben böse war im Leben, so eben zu den Leuten, zu den anderen Leuten nicht nett gewesen ist. Und bei dem unteren Bild, da war man dann eben lieb. Da hat man ein schöneres Grab gekriegt.

M.P.:
Du hast gerade gesagt, du hast hier einen Mann gemalt auf dem oberen Bild. Hat der einen Namen?

Julia:
Mm (verneinend).

M.P.:
Also ein Niemand?

Julia:
Ja, ein Niemand.

M.P.:
Aber, der Niemand hat irgendwas neben sich? Das kann ich gar nicht richtig einordnen und erkennen.

Julia:
Ja, der hat so eine Sense da neben sich, weil das malt man ja oft in Büchern und so, wenn so was gemacht wird.

M.P.:
Wofür braucht denn der Niemand eine Sense?

Julia:
Das hat der einfach meistens dabei, um die Leute ein bisschen zu erschrecken, weil die waren ja auch nicht nett in dem Leben.

M.P.:
Er erschreckt dann die Toten? Oder die, die sterben?

Julia:
Ja, der erschreckt die, die sterben.

E.B.:
Ich sehe keine Arme und Füße.

Julia:
Das ist so ein Mensch, der hat keine Füße. Der fliegt immer so.

E.B.:
Aha.

M.P.:
Also doch gar nicht so ein ganz normaler Mensch?

Julia:
Ja. Ein bisschen anders.

M.P.:
Gibt es noch mehr Andersartigkeiten? Du sagst, der fliegt, der hat keine Füße. Ist noch etwas an ihm besonders?

Julia:
Der ist eben immer traurig. Weil, er wurde da von dem Herrn, da von dem so bestimmt, und dann musste der das auch so machen. Deswegen guckt der auch so grimmig.

M.P.:
Du sagst, er hat noch einen Herrn?

Julia:
Ja.

M.P.:
Und er ist dann der Diener oder der Sklave? Oder was ist er?

Julia:
Ja, so ähnlich, ungefähr.

M.P.:
Wer ist denn der Herr?

Julia:
Irgend ein Fantasiemensch.

M.P.:
Eine Fantasiefigur, ja?

Julia:
Nein, den gibt es. Der steht dann, wenn man zum Beispiel gerade in seinem Bett

liegt, wo man kurz vor dem Sterben liegt, und dann holt der den dann und sagt: „Du hast nur noch ein paar Stunden."

M.P.:
Jetzt muss ich dich doch mal zu dem Bild da unten fragen. Du hast gesagt, hier oben hast du den nicht so schönen Tod gemalt. Und da unten?

Julia:
Das ist ein schöner Tod. Wenn man immer Freude im Leben gehabt hatte. Und dann kriegt man eben auch einen Regenbogen, das bedeutet ja auch sozusagen die Freude.

M.P.:
Blumen hast du auch gemalt, bunte Blumen. Jetzt fällt mir auf, auf dem unteren Bild ist keine Figur. Gibt es da niemanden, der kommt?

Julia:
Mm (verneinend). Da gibt es keinen.

M.P.:
Wie muss ich mir das vorstellen? Ist man dann plötzlich nicht mehr am Leben und von jetzt auf gleich tot? Wie sieht das bei dem schöneren Bild aus?

Julia:
Da hat man eigentlich einen ganz normalen Tod. Eben wenn man gut im Leben war, dann stirbt man auch so. So einen schönen Tod eben.

M.P.:
Normaler Tod, wie sieht der aus? Wie stellst du dir ihn vor?

Julia:
Dass man eben nicht krank war oder so was.

M.P.:
Ein plötzlicher Tod?

Julia:
Ja.

M.P.:
Ein großes Leiden vorher?

Julia:
Ja. So, als ob man ganz alt geworden ist oder so. Und dann stirbt man ja auch irgendwann mal …

E.B.:
Kennst du jemanden, der so gestorben ist?

Julia:
Ja, meine Schwester.

E.B.:
Und sie hat ein schönes Grab?

Julia:
Ja.

M.P.:
Wie sieht das Grab denn aus?

Julia:
Da sind auch ganz viele Blumen drauf.

M.P.:
Ganz bunt?

Julia:
Mm.

M.P.:
Gibt es da auch einen Grabstein?

Julia:
Mm.

M.P.:
Steht da auch etwas drauf, oder ist das nur so ein nackter Stein?

Julia:
Da steht was drauf. Ich glaube: „Hier ruht Barbara S." Mehr weiß ich nicht, was da drauf steht …

M.P.:
Mir fällt auf, du hast zwischen den beiden Arten von Tod eine dicke Linie gezogen, eigentlich sogar zwei Linien, eine gelbe und eine schwarze. Weißt du noch, warum?

Julia:
Ja. Weil Schwarz ist ja eine Farbe, die nicht so sehr hell ist, die ist einfach dunkel. Und der gelbe Streifen, der darunter ist, der ist eben schön. Gelb ist ja auch eine helle Farbe.

M.P.:
Schwarz gehört dann zu dem oberen Bild, zu dem nicht so schönen Tod, und das leuchtende Gelb gehört zu dem schönen Tod?

Julia:
Ja.

Tobias Li. (11 Jahre): Der Sensenmann mit stechendem Blick (Bild 13)

Der Tod

Er sieht so aus: Er hat eine Kapuze und blau leuchtende Augen, ein Lichtschild, zwei Skelettarme, einen Stock mit einer ? und einen schwarzen Mantel. Er hat keine Füße und schwebt.

Tobias Li. (11 Jahre): Der Tod als Sklaventreiber (Bild 14)

Der Traum

Eines Tages hatte ich einen Traum. Da war ich schon so ganz alt, so 70 bis 80 Jahre. Da passierte es: Ich war tot. Da hatte mich der Tod und hat mich geholt. Und dann war ich in der Hölle. Da hörte ich böses Lachen und da bin ich aufgewacht und habe die ganze Nacht nicht mehr geschlafen.

Die Hölle

In der Hölle sind Sklaven und es ist dort so heiß. Es sind hohe Türme aus Stein, und es riecht da nach Schwefel und Smog. Dann ist die Lava so heiß, dass man Kopfschmerzen kriegt.

Tobias Li. (11 Jahre): Der entmachtete Tod (Bild 15)

Tobias zum Tod: „Jetzt guckst du aber dumm aus der Wäsche."

Interview:

Tobias:
Also, den hatte ich im Traum gesehen, der hatte eine Sense in seiner Hand. Ganz schwarz war der und hatte blau-leuchtende Augen und hat nichts gesagt. Der war ganz einfach ganz still.

E.B.:
Und geguckt hat er?

Tobias:
Mm.

M.P.:
Um ihn herum ist es etwas heller. Was ist denn da?

Tobias:
Das ist irgendwie so ein Schutzschild, das hatte ich auch gesehen.

M.P.:
Als du das gesehen hast, wie ging es dir da?

Tobias:
Schlecht!

M.P.:
Schlecht. Weißt du noch, was das für ein Gefühl war? Du schüttelst den Kopf. Du kannst dich gar nicht mehr so gut erinnern? Es war aber schlecht, ganz scheußlich?

Tobias:
Mm.

E.B.:
Tobias, du kamst ja in dem Traum auch vor ...

Tobias:
Also, ich war da schon 70 oder 80 Jahre alt, und da war ich gestorben. Da hat der mich in die Hölle geholt. Da habe ich halt diese Leute da gesehen. Die mussten irgendetwas schleppen, Steine oder so was.

M.P.:
Manche Steine sind ganz knallrot. Hat es mit denen etwas Besonderes auf sich?

Tobias:
Das ist Lava, Lavasteine.

M.P.:
Die sind heiß?

Tobias:
Sehr heiß.

E.B.:
Und du bist da auch?

Tobias:
Ja, da bin ich. (zeigt auf das zweite Bild)

E.B.:
Da bist du.

M.P.:
Du hast da etwas aufgeschrieben; was ist das? Ich kann das auf dem Kopf gar nicht lesen.

Tobias:
Ich habe da gesagt: „Was soll ich hier?"

M.P.:
Du konntest dir gar nicht dir vorstellen, dass du da bleiben solltest?

Tobias:
Und dann irgendwo mittendrin bin ich dann wieder aufgewacht, und dann bin ich den ganzen Tag nicht mehr eingeschlafen.

M.P.:
Du warst ganz aufgelöst?

Tobias:
Mm.

M.P.:
Und als du dann wach geworden bist, Tobias, hast du dann gemerkt, dass alles nur ein Traum war?

Tobias:
Mm.

E.B.:
Hast du außerhalb von deinem Traum schon mal so jemanden gesehen?

Tobias:
Nein.

E.B.:
Im Fernsehen vielleicht?

Tobias:
Nein.

M.P.:
Den kennst du gar nicht?

Tobias:
Nein.

E.B.:
Du hast ihn nur im Traum gesehen, ganz kurz – vor einer Woche?

Tobias:
Nein, jetzt vor zwei Wochen.

M.P.:
Also, ich weiß, dass ganz viele Kinder in deinem Alter ähnliche Träume haben, und dass sie sich davor fürchten, dass so ein Traum wiederkommt. Da gibt es aber einen Trick, wie man damit umgehen kann. Soll ich dir das mal erzählen? … Das kann man so machen, dass man, wenn man geträumt hat, sagt: „Das war nur ein Traum." Und dann guckt man sich im Zimmer um (das ist dann ja meistens das Schlafzimmer), und dann sagt man: „Oh, das ist mein Schlafzimmer! Jetzt bin ich wach. Ich erkenne alles wieder. Ich weiß, das ist mein Bett, in dem ich liege, und ich bin nicht in einer Kohlengrube und nicht in der Hölle. Und da ist die Tür. Ich kann auch aufstehen und rausgehen; ich bin nicht eingesperrt." Wenn man das dann noch nicht so richtig merkt, dann kann man sich auch mal so ein bisschen kneifen, so ganz vorsichtig. Dann merkt man: „Oh ja! Ich kann ja was tun, ich bin ja da, ich bin ja wach." Und dann sind die Bilder plötzlich weg. Manchmal hilft das auch, dass Menschen sich sagen: „Es gibt Wunschträume; da träumt man das Wunderbarste von der Welt, etwas, das man ganz gerne möchte. Aber manchmal träumt man auch das, was nie passieren soll."

Tobias:
Mm.

Melek (10 Jahre): Vom Totenbett zum Leben (Bild 16)

Die arme Frau

Es war einmal eine Frau, die sehr krank war. Die Krankheit war Krebs. Jeder weiß, dass Krebs eine schwere Krankheit ist. Die Frau war eine alte Oma. Sie konnte nicht alleine zu Hause bleiben. Deswegen ging sie in das Krankenhaus. Vor dem Tod hatte sie oft Besuch bekommen. Es ging ihr immer schlechter, und irgendwann starb sie.

Interview:

Melek:
Hier habe ich jetzt eine Frau gemalt, die gestorben ist, also vor Krankheit, und da oben fliegt der Engel weg, also von der Frau.

M.P.:
Das hier ist der Engel?

Melek:
Ja.

M.P.:
Und er fliegt von der Frau weg?

Melek:
Ja.

M.P.:
Das ist die Frau, und das ist der Engel.

Melek:
Mm.

M.P.:
Haben die denn was miteinander zu tun?

Melek:
Hm ...

E.B.:
Warum fliegt der Engel denn weg?

Melek:
Ja, weil die Frau gestorben ist.

M.P.:
Jetzt frage ich mal: War der Engel denn vorher bei der Frau?

Melek:
Ja.

M.P.:
Ah, der Engel war bei der Frau. Ich frage mal nach: Ist der vielleicht so etwas wie ein Seelenengel? Oder ist er erst zu ihr gekommen, und dann ist er weggegangen? Ich weiß gar nicht, wie ich mir das genau vorstellen muss.

Melek:
Also seit die Frau geboren ist, war der Engel bei ihr.

M.P.:
Die ganze Zeit, ihr ganzes Leben. Und jetzt ist sie gestorben, und da fliegt der Engel wieder weg. Wo fliegt er denn hin?

Melek:
Ja, hm, zum Himmel, also, Ausgang des Lebens.

M.P.:
Hier hast du es ganz blau gemalt. Da sieht man den Himmel.

Melek:
Mm.

M.P.:
Sind dort noch andere Engel?

Melek:
Ja. Manche sind auch gestorben.

M.P.:
Von den anderen Gestorbenen; die treffen sich dort alle. Bleiben die denn dann im Himmel, oder treffen sich die dann auch noch mal woanders?

Melek:
Ich glaube, die bleiben da.

M.P.:
Jetzt frage ich mal, ist denn dann der Himmel nicht irgendwann ganz voll?

Melek:
Nee. Also, der ist ganz groß, da passen alle rein (lachend).

M.P.:
Da ist so viel Platz, da können noch ganz, ganz viele kommen?

Melek:
Ja.

M.P.:
Melek, jetzt hast du hier einen Schrank gemalt, glaube ich?

Melek:
Ja.

M.P.:
Ist der offen, oder ist der geschlossen?

Melek:
Geschlossen.

M.P.:
Und das Blaue hier, was ist das?

Melek:
Ja, das ist blau angefärbt. Also, das ist die Farbe.

M.P.:
Ah, der Schrank hat die Farbe Blau.

Melek:
Ja.

M.P.:
An dem Schrank ist eine Tür grün, und eine blau, und die Schubladen sind rot und orange.

Melek:
Ja.

M.P.:
Gut, ich wusste nicht genau, was das ist. Und der Hund?

Melek:
Tja, der Hund gehört dieser Frau. Und er weiß jetzt nicht, dass diese Frau gestorben ist. Ja, er liegt da.

M.P.:
Was denkst du denn: Wenn der Hund das jetzt merkt, dass sie gar nicht mehr da ist und ihn nicht mehr füttern kann, ob so ein Hund dann auch traurig wird?

Melek:
Ja, wenn es so … Ja, wenn also der Hund dieser Frau gehört, dann schon.

M.P.:
Es könnte sein, dass er sie vermisst. Das ist ja plötzlich auch nicht mehr so schön, wenn sie nicht mehr für ihn da ist.

E.B.:
Melek, ist das traurig zu sterben?

Melek:
Ja.

E.B.:
Ja; warum?

Melek:
Ja, wenn man das hört, also dann hört man das traurig, und man muss weinen.

M.P.:
Was macht einen denn so traurig? Verliert man etwas, wenn man stirbt? Was verliert man denn?

Melek:
Ja, zum Beispiel, wenn die Frau eine von unserer Familie ist, war, dann hat man die verloren.

E.B.:
Dann ist die nicht mehr da.

Melek:
Ja.

M.P.:
Und dann vermisst man sie. Die anderen vermissen einen dann auch.

E.B.:
Hast du das mal erlebt, wie das ist?

Melek:
Mm (verneinend).

E.B.:
Noch nicht?

Melek:
Gott sei Dank!

M.P.:
Das möchtest du auch gar nicht so gerne erleben?

Melek:
Mm (verneinend).

M.P.:
Habt ihr denn auch Tiere in eurer Familie – du hast da einen Hund gemalt?

Melek:
Ne, wir nicht. Also, das habe ich nur im Kopf.

M.P.:
Hast du dir ausgedacht?

Melek:
Ja.

M.P.:
Ja, das kann man auch; das ist das Schöne an Bildern. Ja, jetzt frage ich noch mal nach dem Engel: Der hat ja Arme und Füße und ein Gesicht. Gibt es verschiedene Engel für Männer und Frauen? Oder sind die Engel alle gleich?

Melek:
Hm, ja, die sind also nicht fast gleich. Also: Männer sind Männer, aber die haben bloß einen Flügel im Rücken.

M.P.:
Ach so. Engel sind wie normale Menschen, wenn man sie so anschaut, aber, sie haben zusätzlich noch Flügel.

Melek:
Ja, damit sie fliegen können.

Iris (10 Jahre): Die Verwandlung der Seelen (Bild 17)

Vier Gräber und vier Menschen

Es war einmal ein Friedhof. Da standen vier Gräber. Plötzlich bildete sich ein Tor aus Luft. Es war hell und dunkelblau; es kam eine Sonne. Plötzlich wuchsen Gräser auf den Gräbern; es sah wunderschön aus. Von oben guckte eine schwarze Gestalt herunter; keiner, aber auch keiner, wusste, wer das war. Alle staunten, und auf einmal schwebten die Toten aus den Gräbern und schwebten so weit in den Himmel, bis man sie nicht mehr sehen konnte. Seitdem wussten die Menschen, dass die Toten nach dem Tod als Geist in die Luft fliegen. Und gerade flogen Maria, Thomas, Lili und Hendrik nach oben und schliefen so lange, bis sie alle eine Blume wurden.

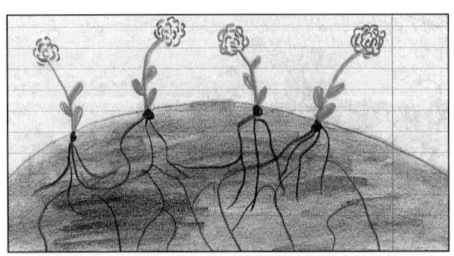

Interview:

Iris:
Also, das Bild hier, da ist es halt noch nicht lange her, da wurden die beerdigt, die vier. Und dann, nach ein paar Tagen, flogen die dann hier oben in den Himmel. Dann waren die hier oben, also, das soll der Tod dargestellt sein … Und dann sind die, also da durch die Tür gegangen, da wurden die dann von dem Tod als Blume gepflanzt.

E.B.:
Im Himmel wurden sie gepflanzt – als Blume?

Iris:
Ja.

M.P.:
Und wo blühen deine Blumen dann? Auch im Himmel?

Iris:
Ja, der hat da so eine Ecke, und da pflanzt der die ein, und dann blüht das dann darauf.

E.B.:
Schön. Ist das eine bestimmte Sorte Blume?

Iris:
Rosen! Ja, und die wachsen dann da oben. Also, die wachsen erst da oben, und der schmeißt die dann so runter, dass da so die Samenkörner rauskommen, und dann wachsen sie auch auf der Erde.

M.P.:
Jetzt möchte ich noch mal nachfragen: Du hast gesagt, die vier Menschen, die hier sind, die sind gestorben. Das sind ihre Gräber, denke ich mal. Sind die Gräber denn jetzt leer, nachdem die Menschen in den Himmel zum Tod geflogen sind?

Iris:
Mm (verneinend). Das soll so der Geist sein von denjenigen, die Seele. So stelle ich mir das vor.

M.P.:
Aha. Und was ist dann im Grab?

Iris:
Da ist immer noch der Mensch. Nur die Seele, also der Geist, fliegt dann in den Himmel.

M.P.:
Und diese Geistseelen, diese Menschen, die da in den Himmel fliegen, können die denn auch miteinander sprechen? Wie stellst du dir das vor?

Iris:
Die sind lei … stumm.

M.P.:
Ich habe jetzt so gehört, du wolltest erst sagen, sie sind leise, dann hast du gesagt stumm.

Iris:
Ja.

M.P.:
Können sie ein bisschen sprechen?

Iris:
Also, mit Händen verständigen und so.

M.P.:
Also, sie können schon miteinander reden, aber so mit Händen und Füßen?

Iris:
Ja.

E.B.:
Und – fliegen alle Menschen in den Himmel?

Iris:
Mm (bejahend).

M.P.:
Jetzt muss ich noch mal nachfragen. Manches verstehe ich gar nicht so schnell. Du hast gesagt, hier oben im Himmel wartet der Tod auf sie?

Iris:
Ja.

M.P.:
Nun sind die ja schon da unten gestorben. War der Tod denn immer oben im Himmel, oder war der auch mal da unten auf der Erde?

Iris:
Also, der, wenn die gestorben sind, wartet oben auf dem Himmel, dass sie, also der Geist von denen, da hinkommt. Aber, wenn die sterben, dann ist der auch unten, also auf der Erde.

M.P.:
Wie stellst du dir das vor? Ruft der sie dann, nimmt er sie einfach mit? Was passiert dann? Hast du da eine Idee?

Iris:
Die fliegen einfach so automatisch in den Himmel. So, als wenn die das wüssten, dass der die ruft.

M.P.:
Ich habe noch eine ganz andere Frage: Auf deinen Gräbern sind ja überall Kreuze. Vier schwarze Kreuze sehe ich. Wie bist du auf die Idee gekommen, da Kreuze draufzumalen?

Iris:
Ich stelle mir vor, dass auf jedem Grab irgendwie, dass da so Grabsteine, ein Kreuz oder auch andere Sachen drauf sind.

M.P.:
Hast du so was schon mal gesehen?

Iris:
Ja.

M.P.:
Warum machen die Menschen das? Warum setzen die da ein Kreuz auf den Grabplatz?

Iris:
Dass man vielleicht auch merkt, dass irgendwie, dass die da früher auch mal gelebt haben, und jetzt sind die halt gestorben, und dass man an die denkt.

M.P.:
Was glaubst du denn selber, woher wissen die Menschen, oder: Woher weißt du denn, dass das so sein wird? Hat dir das jemand erzählt?

Iris:
Mm (verneinend). Das habe ich mir in meiner Fantasie einfach so ausgedacht.

E.B.:
Wenn ich dein Bild anschaue, dann denke ich eigentlich, es ist nicht schlimm zu sterben.

Iris:
Ich stelle mir den Tod vor wie einen langen Schlaf, wo man nie mehr aufwacht, aber einfach immer schläft und hinterher so halt, also leicht nach oben schwebt.

M.P.:
Was denkst du denn? Wissen die Toten, dass sie tot sind?

Iris:
Mm (verneinend). Bei mir nicht.

M.P.:
Eher nicht so. Die schlafen. Und sind ganz bewusstlos dabei?

Iris:
So wie im Traum.

E.B.:
Und wenn ich dann eine Blume bin? Erinnere ich mich daran?

Iris:
Ja, dann merken die Menschen das auch. Aber auch die, also Eltern oder Bekannte, denken auch immer daran, dass die dann zur Blume werden und dass das dann vielleicht der Mensch sein könnte, der Blume geworden ist, der gestorben ist.

E.B.:
Wenn du Blumen siehst, einen Rosengarten oder so, denkst du dann daran, dass das jetzt vielleicht Menschen sind?

Iris:
Manchmal ja.

E.B.:
Und was ist das für ein Gefühl?

Iris:
Das ist einfach schön. Da kann man an einen einfach mal wieder denken. Man hat halt einfach nicht immer Zeit, an einen zu denken. Und dann ist das, finde ich, schön, wenn man dann eine Blume hat dafür, die man vielleicht auch auf das Grab legen oder pflanzen kann.

Lisa (10 Jahre): Seelen leben in Luftblasen (Bild 18)

Irgendwann wird jeder sterben

Der Tod. Jeder macht sich Gedanken, wann er stirbt oder wie der Tod ist. Auf meinem Bild stelle ich mir ihn so vor:
Unten auf meinem Bild ist die Erde. Dort leben noch alle. Aber oben sind die schon tot. Also, wenn die Leute sterben, kommen sie ins Grab, aber die Seelen schweben hoch über dem Himmel. Wärme bekommen sie durch die Sonne. Da es über dem Himmel keinen Sauerstoff gibt, leben sie in der Luftblase.

Interview:

Lisa:
Also, ich habe eine Schnur gemalt, und die sieht man nur, wenn man gestorben ist. Die kann man dann hochgehen über den Himmel in so einer Luftblase, damit man auch Luft kriegt. Die wird durch die Sonne erwärmt, und, ja, da schwimmen halt die Seelen drin rum.

M.P.:
Du hast gesagt, es gibt eine unsichtbare Schnur von der Erde zum Himmel?

Lisa:
Ja.

M.P.:
Niemand kann sie sehen?

Lisa:
Nein, nur, wenn man tot ist.

M.P.:
Wenn man tot ist, kann man sie sehen? Und das ist wahrscheinlich hier die Schnur, die du gemalt hast. Ist das richtig?

Lisa:
Hm.

E.B.:
Sie führt direkt zum Himmel? Und was erwärmt sich? Das müsstest du vielleicht noch mal erklären.

Lisa:
Die Luftblase, damit die Seelen auch Wärme haben.

M.P.:
In dieser Blase dort oben sind die Seelen?

Lisa:
Mm.

M.P.:
Wie sehen die Seelen denn aus, die du gemalt hast? Beschreibe sie uns doch mal!

Lisa:
Die sehen so aus wie Geister. Also, die sind grau und haben halt schwarze Augen und einen Mund.

E.B.:
Und ernst gucken sie, die Seelen?

Lisa:
Mm.

E.B.:
Geht es denen nicht so gut?

Lisa:
Doch. Die sind ja tot. Dann können die auch nicht mehr leben.

E.B.:
Und dann ist man auch nicht mehr so richtig fröhlich?

Lisa:
Nein.

M.P.:
Aber, sie brauchen Luft, hast du gesagt. Darum sind sie in dieser Luftblase?

Lisa:
Mm.

M.P.:
Reicht das denn – für all die Seelen?

Lisa:
Mm. Das ist ja über den ganzen Himmel.

M.P.:
Darum hast du hier unten wahrscheinlich erst mal die Wolken gemalt, ist das richtig? Die Wolken und die Sonne?

Lisa:
Mm.

M.P.:
Und dann gibt es noch etwas dahinter, darüber; und da ist diese Luftblase, die erwärmt wird?

Lisa:
Ja.

M.P.:
Und die Seelen, die Seelen von den Toten, die brauchen Wärme und Luft?

Lisa:
Ja.

M.P.:
Wärme? Warum brauchen sie denn Wärme?

Lisa:
Sonst erfrieren die. Dann werden sie zu Eis.

M.P.:
Das wäre kein schöner Gedanke?

Lisa:
Nein

M.P.:
Was würde denn dann passieren, wenn die Seelen zu Eis würden?

Lisa:
Da ist dann ein Eisklotz, und dann würden die auseinanderbrechen.

M.P.:
Dann gingen sie kaputt, entzwei. – Jetzt hast du über die schwebende Wolke ein schwarzes Kreuz gemalt. Wie bist du denn darauf gekommen?

Lisa:
Weil die ja tot sind.

M.P.:
Ein Zeichen für den Tod?

Lisa:
Ja.

M.P.:
Da unten, wo du die unsichtbare Schnur gemalt hast, die die Seelen hinter den Himmel führt, da sind gar keine Menschen?

Lisa:
Mm, das ist die Erde, da sind die in dem Haus.

M.P.:
Ah, die sind im Haus. Deshalb kann man sie jetzt nicht sehen, weil sie hinter den Türen sind?

Lisa:
Ja.

E.B.:
Und wo ist die unsichtbare Schnur?

Lisa:
Die ist überall. Eigentlich kann man überall hochgehen, wo man stirbt.

M.P.:
Ich habe noch eine Frage zu der Wolke und den Seelen, die da überall in der Wolke sind: Gibt es da außer ihnen noch jemanden, oder sind sie alle unter sich?

Lisa:
Da ist keiner mehr.

M.P.:
Und kennen sie sich, die Seelen? Wissen sie, wer wer ist, oder sind sie einander gar nicht bekannt?

Lisa:
Die lernen sich kennen.

M.P.:
Was machen sie denn dann da miteinander? Hast du eine Vorstellung? Was machen Seelen in einer Wolke?

Lisa.:
Vielleicht spielen die ja.

E.B.:
Ist es schön, in der Wolke zu spielen?

Lisa:
Ja, ich weiß nicht. Ich bin ja nicht tot.

M.P.:
Solange du lebst, weißt du das nicht so genau?

Lisa:
Eigentlich will ich schon wissen, wie das ist, weil sonst hat man ja Angst zu sterben.

E.B.:
Kennst du Menschen, die gestorben sind?

Lisa:
Mm, meinen Opa.

E.B.:
Ist das schon lange her?

Lisa:
Ja, vor sieben Jahren ist der gestorben.

E.B.:
Da warst du noch ganz klein.

M.P.:
Da warst du sehr klein?

Lisa:
Ja, da ist mein Bruder geboren. Erst ist mein Opa gestorben, und dann ist mein Bruder geboren. Also, der hat den gar nicht gekannt.

E.B.:
Kannst du dich denn noch an deinen Opa erinnern?

Lisa:
Nein, der ist doch schon tot. Dem geht es eigentlich ganz gut. Der kann ja auch mit den anderen Seelen was machen. Er ist ja nicht alleine.

E.B.:
Er ist also die Schnur hochgegangen?

Lisa:
Ja, nur die Seele geht nach oben, geht da die Schnüre hoch. Im Grab ist der Mensch.

M.P.:
Die Gräber hast du aber nicht gemalt?

Lisa:
Nein.

M.P.:
Die fandest du nicht ganz so wichtig? Die Blase da oben ist wichtiger?

Lisa:
Ja.

E.B.:
Was ich noch wissen möchte, ist: Wer hat die Schnur gespannt?

Lisa:
Die hat Gott dort gespannt; die war schon immer da.

Friederike (9 Jahre): Die Gottestür (Bild 19)

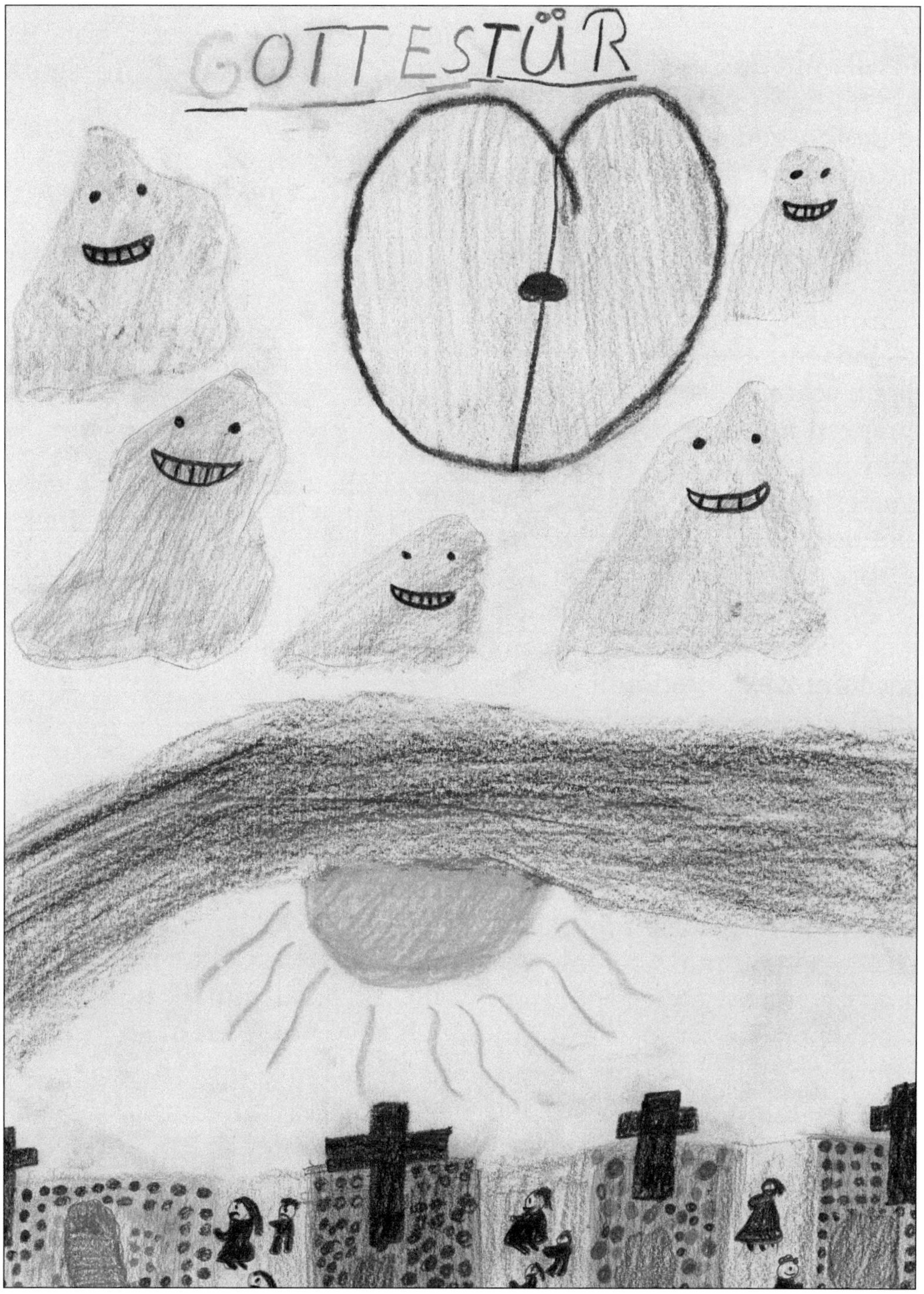

Der Tod

Ich stelle mir es so vor, dass man nach der Beerdigung als Geist zu Gott schwebt und dort weiterlebt. Bei der Tür Gottes bleibt man dann und ist bei seinen Eltern, Kindern, Freunden, Verwandten und Großeltern. Die Gottestür geht nur auf, wenn jemand Neues zu den Toten kommt. Gott begrüßt ihn dann und wünscht ihm noch viel Glück. Ich hoffe, es geht ihnen allen dort oben gut.

Der Tod
Ich stelle mir es so vor, dass man nach der Beerdigung als Geist zu Gott schwebt und dort weiterlebt. Bei der Tür gottes bleibt man dann, und ist bei seinen Eltern, Kinder, Freunden, Verwandten und Großeltern. Die Gottestür geht nur auf wenn jemand neues zu den Toten kommt, Gott begrüßt sie dann und wünscht ihnen noch viel glück. Ich hoffe es geht ihnen dort allen gut.

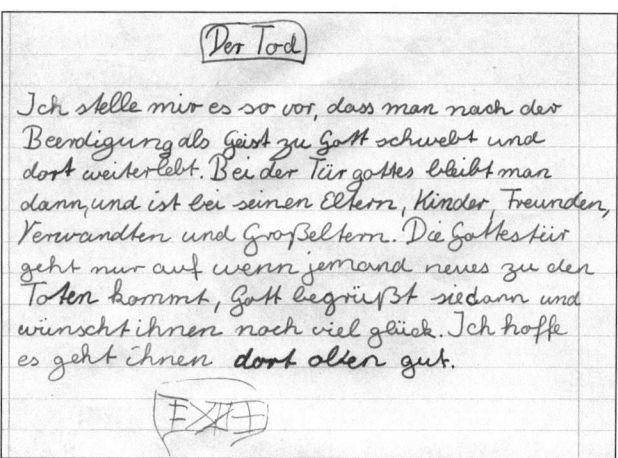

Interview:

Friederike:
Ja, also, ich stelle mir das so vor, wenn jemand gestorben ist: Dann fliegt er als Geist zu Gott. Und dann ist da eine Tür, also ein Herz, und die geht auf. Aber, die geht immer nur auf, wenn jemand Neues zu Gott kommt. Und dann begrüßt der die eben, und dann können die da bei ihren anderen, also den verstorbenen Verwandten weiterleben. Und dann haben die da bestimmt auch ein schönes Leben, weil manche, die Schmerzen hatten, noch im Krankenhaus lagen und dann gestorben sind, die sind dann bestimmt auch froh, dass sie mal davon entlastet sind. Und wenn meine Eltern dann mal gestorben sind und ich dann auch, dann bin ich bestimmt auch froh, die noch mal wiederzusehen. Weil, manche sind dann auch bestimmt ... die finden das toll.

E.B.:
Deswegen lachen oben alle auf deinem Bild?

Friederike:
Ja, auf meinem Bild lachen alle Geister, und da sind die bestimmt auch froh. Dann sind da auch Kleine und mal Größere. Bestimmt sind da auch Babys. Vielleicht sterben die ja auch schon ganz früh, und dann sind die bestimmt früher als ihre Mutter oben. Aber wenn dann mal die Mutter stirbt, dann ist die auch froh, glaube ich. Und das wird bestimmt nicht irgendwie schlimm sein, da oben im Himmel.

M.P.:
Das stellst du dir ganz fröhlich vor? Du hast auch ganz viele Farben genommen, um die Gottestür zu bezeichnen, fast wie bei einem Regenbogen. – Jetzt hast du erzählt, wie das mit den Toten sein wird, dass sie eigentlich ganz fröhlich sind, wenn sie da oben angekommen sind. Wenn du jetzt mal die anderen beschreiben würdest, die auf der Erde bleiben und die die Toten verloren haben ... Wie sähen die denn aus?

Friederike:
Die wären bestimmt traurig. Aber manche wären bestimmt auch fröhlich, weil die denken: „Ach, jetzt ist er bestimmt von Schmerzen entlastet, und jetzt geht es ihm da oben gut. Und der hat alles, was er braucht." Aber manche sind dann bestimmt auch ganz traurig.

E.B.:
Hier unten, sind das die Traurigen?

Friederike:
Ja, genau.

M.P.:
Woran sieht man das denn, dass sie so traurig sind?

Friederike:
Ich habe denen schwarze Kleidung gemalt und dass die nicht so lächeln, sondern den Mund nach unten haben.

M.P.:
Ja, das kann man gut sehen.

E.B.:
Kennst du Menschen, die traurig sind, weil jemand gestorben ist?

Friederike:
Ja, meine Mutter zum Beispiel. Bei der ist zum Beispiel die Tante gestorben und mein Opa, also der Vater von meiner Mutter, ist im Augenblick auch im Krankenhaus, und die ist auch ganz schön traurig darüber. Ich wäre natürlich auch traurig, wenn jetzt jemand einfach so stirbt.

M.P.:
Was macht einen denn da so traurig? Wenn ich mir das hier oben so vorstelle, das ist ja sehr schön, wenn man dann wirklich zur Gottestür kommt, und alles ist fröhlich und bunt. Aber trotzdem sind dann die anderen so traurig. Hast du eine Idee, wie das kommt?

Friederike:
Ja, vielleicht haben die dann eben einen Mensch, den man oft liebte, verloren, und der ist dann eben woanders, und den findet man dann nicht mehr. Also ich kann mir das auch nicht vorstellen, dass meine Mutter stirbt, zum Beispiel. Also, das wäre einfach komisch eben. Und da wäre ich ja auch ganz schön traurig, weil früher hat die immer für mich, also, wenn ich jetzt älter wäre, hätte ich gesagt: „Früher hat die

immer für mich gesorgt, und jetzt ist sie eben weg. Ich kann sie nicht mehr finden." Dann wäre ich bestimmt auch traurig.

M.P.:
Jetzt habe ich noch mal eine ganz andere Frage: Du hast ja den Friedhof gemalt und darüber die Sonne und den Himmel, das Blaue. Und die Gottestür ist ja noch mal dahinter. Wenn ich sie jetzt suchen wollte, wo würde ich sie denn finden?

Friederike:
Die kann man nicht finden als Mensch. Die kann man eben nur … ja, die kann man nur finden, wenn man eben schon tot ist. Dann fliegt man. Man ist sozusagen unsichtbar, und man fliegt durch den Himmel zu einer Tür, eben von Gott. Und wenn man jetzt als Mensch irgendwie mit einer Rakete durch den Himmel fliegen würde, das ginge gar nicht. Die könnte man nicht sehen. Also, man könnte dann auch die nicht sehen, die da rumschweben und die ihr Zuhause da jetzt haben. Die kann man gar nicht sehen.

E.B.:
Was fühlst du, wenn du an den Tod denkst?

Friederike:
Hm, Traurigkeit, aber auch, ich denke auch, das muss denen bestimmt da gut gehen. Es wird bestimmt nicht schlimm da oben sein. Also, ich wäre natürlich traurig, aber es könnte denen ja auch gut gehen.

M.P.:
Die Hoffnung hast du?

Friederike:
Ja.

E.B.:
Was mir vorhin noch aufgefallen ist: Die Geister auf deinem Bild sind alle ganz fröhlich. Es gibt große und kleine, aber sie sehen ganz anders aus als die Menschen?

Friederike:
Mm.

E.B.:
Warum hast du das so gemalt?

Friederike:
Weil eben sozusagen der Körper unten bleibt, und dann schwebt nur ein Teil nach oben und also eben das Gesicht und noch irgend…, ja, die Seele kann man so sagen. Und eben auch Gedanken, also noch so ein bisschen wie so ein paar Gedanken an die Menschen da unten, schweben noch mit. Aber sonst, das andere bleibt alles da unten liegen im Grab.

E.B.:
Und woran erkennt man sich, wenn man sich da oben trifft?

Friederike:
Ach, jeder hat eine andere Form. Man kann die nicht richtig erkennen, sondern weiß einfach, dass der eben der ist. Man kann jeden Menschen, auch eine Familie erkennen. Also, wenn ich jetzt selber tot wäre und ich würde dahin schweben, dann kann ich auch einfach irgendwohin gucken und wüsste, wer zusammengehört, und könnte das einfach so denken oder meinen: „Ja, die gehören zusammen!" Und dann würde das auch stimmen. Also, das kann man nicht so richtig sagen. Also, da gibt es keine Merkmale.

E.B.:
Und schweben alle Menschen später zur Gottestür, wenn sie sterben?

Friederike:
Ja, also ich stelle mir vor, eigentlich alle. Also ich könnte mir nicht vorstellen, wo sie anders hin sollen. Eigentlich nur zu Gott eben.

Karin (10 Jahre): Herzgondelfahrt zum Paradies (Bild 20)

Ein Platz auf dem Herzen

Leas Oma war vor 2 Tagen gestorben.
Darüber waren alle sehr traurig. Lea aber war am meisten traurig. Die Mutter sah das und sagte: „Lea, du brauchst nicht immer zu weinen. Oma hatte solche Schmerzen. Jetzt hat sie gar keine Schmerzen mehr, sondern macht eine schöne Reise in Gottes Reich." Lea war trotzdem noch traurig. Doch Mutters Worte hatten sie etwas beruhigt. Das konnten sie auch, denn die Mutter hatte nicht Unrecht. Kaum lag die Oma 5 Stunden im Grab, saß sie auf einmal in einem wunderschönen Herzen, das grün mit roten Lichtern war. Doch sie war nicht allein hier oben in der Luft.
Neben und unter ihr flogen auch noch Herzen. Ein Junge und ein Mädchen waren dabei, die erzählten, dass sie bei einem Unfall gestorben seien. Die drei flogen immer höher. Man sah die Erde schon gar nicht mehr. Es kribbelte im Bauch, weil man so hoch flog. Es stellte sich heraus, dass der Junge und das Mädchen Geschwister waren. Sie erzählten sich gegenseitig Geschichten. Plötzlich gelangten sie vor eine Tür, die öffnete sich ganz allein. Sie stiegen von den Herzen ab und gingen in das seltsame Haus. Vor ihnen tauchte ein großer Raum auf. Darin waren ungefähr: 20 Tiere, eine überfahrene Schubkarre und mindestens 80 Menschen. Die Oma war überaus glücklich. Die anderen Lebewesen auch. Nur ein kleines Mädchen namens Lea war unzufrieden. Aber die konnte ja nicht wissen …

Ein Platz auf dem Herzen!

Leas Oma war vor 2 Tagen gestorben. Darüber waren alle sehr traurig. Lea aber war am meisten traurig. Die Mutter sah das und sagte: "Lea, du brauchst nicht immer zu weinen. Oma hatte solche Schmerzen. Jetzt hat sie gar keine Schmerzen mehr, sondern macht eine schöne Reise in Gottes Reich." Lea war trotzdem noch traurig. Doch Mutters Worte hatten sie etwas beruhigt. Das konnte sie auch, denn die Mutter hatte nicht unrecht. Kaum lag die Oma 5 Stunden im Grab, saß sie auf einmal in einem wunderschönen Herz, das grün mit roten Lichtern war.

Doch sie war nicht allein hier oben und in der Luft. Neben/unter ihr flogen auch noch Herzen. Ein Junge und ein Mädchen waren dabei, die erzählten, dass sie bei einem Unfall gestorben seien. Die drei flogen immer höher. Man sah die Erde schon gar nicht mehr. Es kribbelte im Bauch, weil man so hoch flog. Es stellte sich heraus, dass der Junge und das Mädchen Geschwister waren. Sie erzählten sich gegenseitig Geschichten. Plötzlich gelangten sie vor eine Tür, die öffnete sich von ganz allein. Sie stiegen von den Herzen ab und gingen in das seltsame Haus. Vor ihnen tauchte ein großer Raum auf. Darin waren ungefähr: 20 Tiere, eine überfahrene Schubkarre und mindestens 80 Menschen. Die Oma war überaus glücklich. Die anderen Lebewesen auch. Nur ein kleines Mädchen namens Lea war unzufrieden. Aber die konnte ja nicht wissen....

Karin

Interview:

Karin:
Hier ist der Weg ... Also diese Leute sind alle gestorben, und das ist ein Weg zu Gott. Also, das ist ein Platz auf dem Herzen, sage ich mal. Die schweben dadurch (mit Hilfe der Herzen) auf dem Weg zu Gott. Ja, und ich habe gedacht: Herz, das passt irgendwie dazu. Dann habe ich halt das Herz gemalt, und dann Grün, das soll Blätter darstellen mit roten Lichtern dran ... Hier dann so eine Art Tor, wo sie dann halt so drin sitzen, und einen Platz. Also hier ist ja auch ein Hocker, damit sie dann Platz haben auf den Herzen, mit denen sie dann eine schöne Reise noch zum Schluss haben.

M.P.:
Da muss ich nachfragen: Ich habe das richtig verstanden? Die drei sind tote Menschen?

Karin:
Ja.

M.P.:
Auf ihrem Weg zu Gott?

Karin:
Ja.

M.P.:
Woran sehe ich das denn, dass das tote Menschen sind? Kann ich das an irgendetwas erkennen?

Karin:
Nein, eigentlich nicht. Also bei mir sind das jetzt, sage ich mal, keine Geister geworden. Also sie sind nach ihrem Tod wieder auferstanden und sehen so aus wie ganz normale Menschen, die jetzt leben. Ich dachte, das sieht dann schöner aus. Und für mich war es keine Vorstellung, wie so ein Geist einfach.

M.P.:
Und deine Menschen, die haben alle ein ganz freundliches Gesicht?

Karin:
Ich habe mir das so vorgestellt, dass die nichts von ihrem Tod wissen, dass sie aber wissen, wo sie hinkommen und dass sie sich darauf freuen. Deswegen sind sie freundlich und wissen gar nicht, was vorher passiert ist.

M.P.:
Haben sie das vergessen?

Karin:
Ja, die haben ihr Gedächtnis verloren.

M.P.:
Ach so.

Karin:
Und jetzt auf falsche Weise – sage ich mal – wieder gefunden.

E.B.:
Auf falsche Weise? Das musst du erklären.

Karin:
Ja, also, die wissen jetzt nichts von dem Tod. Die dachten: „Ja, ich saß ja jetzt schon immer hier und bin schon immer auf dem Weg zu Gott." Also, das ist ja nicht ihr richtiges Gedächtnis. Normalerweise würden die denken: „Oh schade, jetzt sind meine ganzen Freunde woanders." Deswegen habe ich jetzt falsches Gedächtnis gesagt, weil sie jetzt ganz woanders dran denken.

M.P.:
Es ist also eine ganz neue Wirklichkeit. Es ist alles anders als wir es gewohnt sind?

Karin:
Eine ganz neue Welt.

M.P.:
Und vorher, als sie auf dieser Erde gelebt haben? Denkst du, dass sie da wussten, was auf sie zukommt?

Karin:
Dies soll eine Oma, sage ich mal, darstellen. Die wusste es schon, aber hat es jetzt auch ganz vergessen. Dies hier soll zwei Geschwister darstellen, also ein Mädchen und einen Jungen, die bei einem Unfall gestorben sind. Wir haben dazu ja auch eine Geschichte geschrieben. Darin habe ich das dann auch erklärt. Also, die wussten nichts davon, weil die noch jung sind.

M.P.:
Alte Menschen wissen eher als junge Menschen, dass sie sterben werden?

Karin:
Alte Leute, sie sind schön älter, die merken das ja auch selber an sich, wenn sie schon nicht mehr ganz …

M.P.:
Woran denn?

Karin:
Zum Beispiel an ihrem Gedächtnis. Sie haben ja auch schon Gedächtnisschwäche. Sie können nicht mehr so gut denken, können nicht mehr so gut laufen, also können keine Sportarten machen. Zum Beispiel dürfen sie wegen ihres Herzens nicht mehr schwimmen gehen. Das merken sie sicher auch an sich selber.

M.P.:
Das ist dann schon ein bisschen Tod, wenn man das merkt, oder Sterben?

Karin:
Ja, also bei alten Leuten, die wissen schon irgendwann, dass der Tod auf sie zukommt, aber sie wissen nicht, was dahintersteckt, hinter dem Tod, was hinter dem Wort einfach steckt. Sie wissen nur, sie leben dann nicht mehr auf dieser Welt hier.

E.B.:
Die Herzen, mit denen sie unterwegs sind, wie stellst du sie dir vor? Woher kommen sie?

Karin:
Ich habe mir das so vorgestellt: Das sind die Herzen von den Leuten, die sie am liebsten mochten. Bei der Frau zum Beispiel ist es das Herz von ihrem Enkelkind, also ihr Kind, was sie ganz lieb hatte. Dass sie dann doch ziemlich nah bei ihr stehen … Aber sie wissen das ja auch gar nicht mehr. Die Herzen waren in der Luft, sie schwebten hin und konnten dann einen Platz einnehmen und hoch schweben.

M.P.:
Du sagst, zu der Oma gehört ein Enkelkind, und zu den beiden Kindern gehören ein Elternpaar oder Geschwister?

Karin:
Ja.

M.P.:
Wie stellst du dir denn das jetzt für sie vor? Sie sind ja jetzt noch auf der Welt und haben sich ja verabschieden müssen von der Oma, von ihren Geschwistern und von ihren Kindern. Hast du da eine Vorstellung, wie das für sie ist?

Karin:
Ja, ich habe mir das so vorgestellt: Sie sind bei einem Unfall gestorben, haben ja auch ihr Gedächtnis verloren und auf falsche Weise wieder gefunden. Sie können sich auch nicht mehr daran erinnern, sie wissen, also, sie fühlen sich jetzt auch wohl. Für sie ist das jetzt schön, also zum Beispiel jetzt haben sie ja auch wieder eine ältere Frau getroffen. Das ist ja nicht toll, wenn man jetzt so allein ist. Dann macht das einfach keinen Spaß, wenn man so alleine ist. Also für die ist das, schätze ich mal, wie soll ich das jetzt erklären? Also, die haben auch ihr Gedächtnis verloren, denken trotzdem noch an das, wo sie früher waren, aber sie merken nicht, dass sie einfach traurig darüber sind. Sie merken das einfach nicht.

M.P.:
Und das Enkelkind von der Oma? Wie geht es dem denn jetzt, wo die Oma auf ihrem Weg zu Gott ist?

Karin:
Also, dem geht es nicht so toll. Ich habe eine Geschichte geschrieben: Alle waren glücklich, nur das Mädchen nicht. Ich habe vom Mädchen geschrieben, dass sie ein Enkelkind war. Die ist nicht traurig. Und als Schlusssatz habe ich geschrieben: „Aber sie konnte ja nicht wissen, wie es der Oma geht."

M.P.:
Sie ahnte das noch gar nicht?

Karin:
Die wusste nicht, was für eine tolle Fahrt sie jetzt gerade macht. Dass sie jetzt doch keine Schmerzen mehr erleiden muss. Also, sie ist jetzt eigentlich, sie lebt jetzt, sie fängt jetzt wie mit einem neuen Leben wieder an. Sie ist wieder ganz fit.

M.P.:
Also, für die Oma ist es schön, gut?

Karin:
Hm. Ja.

M.P.:
Für das Enkelkind ist es schon traurig, weil es das alles noch nicht weiß, was da jetzt kommt?

Karin:
Ja, sie kann das einfach noch nicht so gut verstehen. Also bei mir war sie halt einfach fünf oder so, und kann so schwere Worte einfach noch nicht so gut verstehen. Aber später wird sie es wahrscheinlich auch merken und auch denken, dass es der Oma gut getan hat.

M.P.:
Könnte man ihr das vielleicht erklären, dem Enkelkind?

Karin:
Nee, ja, also die Mutter, die weiß es ja, die hat ja Ahnung davon, sage ich mal, die könnte es ihr natürlich schon erklären. Nur man weiß ja nicht, ob sie das jetzt wirklich auch verstehen würde und ob das eine Beruhigung für sie wäre.

E.B.:
Woher weiß denn die Mutter oder woher wissen größere Leute, dass es schön weiter geht nach dem Tod?

Karin:
Die wissen ja auch nicht, was dahintersteckt. Sie haben es ja selber nicht erlebt. Sie wissen nur, also, alle Leute denken dann einfach ..., manche denken: „Tod! Schrecklich! Ist ja furchtbar!" Aber für den Menschen selber, der gestorben ist, ist es schöner. Also, manche Eltern denken ja sonst zum Beispiel, sie wissen ja auch nicht, was dahinterkommt, aber sie wissen: Jetzt hat sie keine Schmerzen mehr, auf keinen Fall! Also sie muss jetzt nicht mehr dauernd im Bett liegen und Tabletten nehmen oder irgendwas, wenn es ihr schon so schlecht gegangen ist. Sie wissen halt nur, sie hat jetzt keine Schmerzen mehr, und das ist ja auch eine gewisse Beruhigung.

E.B.:
Das klingt spannend: Angst vor dem Tod sehe ich in deinem Bild zum Beispiel gar nicht. Da gibt es ja andere Bilder, die sind ganz düster ...

Karin:
Ja. Nein. Bei mir ist das einfach überhaupt nicht so. Ich stelle mir es einfach auch anders vor. Also, ich weiß nicht, ob man das hier als Lichter erkennen kann: Diese roten Punkte da drinnen. – Man denkt jetzt, ich würde jetzt zum Beispiel total traurig sein, weil irgendein Verwandter von mir stirbt – gräuslich! Aber für mich ist das jetzt nicht so schlimm, weil, ich habe diese Vorstellung einfach, und ich weiß es einfach, dass es dann irgendwie schön weitergehen muss, weil ich mir ja auch selber die Vorstellung jetzt gemacht habe. Düster kann ich mir überhaupt nicht vorstellen. Es muss da schön weitergehen. Das ist so für mich die Vorstellung.

M.P.:
Ich habe auch noch mal eine Frage, Karin. Du hast ja hier Menschen gemalt. Bei mir zu Hause leben auch zwei dicke Katzen. Wie stellst du dir das denn vor, wenn sie mal sterben? Fliegen sie dann auch in solchen Herzen?

Karin:
Ich habe ja selber auch Tiere, und, also ich kann mir das Leben ohne die eigentlich gar nicht vorstellen, weil, ich hänge einfach so an denen. Wenn die sterben würden, dann würden sie natürlich in etwas kleineren Herzen stehen, in größeren würden sie vielleicht nur so rumfliegen. Da habe ich mir das so vorgestellt: Da ist dann eine Gondel mit ganz viel Stroh, und das, was sie halt gerne mögen, ist auch da. Für Katzen zum Beispiel eine weiche Decke und ein Wollknäuel. Und da ist dann auch ein Fenster, kein Hocker. Na, o. k., vielleicht ein Hocker, wo oben etwas Weiches ist, wo sie dann draufspringen können, damit sie auch einen gewissen Ruheplatz haben. Also eine Gondel mit einem Fenster: Sie schwebt dann durch die Luft und ist ungefähr so groß wie für einen Hasen zum Beispiel, wie ein großer Stall. Und für einen Hasen wäre ganz viel Löwenzahn drin und alles weich gepolstert; wie gesagt, mit Fenstern, damit man von der Luft einfach was sieht. Ich habe ja einen Hasen, darum ist das meine

Vorstellung. – Und die Tiere werden es dann halt auch schön auf der Reise haben; vielleicht auch dann, wenn sie Menschen begegnen, die ja auch in den Herzen sind. Die Herzen (der Menschen) sind ja viel größer. Darum haben auch die Meerschweinchen keine Angst bei den Menschen. Die hätten ja sofort Angst, würden in irgendein Häuschen rennen und vielleicht sogar aus dem Fenster springen (wenn der Platz bei den Menschen zu klein wäre). So können die zu einem Menschen rübergehen, um Zärtlichkeit zu haben, also Zuneigung zu kriegen. Und ich denke, in den Herzen, da ist ja genug Platz. Zum Beispiel eine Katze könnte man da so auf den Arm nehmen und streicheln. Also die würden dann auch ohne Streit einfach zusammen leben.

M.P.:
Denen würde es dann auch einfach richtig gut gehen?

Karin:
Ja.

M.P.:
Dein Hase, wie alt ist dein Hase?

Karin:
Der ist jetzt drei Jahre.

M.P.:
Weißt du, wie alt Hasen so werden können?

Karin:
Ich habe einen Zwerghasen: Die werden nur so fünf bis sechs Jahre alt.

M.P.:
Das ist nicht so lange?

Karin:
Nein, aber die sind einfach so …, also die haben ja Schlappohren, und deswegen fand ich den so niedlich. Also musste ich den einfach nehmen. Ich habe nicht daran gedacht, wie lange der jetzt leben kann. Da habe ich erst mal überhaupt nicht daran gedacht.

M.P.:
Das war erst mal gar nicht wichtig?

Karin:
Ja, der war schön, und den musste ich haben, der hat ein Leben und fertig.

E.B.:
Das Blau, du hast vorhin gesagt, die Luft, das ist Luft außen rum?

Karin:
Ja, das ist Luft, Himmel. Ich sage mal, draußen ist es manchmal weiß, manchmal grau, manchmal richtig schön blau. Ich habe keine Wolken gemalt; ich hätte ja auch eine Wolke malen können, wo sie drauf sitzen. Ich dachte aber immer: Die sind jetzt vielleicht leichter geworden, dadurch, dass doch irgendwas von dem Geist in denen steckt. Ich habe mir dann doch gedacht: Ne, die plumpsen durch und kommen doch wieder auf die Erde, und es muss alles wieder von Neuem anfangen. Für mich war es einfach schöner Himmel. Also ganz sanftes Blau; ich habe mir das ein bisschen gemischt, damit es schönes Blau wird, nicht so ganz dunkel, aber auch nicht so knallblau. Ich dachte, das sieht einfach von den Farben her auch beruhigender aus, also weicher, sanfter. – Ich habe in meiner Geschichte zum Beispiel geschrieben: „Es kribbelte ganz schön im Bauch, so hoch über der anderen Erde." Man hört vielleicht mal ein paar Vögel zwitschern, aber so was ist ja auch einfach wohltuend. Hier stelle ich mir das einfach ruhig vor. Stille. Nur mal ein Vogelgezwitscher irgendwie, und Gewitter würde nie kommen, auf keinen Fall. Ich meine, die haben ja auch keinen Regenschirm dabei, und durch Blätter kommt ja doch einiges durch. Ich hätte ja auch schreiben können: Sie sind in einem Karussell, und auf einmal fliegen die Herzen davon und lösen sich und fliegen davon. Es ist schon so eine Art Gondel, wie im Karussell.

E.B.:
Wie lange ist man denn unterwegs?

Karin:
Unterwegs ist man, warte, was habe ich denn da geschrieben? Nach drei Tagen flogen die los. Sie lagen drei Tage im Grab und kamen dann hoch. Die Fahrt dauerte in meiner Geschichte auch drei Tage und eine Stunde. Und die eine Stunde ist einfach die letzte Stunde. Auf meinem Bild

sieht man also die ersten drei Tage. Dann sieht man Vögel und den schönen Himmel, das ist ja auch schon schön. Aber in der letzten Stunde, da sieht man dann viele Regenbögen, überall so mit einem Abstand von einem Meter. Dann kommt wieder ein neuer Regenbogen, und oben kommen Wolken. Ich habe es, das konnte ich jetzt nicht so gut malen, ich habe es einfach erst mal geschrieben, wie die gerade hoch gingen. Und ganz oben habe ich mir das so vorgestellt: Da kommen Wolken: Sie sind aber nicht weiß oder grau, auch nicht blau, sondern sie haben einfach die Farben vom Regenbogen. Dort ist dann alles bunt, aber nicht quietsch-bunt, also nicht mit so grellen Farben, sondern sanft-bunt. Also doch bunte Farben natürlich, aber jetzt zum Beispiel angenehmes Rot oder ein richtig seichtes Rot, ein sanftes Grün oder schöne weiche bunte Farben.

E.B.:
Und hinter den Wolken?

Karin:
Wie meinen Sie das jetzt?

E.B.:
Man fliegt hoch, und dann kommen die wunderbaren Regenbögen?

Karin:
Ach so, wo sie ankommen! Ach so! Also, da steht man vor einer riesigen Tür, und man steigt ab von den Herzen. Davor ist ein riesiger Wolkenplatz; da steigt man ab. Das Tor öffnet sich, man geht rein, und schon sofort kommt richtiges Licht auf einen zu. Dann gelangt man durch einen Gang mit ganz vielen Bildern und schönen Teppichen. Dann kommt man in einen riesigen Raum, wo – ich habe geschrieben – ungefähr zwanzig Tiere, Hunderte von Kindern und Menschen und eine überfahrene Schubkarre (ich dachte, da muss irgend ein Witz drin sein) sind. Gott sieht man selber als Gestalt nicht. Man spürt nur den warmen Atem von ihm, und doch, man weiß: „Ich bin jetzt bei Gott. Hier kann mir nichts mehr passieren." So kommt man halt da an und kann dann mit vielen Leuten, Tieren, Menschen einfach zusammenleben, ohne Krieg, ohne Streit – nur in Frieden leben.

Sebastian F. (10 Jahre): Die Hand Gottes (Bild 21)

Meine Vorstellung vom Tod

Ich glaube, dass wenn einer stirbt, es so aussieht: Nachdem der Mensch gestorben ist, streckt Gott seine Hand aus dem Himmel und holt seine Seele zu sich in sein Reich.

Interview:

Sebastian:
Ich stelle mir den Tod so vor, dass Gott dann halt, also, dass der Mensch sich erst im Grab ausruht, ein bisschen, und dann hält Gott seine Hand aus dem Himmel zum Grab, und dann steht da die Frau oder der Mann drauf und ist halt unsichtbar. Man kann den nicht sehen, und dann hebt Gott den zu sich in sein Reich, in den Himmel. Gott weiß dann bestimmt auch, wann die sich lange genug ausgeruht haben.

M.P.:
Vermutlich kann er das gut einschätzen. Jetzt frage ich mich nur, wie kommen die Toten denn aus dem Sarg unten in der Erde raus?

Sebastian:
Das sind ja nur Seelen, die können ja überall durch.

M.P.:
Das geht bei den Seelen ganz anders als bei uns Menschen?

Sebastian:
Ja, die können dann halt einfach auch durch die Erde durch, also, da würde dann halt auch alles so bleiben, wenn die dann halt rausgehen.

M.P.:
Man sieht das also gar nicht? Wir würden das gar nicht merken? Wir wissen gar nicht, ob das noch ein Grab ist mit einem Toten?

Sebastian:
Ja, und wenn da gerade die Hand da über dem Grab schwebt, dann würde man das auch nicht merken.

E.B.:
Wenn Gott die Toten abgeholt hat, ist das Grab dann leer?

Sebastian:
Nein, Gott nimmt nur die Seele mit in sein Reich.

M.P.:
Die Seele hat aber Hände und Füße, sehe ich. Ja?

E.B.:
Die sieht richtig aus wie ein Mensch?

Sebastian:
Ja, aber man kann da ja durchgucken, also, das sieht man nicht. Und Gottes Hand kann man auch nicht sehen. Dann habe ich das auch bei meinem Bild so gemalt, dass man den Grabstein dahinter noch erkennen kann und was darauf ist.

M.P.:
Das verstehe ich gut. Denn, wenn der nicht durchsichtig wäre, der Mensch, den du da als Seele gemalt hast, könnte man das gar nicht sehen.

Sebastian:
Mm.

E.B.:
Warum liegt der Mensch erst ein bisschen im Grab?

Sebastian:
Also, damit der erst mal sich ein bisschen ausruhen kann. Vielleicht hat ihn jetzt ja einer erschossen. Oder der war vorher sehr krank, dass er sich erst mal davon erholen kann. Und dass Gott ihn dann halt nachher, erst wenn er sich erholt hat, mit in sein Reich nimmt.

E.B.:
Wie ist das, wenn die Toten sich erholen?

Sebastian:
Ich weiß nicht. Vielleicht haben die da ja auch einen Fernseher oder ein Handy, und dann rufen die Gott an, dass er ihn dann abholen kann. Oder so einen Knopf, da drücken die dann drauf, und dann kommt halt Gottes Hand.

M.P.:
Manche müssen lange ausruhen, andere nicht so lange?

Sebastian:
Wenn jetzt manche einfach so gestorben sind, oder wenn einer sie jetzt erstochen hat, dann dauert das bestimmt erst länger.

Oder bei Erschossenen dauert das bestimmt auch länger. Aber ich glaube auch, dass sie sich dann erst erschrecken, wenn Gottes Hand dann auf einmal kommt und die Seele dann halt mitnimmt.

M.P.:
Und diese Seelen, wo kommen die denn dann hin?

Sebastian:
Also, Gott nimmt sie dann mit, also Gott hat ja, ich stelle mir das so vor, dass Gott ein großes Reich hat und dass dann halt alle Seelen da wohnen – wie auf der Erde.

E.B.:
Das ist wie ein Land, das Reich?

Sebastian:
Ja.

M.P.:
Und könnten wir es finden, wenn wir es jetzt suchen würden?

Sebastian:
Also, ich stelle mir das so vor, dass das alles unsichtbar ist und man das halt nicht sehen kann und man da auch durchfliegen kann. Nur halt die Seelen können sich darin sehen.

M.P.:
Wenn da ganz viele Seelen sind, ist dann das Land nicht irgendwann übervölkert?

Sebastian:
Also, die bauen das dann bestimmt auch weiter aus.

M.P.:
Du meinst, es könnte wachsen?

Sebastian:
Ja.

M.P.:
Jetzt sehe ich hier auf deinem Bild, dass du Namen geschrieben hast auf die Grabsteine. Sind das Namen von Menschen, die du kennst?

Sebastian:
Ja, also das ist „Bolland". Das ist mein Cousin, der ist mit drei Jahren, glaube ich, gestorben. Der hat sich an einem Brotkrümel verschluckt, und dann ist er gestorben. Und das ist „Krebs". „Z" kenne ich nicht. Das habe ich einfach nur so auf einen Grabstein dahingeschrieben. Mit „-er" gibt es ja viele Nachnamen. Aber das ist von meinem Freund der Opa. Der ist auch gestorben. Und das ist meine richtige Oma; von meiner Mama die Mama ist das.

E.B.:
Sie ist auch schon gestorben?

Sebastian:
Ja. Die soll das dann auch halt sein.

M.P.:
Ist sie gestorben, als du schon auf der Welt warst?

Sebastian:
Nein.

M.P.:
Du weißt nur von Erzählungen von ihr?

Sebastian:
Ja. Und aus Bildern halt.

M.P.:
Jetzt hast du mir von dem kleinen Jungen erzählt, dem Cousin, dem dreijährigen. An einem Krümel, sagst du, hat der sich verschluckt und ist dann gestorben?

Sebastian.:
Ja, also, der Krümel ist dann steckengeblieben. Da ist er gestorben, aber ich kenne den auch nur von Bildern.

M.P.:
Du hast nur von ihm erzählt bekommen?

Sebastian:
Ja.

M.P.:
Und das war beim Mittagessen oder beim Abendbrotessen?

Sebastian:
Beim Abendbrotessen war das.

M.P.:
Und die anderen waren alle drum herum und konnten ihm nicht helfen?

Sebastian:
Doch, die haben ihm versucht zu helfen, haben ihm auf den Rücken geklopft, aber der Krümel ist da halt nicht rausgekommen.

M.P.:
Das war bestimmt schlimm für alle.

E.B.:
Du guckst ganz ängstlich. – Fürchtest du dich vor dem Tod?

Sebastian:
Mm (verneinend). Ich fürchte mich jetzt noch nicht davor, aber, wenn ich bestimmt schon älter bin, dann fürchte ich mich bestimmt davor. Ich fürchte mich davor, wenn, also wenn mich jetzt einer erschießt, dann ist man ja noch nicht vorher so tot, und dann fühlt man ja erst noch die Schmerzen. Das ist dann halt sehr schlimm.

M.P.:
Vor den Schmerzen fürchtest du dich?

Sebastian:
Ja.

M.P.:
Ich denke, das tun die meisten Menschen. Also, davor fürchte ich mich auch, das finde ich auch unangenehm.

Sebastian:
Ja, aber, wenn man ja jetzt schon viel älter ist und schon ganz krank ist und bald stirbt, dann wünscht man sich das bestimmt auch, weil man das nicht mehr ertragen kann.

M.P.:
Es könnte sein, dass man dann sagt: „Wenn die Schmerzen so schlimm sind, dann ist Totsein vielleicht gar nicht mehr so schrecklich."

Tobias P. (10 Jahre): Der lange Weg zur Gottestür (Bild 22)

Beschreibung zu meinem Bild

Links ist der Himmel geordnet und hell. Und rechts ist der Himmel unordentlich und dunkel. In der Mitte ist ein sehr heller Weg, der zur Tür Gottes geht, gemalt. Und wo es hell und ordentlich ist, da leben die Lieben weiter und auf der unordentlichen Seite und dunklen leben die bösen Menschen weiter.

Interview:

Tobias:
Hm, im November habe ich selber erlebt, wie mein Vater im Zimmer „gestorben" ist. Hm, er konnte nicht mehr lesen, schreiben und er konnte nicht laufen, er konnte kaum noch was. Er war in einer Klinik, wo er es gelernt hat. Als er wieder zu Hause war, hat er mir erzählt, wie es nach dem Tod im Himmel aussieht. Und er hat mir erzählt, dass alles voller Himmel ist und ein ganz heller Weg mit vielen Farben in den Himmel führt, und da ist ein Tor: „Wenn du hier rein möchtest, bitte klingeln." Und, hm, er hat geklingelt und da hat Gott gesprochen: „Du hast noch viele Kinder, die sehr klein sind, und, also, ich möchte dich wieder zum Leben erwecken, und geh zu deinen Kindern, die werden dich brauchen." Und dann ist der zurückgekommen, und alle haben ihm im Krankenhaus Schläuche in Hals, Magen, überall hingelegt, damit er atmen und wieder schmecken und alles wieder konnte. Und er ist immer noch nicht so gut, weil er kann nicht lesen.

E.B.:
Ja. Aber er ist jetzt wieder zu Hause?

Tobias:
Ja.

E.B.:
Das ist schön für euch alle. – Und wie lange hat er so da gelegen, ohne etwas tun zu können, als er, wie du gesagt hast, „im Zimmer gestorben" ist?

Tobias:
Ich glaube, er war im Bett zu Hause zehn Minuten tot, und im Krankenhaus lag er, glaube ich, vier Monate im künstlichen Koma. Und dann ist er in eine Klinik nach Höxter gekommen, wo die ihm das Laufen beigebracht haben, und da sind die Muskeln wieder trainiert worden.

E.B.:
Mm.

Tobias:
Dass er sprechen kann. Er geht jetzt zu einer Therapie, wo man das Lesen und Schreiben wieder lernt.

E.B.:
Mm.

M.P.:
Du hast gesagt, du bist dabei gewesen, als er „gestorben" ist?

Tobias:
Ja, das war nachts um drei Uhr. Und da hat man einen Schrei gehört. Da bin ich runtergelaufen und habe einen Krankenwagen geholt, habe angerufen, weil meine Oma und Opa, die waren im Urlaub, das war in den Ferien. Da bin ich runtergerannt, und dann ist der Krankenwagen gekommen. Sie sind hochgerannt mit der Trage, und dann haben die meinen Vater wiederbelebt, ich glaube zwei Stunden. Und dann hat man wieder Herzschläge gehört ein ganz bisschen. Und dann haben sie ihn die Treppe runtergebracht, in einen Krankenwagen, sofort in eine Klinik, in eine Extraklinik für Herzen, und dann haben die dem noch im Krankenhaus Schläuche gelegt. Und wo ich dann aus dem Zimmer gekommen bin, habe ich gesehen, dass das Ganze, also dass der ganze Flur voller Blut war.

M.P.:
Und du warst dann ganz allein zu Hause danach?

Tobias:
Ja. Und dann musste ich den anderen Morgen wieder zur Schule.

M.P.:
Das war ganz schön heftig.

Tobias:
Ja. Das war nachts um drei Uhr. Ich konnte die ganze Nacht nicht schlafen, und in der Schule bin ich fast eingeschlafen einmal. – Das ist dann ziemlich scheiße, weil mein Vater ja kaum noch was machen kann. Da hat man ein Scheißgefühl, wenn man wegen seinen Sachen dann ausgelacht wird. Und, hm, am anderen Morgen kam meine Mutter wieder, das war um 12.00 Uhr, und, hm, hat gesagt, er hat sich die Nacht verschlechtert, aber, wenn es so weitergeht, könnte er noch durchkommen. Und dann, nach drei Wochen, war er über

alle Berge. Und dann ist er in eine Klinik gekommen, dann noch ein ganzes Jahr oder zwei, damit er wieder laufen konnte und sprechen.

M.P.:
Und konntest du dir das so richtig vorstellen, als deine Mutter gesagt hat, er könnte vielleicht auch durchkommen? Hast du so richtig begriffen an dem Tag, was das heißt?

Tobias:
Mm. Ich, ich habe nur gedacht, na, er sei tot. Aber hoffentlich behalte ich ihn, habe ich gedacht. Weil auch schon viele aus der Verwandtschaft gestorben sind, deswegen kenne ich das alles schon.

M.P.:
Du hast das schon häufiger erlebt?

Tobias:
Aber, aber ich habe die ganze Nacht nur geheult.

E.B.:
Du hast jetzt gemalt, was dein Vater dir erzählt hat?

Tobias:
Ja.

E.B.:
Der Weg und die Tür. Weißt du noch, wenn du das auch schon kennst mit anderen Verwandten, wie du dir den Tod vorgestellt hast, bevor dein Vater dir das erzählt hat?

Tobias:
Eigentlich nicht. Also, ich habe mir den Tod so vorgestellt: Dann geht man weg, dann kommt Gott und hebt den in ein schönes Tal, und dann kommt man unter die Erde. So habe ich mir das vorgestellt. Aber ich habe mir den Tod nicht so schön vorgestellt, wie mein Vater mir das erzählt hat. Ja, und das war das, da habe ich gedacht, hm, wenn er auch oben geblieben wäre, das ist ja auch scheiße, aber er wäre zufrieden gewesen.

M.P.:
Für euch wäre das ganz schlimm gewesen, ganz schrecklich, aber für deinen Vater nicht so schlimm?

Tobias:
Ja. Weil zwei Tage vorher mein Onkel gestorben ist, der war 29 Jahre und ist am Gehirntumor gestorben. Und dann hat mein Vater gesagt: „Ich habe noch eine lange Lebenslinie." Dann ist es in der Nacht passiert.

M.P.:
Das hatte er sich ganz anders vorgestellt?

Tobias:
Ja, dass er noch ewig lebt. Ja.

M.P.:
Und jetzt, nachdem das alles passiert ist, redet ihr da denn auch noch miteinander darüber, wie das so weitergehen wird und was alles noch sein kann?

Tobias:
Ja. Und irgendwo, wo wir das erzählt hatten, da ist er auch angefangen zu weinen, weil er, er kann sich das gar nicht vorstellen, ja, das glaube ich. Das macht ihm dann auch Not. – Und da hat er sich, glaube ich, noch, wo die Ärzte ihn aus dem Zimmer getragen haben, da hat er sich noch eine Schulter gebrochen. Und der hatte schon viele Sachen gebrochen, weil der hatte 1979 einen großen Motorradunfall. Der hatte noch Nägel im Bein gehabt und alles, ja. Und das war es eigentlich.

M.P.:
Jetzt habe ich noch eine Frage zu deinem Bild: Ich sehe hier den Weg. Hier ist die Lebenslinie hast du gesagt und dort das Tor, wo man zu Gott kommt. Das Blaue, was ist das denn?

Tobias:
Das hier ist der Himmel, wenn die oben bleiben. Hier kommen die friedlichen Leute hin. Und hier kommen die Bösen hin, weil da alles durcheinander ist.

M.P.:
Ja, das sieht man. Das sieht anders aus.

Tobias:
Dann kommen die, dann fliegen die runter und dann sofort in die Hölle.

E.B.:
Mm.

M.P.:
So, es gibt also einen zweigeteilten Himmel? Eine Hälfte ist für die friedlichen Menschen, da ist alles wohlgeordnet wie bei dir und ganz ruhig. Und eine Hälfte, da ist der turbulente, der chaotische Himmel, und da fallen sie dann durch und runter in die Hölle?

Tobias:
Ja.

M.P.:
Dann kommen sie also nie in die Welt von Gott, wo das Tor sie einlässt?

Tobias:
Die kommen nie in das Himmelsschloss rein.

M.P.:
Und diese Hölle, hast du da auch Ideen, wie die aussieht?

Tobias:
Mm (verneinend).

M.P.:
Gar nicht?

E.B.:
Weiß man das, in welche Hälfte des Himmels man kommt? Kann man das wissen?

Tobias:
Ich glaube ja, weil … Ich glaube auch jetzt daran, weil mein Vater es mir ja erzählt hat.

E.B.:
Mm.

Tobias:
Das war …, jetzt glaube ich auch schon daran, dass man in den Himmel kommt.

M.P.:
Dein Vater hat ja jetzt auch schon ein bisschen mehr erlebt als du und als wir.

Tobias:
Mm.

M.P.:
Er weiß ja schon ein bisschen mehr von dem, was da möglicherweise kommt.

Tobias:
Ja. Und ein paar Tage später ist meine Katze noch gestorben.

E.B.:
Oh je.

Tobias:
Das passierte alles in einer Woche.

M.P.:
Das war aber eine schlimme Woche.

Tobias:
Ja, das war Montag, am Mittwoch und war am Samstag. Das war dreimal, da sind welche gestorben.

E.B.:
Mm. Was meinst du, kommen Tiere auch in einen Himmel?

Tobias:
Ja, da hat mein Vater auch meine Katze gesehen schon, wo die da hoch gekommen ist.

M.P.:
Er hat sie wiedererkannt, er hat sie sehen können? Er wusste, das ist eure Katze.

Tobias:
Ja. Und, hm, der hat auch meine Oma und meinen Uropa gesehen und seine Eltern. Die sind auch gestorben, wo er 12 Jahre alt war. Und ich war, und ich war gerade mal sieben. Und da ist es ziemlich blöde.

E.B.:
Dann ist das jetzt nicht mehr so schlimm, wenn du an den Tod denkst?

Tobias:
Nee! Man ist irgendwie befreit, man hat keine Angst mehr vorm Tod. Weil Papa gesagt hat: „Oh Mann, ich habe so eine Angst, ich traue mich noch gar nicht. Ich will noch bei euch bleiben." – Ja, und jetzt hat er keine Angst mehr, weil man, man weiß, wie es ist.

M.P.:
Dann war es sehr gut, dass ihr miteinander geredet habt, dass dein Vater dir das erzählt hat. Da hat er dir geholfen.

Tobias La. (10 Jahre): Das Regenbogentor (Bild 23)

Beschreibung

Ich stelle mir den Tod folgendermaßen vor: Wenn ein Mensch stirbt, kommt er auf einen Weg, der ihn zu Gott führt. Am Ende des Weges leuchtet ein Farbenbogen wie ein Regenbogen, nur dass die Farben dort anders angeordnet sind: gelb, orange, rot, lila, grün, blau und wieder gelb. In der Mitte des Bogens befindet sich eine blaubraune Holztür. Die Farben des Lichtbogens scheinen auch zu beiden Seiten des Weges. Durch ein Loch in der Tür scheint gelbes Licht aus dem Raum hinter der Tür, wo Gott ist.

Interview:

Tobias:
Ich habe einen Weg gemalt, und am Ende des Weges ist eine Tür. Und das ist ein Farbenkranz: Das soll so aussehen, dass der Farbenkranz, dass man halt die Tür nicht übersieht, und damit man von dem Weg nicht abkommt, sind an den Seiten die Farben des Farbkranzes.

M.P.:
Das ist also sozusagen eine Begrenzung, damit man da nicht runterfällt oder einfach wo anders hinläuft. Wer läuft denn auf deinem Weg zu diesem Tor?

Tobias:
Also hinter dem Tor, da ist ein heller Raum, und da ist Gott, und da gehen die Toten dann auf dem Weg und gehen dann halt zu Gott.

E.B.:
Also, wenn man gestorben ist, dann geht man da auf dem Weg?

Tobias:
Ja, dann kommt man da automatisch drauf und läuft dann auf dem Weg.

M.P.:
Können wir den auch sehen?

Tobias:
Nee.

M.P.:
Für uns ist der unsichtbar?

Tobias:
Nee, der ist auch nicht im Himmel, der ist dann auf dem Gottesweg.

M.P.:
Also noch mal in einer ganz anderen Wirklichkeit. Nicht normal in den Wolken – du sagst, nicht im Himmel, im „Gotteshimmel".

Tobias:
Ja.

M.P.:
Und woher weiß man, wenn man tot ist, dass man da entlanggehen soll und dann da ankommt?

Tobias:
Also, wenn man dann stirbt, dann, wenn man die Augen wieder öffnet, dann ist man halt auf diesem Weg und läuft dann halt dahin, und das sieht man dann, dass man da rein gehen muss, weil der halt in diesem Farbenkranz ist.

M.P.:
Ja, der Weg ist ja deutlich markiert, man kann ihn gar nicht übersehen.

Tobias:
Ja.

M.P.:
Sage mal, kommen denn da alle Menschen an?

Tobias:
Tja also, in dem Raum gibt es dann halt die Bösen, die von Gott nicht wissen, die sind dann halt in einem Raum etwas weiter entfernt von Gott, und die halt an ihn glauben, sind dann halt ein bisschen näher bei Gott. Aber ...

M.P.:
Aber alle dürfen rein?

Tobias:
Ja.

E.B.:
Wenn Menschen sterben, dann macht man das ja bei uns so, dass man die Toten in den Sarg legt und beerdigt. Wie kommen sie aber aus dem Grab heraus?

Tobias:
Also, hm, die Seele von Gott, die geht dann halt auf diesen Weg, und da werden die halt wieder vollständig, aber nicht so wie hier, und die sind dann auch nicht so klug.

M.P.:
Und die Gräber sind dann leer, oder wie muss ich mir das dann vorstellen?

Tobias:
Nein, also nur die Seele, und dann sind die auf dem Weg halt, auch nicht mit den, ja ich weiß nicht, mit den Knochen.

M.P.:
Die Knochen bleiben im Grab?

Tobias:
Ja, also, hm, die Seele geht halt nur weg.

E.B.:
Hast du mal erlebt, dass jemand stirbt?

Tobias:
Ja, also meine Uroma ist gestorben und dann meine Tiere. Also ich hatte drei Kaninchen: Eins lebt noch. Eins ist vom Marder tot gebissen worden und, also, das lebte bei meiner Oma, das kam in den Ferien dann zu uns. Und das andere wurde vom Hund zweimal tot gebissen, oder dreimal oder viermal, das weiß ich nicht. – Meine Oma hat das begraben und hat da solche Blumen drauf gesetzt, die halt immer wiederkehren.

M.P.:
Das kann man also immer sehen, dass das der Grabplatz von dem Kaninchen ist?

Tobias:
Ja. – Also, als das andere vom Hund tot gebissen wurde, da haben wir noch zwei Kaninchen gekauft, das eine gehörte meinem Bruder und das andere gehörte mir. Meines hieß Flecki. Ja, wir wissen aber auch nicht, welches Kaninchen jetzt halt tot war, weil der Hund hat durch den Draht gebissen. Meine Oma hat nur gesehen, wie der halt dann weglief, und das wussten wir dann auch nicht so. Ja. Aber, ich glaube, das war halt trotzdem meins, weil meins hatte halt viele graue Flecken. Wir haben das deshalb so gemacht, dass das dann halt beiden gehört, das andere Kaninchen.

M.P.:
Das war eine gute Überlegung, eine gute Idee.

Tobias:
Ja. Das haben wir auch dann gesagt: Das eine Kaninchen, das dann halt tot gebissen wurde, das wollte dann das andere Kaninchen halt beschützen. Das war dann auch nicht so schlimm.

E.B.:
Mm. Kommen die Kaninchen auch auf den Weg, die Tiere?

Tobias:
Nee, die haben einen eigenen Weg, und die sind dann halt aber auch bei Gott.

M.P.:
Und da geht es ihnen dann auch gut?

Tobias:
Ja.

Alexander (9 Jahre): Willkommen im Himmel (Bild 24)

An einem schönen, aber auch an einem unglücklichen Tag ist ein Mensch namens Anton gestorben. Er war 88 Jahre alt. In acht Wochen und drei Tagen wäre er 89 Jahre alt geworden. Eine Woche später wurde er beerdigt. Alle seine Freunde, Geschwister und Verwandten kamen zur seiner Beerdigung. Alle weinten und waren traurig. Da klopfte eine Wolke ans Grab von Anton und sprach: „Komm, ich bringe dich ins Reich von Gott. Packe schnell deine Sachen und komme mit!" Anton packte schnell seine Sachen und flog mit der Wolke davon. Als er oben angekommen war, öffnete sich die Himmelstür, und ein Engel sprach: „Komme nur herein, lieber Anton, in das Paradies von Gott!" Die Wolke brachte ihn weiter durch das Land und durch das Tal. Fast alles war wie auf der Erde. Es gab nur keine Autos und Fabriken. Plötzlich hielt die Wolke an. Anton guckte verdutzt, denn vor ihm stand Gott. Er lächelte ihn an und sprach: „Hallo Anton, wie geht es dir!" Da antwortete Anton: „Gut!" Dann sprach Gott: „Du willst sicher auch ein neues zu Hause haben!" Anton nickte. Gott gab ihm die Hausnummer 1.333.445. Anton gefiel es im Himmel, und er lebte noch unendliche Jahre.

An einen schönen aber auch an einen unglücklich Tag ist er ein Mensch namens Anton gestorben. Er war 88 Jahre alt. In 8 Wochen und 3 Tagen wäre er 89 Jahre alt geworden. 1 Woche später wurde er beerdigt. Alle seine Freunde, Geschwister und Verwandten kamen zu seiner Beerdigung. Alle weinten und waren traurig. Da klopfte eine Wolke ans Grab von Anton und sprach: „Komm ich bringe dich ins Reich von Gott. Packe schnell deine Sachen und komme mit mir!" Anton packte schnell seine Sachen und flog mit der Wolke davon. Als er oben angekommen ist, öffnete sich die Himmelstür und ein Engel sprach: „Komme nur herein lieber Anton, in das Paradies von Gott!" Die Wolke brachte ihn weiter durch das Land und durch das Tal. Fast alles war wie auf der Erde. Es gab nur keine Autos und Fabriken. Plötzlich hielt die Wolke an. Anton guckte verdutzt denn vor ihm stand Gott. Er lächelte ihn an und sprach: „Hallo Anton wie geht es dir!" Da antwortete Anton: „Gut!" Dann sprach Gott: „Du willst sicher auch ein neues zu Hause haben!" Anton nickte. Gott gab ihm die Hausnummer 1.333.445. Anton gefiel es im Himmel und er lebte noch unendliche Jahre.

Interview:

Alexander:
Da habe ich drei Männchen gemalt, die weinen, weil einer gestorben ist, der heißt Anton. Und der schwebt dann hier auf einer Wolke, weil ich denke, wenn man tot ist, kann man nicht einfach weg sein. Ich finde, dann lebt man im Himmel weiter. Ja, und dann sagt da oben ein Engel: „Komm nur herein, lieber Anton, ins Paradies von Gott."

M.P.:
Da ist eine Sprechblase. Und hier oben, aus dem Himmel heraus spricht der Engel?

Alexander:
Mm, ja. Und dann finde ich, das ist fast so wie auf der Erde. Nur, es gibt keine Autos und Fabriken, weil, ich finde das ist dann viel schöner.

M.P.:
Jetzt frage ich dich, kommen denn alle Toten mit der Wolke in den Himmel?

Alexander:
Na ja, das mit der Wolke stimmt vielleicht nicht. Aber ich finde, irgendwie muss man ja in den Himmel kommen.

M.P.:
Das hast du dir überlegt? – Eine gute Möglichkeit.

Alexander:
Ja, und da habe ich halt eine Wolke gemalt.

M.P.:
Na, wir nehmen mal an, es gäbe noch andere Möglichkeiten, das kann ja sein. Würden aber schließlich alle Menschen im Himmel ankommen, ohne Unterschied?

Alexander:
Ja.

M.P.:
Und, wie ist das mit Tieren, kommen die auch an?

Alexander:
Mm. Ganz wichtig ist das. Hunde, die mag ich nämlich auch.

M.P.:
Du magst Hunde?

Alexander:
Ja. Zwei Hunde sind von mir gestorben: Einmal von meinem Onkel, das war eine „Sie", die ist etwas eher gestorben, aber sie war auch schon älter. Und dann noch ein „Er", der wohnte bei meiner Oma. Benji hieß der, also ein kleiner Langhaardackel, so ein Zwerg. Ja, und dann, wo der gestorben ist, habe ich auch immer ganz lange im Bett gelegen und geweint.

M.P.:
So wie die hier unten, die du am Grab gemalt hast? Die weinen ja.

Alexander:
Ja.

E.B.:
Was habt ihr mit dem Benji gemacht? Wo habt ihr ihn beerdigt?

Alexander:
Bei meiner Oma, die wohnt in so einem Block, und dann haben die da so eine Hütte, und dann stehen da noch ganz viele Bäume. Und dann haben wir den dann ganz nah bei der Hütte beerdigt.

E.B.:
Hm.

M.P.:
Und sieht man den Platz, wo er beerdigt ist?

Alexander:
Ja, da steht auch ein Stein drauf.

M.P.:
Habt ihr richtig einen Grabstein darauf gelegt?

Alexander:
Na ja. Da steht aber nicht so was geschrieben drauf, sondern, hm, da steht einfach nur so ein Stein, weil, der ist ein bisschen rucklich, da kann man nichts drauf schreiben.

M.P.:
Aber, man erkennt, dass das sein Platz ist und da kann man sich an ihn erinnern. – Denkst du, dass man, wenn man selber in den Himmel kommt, die anderen, die da alle schon sind, wiedererkennen kann?

Alexander:
Ich glaube schon.

M.P.:
Also, du wirst wissen: Das ist der Benji?

Alexander:
Ja.

M.P.:
Mm.

Alexander:
Und zwei Uromas von mir sind auch schon gestorben. Bei der einen, da war ich ungefähr fünf Jahre und bei der andern schon neun oder acht, weiß ich nicht mehr …

E.B.:
Das ist noch nicht so lange her?

Alexander:
Mm. Letztes Jahr, glaube ich.

M.P.:
Und warst du dabei, als die Beerdigung war?

Alexander:
Nee, noch nicht.

M.P.:
Du hast aber sicher davon erzählt bekommen?

Alexander:
Ja, weil meine Oma hatte Geburtstag, da wollte ich ihr, glaube ich, gratulieren, war aber – glaube ich – nicht da. Dann habe ich ganz viele Briefe gesehen auf dem Tisch, dann bin ich zur Schule gegangen. Als ich zurückkam, hat mir Mama erzählt, dass mit den Briefen, dass da meine Uroma – glaube ich – zwei Tage vorher gestorben ist.

M.P.:
Alle waren sicher sehr traurig?

Alexander:
Ja.

E.B.:
Noch einmal zu deinem Bild. Also wenn der Anton in den Himmel fliegt, sind die unten noch ganz traurig. Ist denn der Anton auch im Grab, oder ist er nicht mehr im Grab, wenn er in den Himmel fliegt?

Alexander:
Also, ich meine, der ist dann nicht mehr im Grab.

M.P.:
Also, das Grab hier unten ist dann leer, denkst du?

Alexander:
Also, das Skelett ist vielleicht im Grab, weil, mein Freund hat schon mal gesehen, wo ein Grab, hm, wie heißt das …?

E.B.:
… geöffnet wurde?

Alexander:
Ja, und da hat der auch noch so einen Schädel gesehen. Und dann meine ich, dass nur das andere in den Himmel kommt, dass man dann da drin weiterleben kann.

M.P.:
Und das andere, die Knochen, das Skelett, sagst du, bleibt im Grab. Hat das andere denn auch einen Namen für dich?

Alexander:
Nicht so.

M.P.:
Nicht so … Das kann man nicht so genau beschreiben?

Alexander:
Ja.

M.P.:
Ja, ich denke mal, wenn du noch irgendetwas hast, was dir ganz wichtig ist, was du uns erzählen möchtest, dann kannst du das jetzt noch tun …

Alexander:
Also gestorben ist keiner mehr von uns, das weiß ich. Und bei der ersten Uroma, die war als erste gestorben, da war ich noch nicht so richtig traurig. Bei dem Hund von meinem Onkel, der war als nächstes gestorben, da war ich sehr traurig, bei meiner Oma auch und bei meinem Hund ganz doll, der gestorben ist. – Aber ich weiß, irgendwann komme ich auch mal in den Himmel, das glaube ich zumindest, und dann sehe ich die wieder. Das hilft, finde ich.

Andreas (10 Jahre): Grüne Seelen um roten Gott (Bild 25)

Beschreibung zu meinem Bild

In der Mitte von meinem Bild ist ein großer roter Kreis. Das soll Gott sein. Die grünen Kreise sollen die Seelen von den toten Menschen sein, die um ihn herum fliegen.

Interview:

Andreas:
Ja, also das ist mein Bild. Das in der Mitte soll Gott sein, und das in der Mitte sind dann halt die Seelen von den Menschen, die schwirren drum rum.

M.P.:
Die schwirren?

Andreas:
Ja.

M.P.:
Ja, ich sehe, da ist ganz viel Bewegung in deinem Bild. Wo schwirren sie denn da so herum?

Andreas:
Im Himmel.

M.P.:
Im Himmel, da irgendwo?

Andreas:
Ja.

M.P.:
Im Himmel, da, wo die Wolken sind, wo die Flugzeuge auch fliegen?

Andreas:
Nein. Viel höher!

E.B.:
Wo die Raketen fliegen und die Satelliten sind?

Andreas:
Na ja.

M.P.:
Noch höher?

Andreas:
Hm, weiß nicht.

M.P.:
Also noch weiter weg irgendwo?

Andreas:
Ja, das ist meine Vorstellung.

M.P.:
Deine Vorstellung ist: Gott ist in der Mitte, und die Seelen sind drum rum.

Andreas:
Ja.

E.B.:
Warum hast du Gott so rotbraun gemalt?

Andreas:
Also, so habe ich mir das vorgestellt.

M.P.:
Jetzt sage ich mal, ich kann ja gar nicht sehen, ob das die Seele von Herrn Müller oder die Seele von Frau Schmidt ist. Erst mal sehen sie ja alle sehr ähnlich aus.

Andreas:
Ja.

M.P.:
Kann man nicht mehr unterscheiden, von wem die Seelen sind?

Andreas:
Nein, eigentlich nicht.

M.P.:
Eigentlich nicht. Vielleicht braucht man das auch gar nicht mehr, oder?

Andreas
Nö.

E.B.:
Warum nicht?

Andreas:
Tja ...

E.B.:
Das weißt du nicht?

M.P.:
Meinst du denn, dass Gott weiß, welche Seele zu wem gehört?

Andreas:
Vielleicht.

M.P.:
Du überlegst? – Jetzt hast du gesagt, das ist hinter dem Wolkenhimmel und noch hinter dem Raketenhimmel. Wie kommen denn die Seelen dahin?

Andreas
Die schweben.

M.P.:
Ach, sie schweben?

Andreas:
Ja.

M.P.:
Das können sie so von sich aus? Oder brauchen sie dafür irgend ein „Schwebemobil"?

Andreas:
Mm (verneinend).

M.P.:
Also die Seelen sind schon in diesem anderen Himmel, wenn der Tote bestattet wird?

Andreas:
Ja.

M.P.:
In dem Moment, wo man stirbt, schwebt die Seele dann zu Gott?

Andreas
Ja.

E.B.:
Schweben alle Seelen dann zu Gott?

Andreas:
Vielleicht. Das weiß ich nicht.

M.P.:
Du weißt es nicht genau?

Andreas:
Hm.

M.P.:
Wenn du wünschen könntest, dann würdest du gern, dass da alle Seelen sich versammeln?

Andreas:
Ja.

M.P.:
Ist denn dann nicht irgendwann dieser andere Himmel völlig überfüllt, wenn da jetzt immer noch mehr Seelen und noch mehr Seelen hinkommen?

Andreas:
Glaube ich nicht.

E.B.:
Ist für dich die Vorstellung tröstlich?

Andreas:
Ja, das tröstet.

E.B.:
Und was tröstet daran?

Andreas:
Ja, dann ist man halt da, wo nichts Böses geschehen kann.

4. Welche Erfahrungen und Gedanken sind hier zu entdecken?

Die von den Kindern der Klasse 4a in Lengerich vorgelegten Bilder bieten einen repräsentativen Querschnitt durch die vorab benannten sieben Rubriken, wobei ein deutlicher Überhang von Darstellungen zum „Todes-Danach" auszumachen ist (insgesamt 40%). Die einzelnen Zeichnungen sind sorgfältig und detailreich gearbeitet und lassen intensive Auseinandersetzung mit der Todesproblematik erkennen. Besonders bemerkenswert ist der Umstand, dass sie selbst dort, wo Schreckensvisionen vorkommen, letztlich nicht völlig ohne Hoffnung sind bzw. bleiben; die (Wieder-)Hinwendung zum Leben bestimmt das hier zu sichtende „Feld".

Die Bilder der Klasse 4a in Lengerich im gegliederten Überblick

- **Symbole der Vergänglichkeit:**
  Nina-Marie (Bild 1): Der Weg durchs Lebens
  Janine (Bild 2): Die Lebensuhr

- **Gräber und Friedhöfe:**
  Serpil (Bild 3): Das schöne Grab
  Sevim (Bild 4): Die weinenden Rosen

- **Die geliebten Verstorbenen:**
  Corinna (Bild 5): Die Uroma und ihr Haus

- **Die trauernden Hinterbleibenden:**
  Christina (Bild 6): Auch Tote sind nicht gern allein
  Maximilian (Bild 7 und 8): Abschiednehmen im Trauerhaus

- **Das brutale Sterben:**
  Sebastian R. (Bild 9): Tod auf der Straße
  Ümit (Bild 10): Zerbrochene Herzen im Erdbebengebiet
  Ümit (Bild 11): Geheilte Herzen fliegen zu Gott

- **Der Tod als Gestalt:**
  Julia (Bild 12): Der traurige Tod
  Tobias Li. (Bild 13): Der Sensenmann mit stechendem Blick
  Tobias Li. (Bild 14): Der Tod als Sklaventreiber
  Tobias Li. (Bild 15): Der entmachtete Tod

- **Der Beginn des Aufstiegs zum „Todes-Danach":**
  Melek (Bild 16): Vom Totenbett zum Leben
  Iris (Bild 17): Die Verwandlung der Seelen
  Lisa (Bild 18): Seelen leben in Luftblasen
  Friederike (Bild 19): Die Gottestür

- **Der eigentliche Aufstieg zum „Todes-Danach":**
  Karin (Bild 20): Herzgondelfahrt zum Paradies
  Sebastian F. (Bild 21): Die Hand Gottes

- **Die Ankunft im „Todes-Danach":**
  Tobias P. (Bild 22): Der lange Weg zur Gottestür
  Tobias La. (Bild 23): Das Regenbogentor
  Alexander (Bild 24): Willkommen im Himmel
  Andreas (Bild 25): Grüne Seelen um roten Gott

Die Bilder von Nina-Marie **(Bild 1)** und Janine **(Bild 2)** zeigen das für viele Kinder im Grundschulalter typische Kreislaufdenken: „Der Weg des Lebens" wird ganz so wie der „Lauf der Uhr" als in sich geschlossene, auf Wiederholung hin angelegte Einheit gesehen. Geboren-Werden, Heranwachsen, Sterben und Wieder-Geburt gehören organisch zusammen, und selbst der durch die „Todesschere" und die „letzten Minuten vor Zwölf" symbolisierte Tod wird als Teil des natürlichen Lebens(ab)laufs wahrgenommen. Er stellt zwar ein außergewöhnliches und bemerkenswertes Ereignis dar, muss aber letztlich nicht gefürchtet werden, da nach seinem Auftreten alles wieder von vorn beginnt: Die „Toten-Geister" stehen Schlange, um einen neuen „Leib" zu bekommen, und die Uhrzeiger rücken weiter vor bis in den Bereich von 0.00 bis 3.00 Uhr (Geburt bis Kindheit).

Die von Serpil und Sevim gezeichneten Grabstätten **(Bilder 3 und 4)** sind formal-strukturell analog angelegt (die beiden Mädchen saßen während des Malvorganges nebeneinander!): Im Vordergrund steht die ästhetische Ausgestaltung des jeweiligen Grabes zu einem trotz aller Traurigkeit lieblichen Ort (locus amoenus). In beiden Fällen gehören blauer Himmel, Sonnenschein und ausdrucksstarke Blumen (Rosen = „Herzblumen") dazu; in Sevims Bild gibt es außerdem einen Baum, einen Vogel sowie Schmetterlinge, also zahlreiche „Lebenszeichen" in unmittelbarer Nähe des Todes.

Corinna **(Bild 5)** konzentriert sich auf das Lebensumfeld ihrer verstorbenen Uroma. Sie malt das, was ihr in Erinnerung geblieben ist bzw. problemlos von ihr vorgestellt werden kann: ein (entleertes) Haus und ein Zimmer. Die Tote selbst kommt nur als „gedachte" bzw. „bedachte" Randfigur in den Blick; dieser Umstand entspricht dem fehlenden Kontakt zwischen Urenkelin und Urgroßmutter, der eine klare Konturierung der „verlorenen" Person bzw. Persönlichkeit unmöglich macht.

Christina fertigt ein zweigeteiltes Bild an **(Bild 6)**: In seiner unteren Hälfte wird Einblick in ein Sterbezimmer gewährt. Ein Angehöriger steht fassungslos mit zur Seite gestreckten Armen am Bett eines soeben Verstorbenen und weiß in seiner Betroffenheit nichts zu sagen. Er leistet aber trotzdem Beistand und bleibt ganz in der Nähe des Toten. In der oberen Bildhälfte wechselt die Szenerie: Der Verstorbene (ohne Gesicht!) soll bestattet werden. Sein Sarg steht schon bereit, und vier trauernde Angehörige begleiten ihn in schwarzer Trauerkleidung und mit roten Blumen (Tulpen und Rosen) in den Händen auf seinem letzten Weg.

Maximilian legt zwei Bilder vor **(Bilder 7 und 8)**, da er mit seinem ersten Malversuch nach eigener Aussage „unzufrieden" war. Er zeichnet das Trauerhaus seines Onkels und rückt die trauernden Hinterbliebenen und deren Aktivitäten in den Vordergrund: Im ersten Bild stehen direkt hinter dem aufgebahrten Toten zwei weitere Männer, die ganz offensichtlich den Empfang unzähliger Angehöriger vorbereiten. Sie scheinen zu wissen, dass die Verwandtschaft des Onkels Wert darauf legt, den Verstorbenen noch einmal zu sehen. Im zweiten Bild ist ebenfalls das Trauerhaus von Maximilians Onkel dargestellt. Allerdings sind jetzt alle erwarteten Angehörigen eingetroffen. Sie werden sich drei Tage lang vom Toten verabschieden und ihn schließlich feierlich bestatten. – Die in den Bildern a(n)visierten Riten kennt Maximilian aus eigener Anschauung; in seiner Familie werden Verstorbene so wie beschrieben betrauert und auf ihrem letzten Weg begleitet.

Sebastian malt einen Verstorbenen (ohne Augen!), der bei strahlendem Sonnenschein mitten auf der Straße infolge eines Herzinfarktes zusammengebrochen ist (Bild 9). Die Plötzlichkeit des hereinbrechenden Todes scheint ihn nicht besonders zu erschrecken; zumindest gibt es keine äußeren Zeichen großer Betroffenheit oder tiefer Traurigkeit (kein „weinender" Himmel, keine unglücklich wirkende Sonne). Letzteres mag damit zusammenhängen, dass Sebastian ein schnelles Sterben als weitestgehend schmerzfrei und deshalb wenig belastend bzw. quälend einstuft.

Ümit legt zwei Bilder vor, die eine Entwicklung vom Schlechten zum Guten beschreiben (Bilder 10 und 11): Er malt zunächst einmal zusammenbrechende Hochhäuser im real bedrohten Erdbebengebiet seiner Heimat, der Türkei (diese Szene ist ihm aus Nachrichtensendungen im Fernsehen bekannt). Die roten, zerbrochenen Herzen in den einzeln dargestellten Wohnungen symbolisieren Verstorbene, die jämmerlich verschüttet und erstickt sind. Im Folgenden zeichnet Ümit Tote unter der Erde; sie sind allesamt Erdbebenopfer mit zerbrochenen Herzen und überaus entsetzt-verzerrten Gesichtern. Ümit trauert intensiv um sie und tröstet sich selbst mit der Vorstellung, dass zerbrochene Herzen heilen können und dass die Toten nach einer gewissen Zeit (dann, wenn sie lange genug ausgeruht haben) mit gesunden Herzen aus den Gräbern hinaus bzw. hinauf zu Gott fliegen werden, um dort zu neuem Leben zu gelangen. – Auffällig ist die große Dynamik, die den Aufstieg der Herzen bestimmt: Die parallelen Striche am jeweils unteren Herzteil sollen „Schub" markieren und deutlich machen, dass sich geflügelte Herzen mit großer Geschwindigkeit fortbewegen. – Typisch ist die Verwendung der Kreuzeszeichen für die Kennzeichnung der Totenorte. Sie ist im gegebenen Fall sicher nicht christologisch motiviert, da Ümit dem Islam angehört.

Die gestalthaften Todesdarstellungen von Julia und Tobias Li. (Bilder 12, 13, 14 und 15) entsprechen den ansonsten üblichen geschlechtsspezifischen Differenzierungen: Julias „Sensenmann" in der oberen Hälfte ihres zweigeteilten Bildes (Bild 12) zeigt ein trauriges Gesicht und agiert nicht „handgreiflich" (es sind überhaupt keine Hände vorhanden). Er zeigt sich ähnlich „gebeugt" wie die Sense und die Grabrose neben ihm; schließlich hat er keine Freude an seinem Auftrag, da er mitunter „sogar Kinder holen muss". – In deutlichem Gegensatz dazu steht die farbige Lebendigkeit in der unteren Hälfte von Julias Bild: Ein leuchtender Regenbogen überstrahlt bunte Blumen auf einem grünen Grabhügel; beides verweist auf die noch ausstehende, aber bald zu erreichende nachtodliche Existenz, die keinerlei Schrecken und Traurigkeit mehr beinhaltet.

Die von Tobias Li. angefertigte Trilogie ist Ausdruck einer umfassenden inneren Entwicklung: Der furchterregend große, schwarze „Sensenmann" mit seinen stechend-blauen Augen (Bild 13) repräsentiert eine Schreckgestalt, die Tobias vor Durchführung der Unterrichtsreihe zum Thema „Tod und Leben" regelmäßig nachts im Traum erschien und ihn „zu Tode" ängstigte. – Das zweite Bild (Bild 14) zeigt, warum das Erscheinen der düsteren Todesfigur so belastend wirken konnte: Der „Sensenmann" lebt als Sklaventreiber in der Hölle und zwingt die Menschen dazu, mit bloßen Händen glühende Lavasteine herbeizuschleppen und auf Wagen zu schichten. Tobias reagiert auf diese innere Szenerie äußerst heftig: Er malt sich selbst winzig klein (als Strichmännchen!) rechts unten im Bild und füllt die dazugehörige Sprechblase mit den angstvollen Worten: „Was soll ich hier?" – Erst im dritten von Tobias gemalten Bild (Bild 15) greift Veränderung Raum: Nach bzw. in mehreren klärenden Bildgesprächen entwickelt sich die Idee, dem Tod unter sein Gewand zu schauen. Tobias zeichnet den entkleideten, nackten Tod, der jetzt nicht mehr groß und mächtig, sondern klein und mickerig erscheint: Es entsteht das erbärmliche Bild eines weinenden „Mickerlings" auf wenig Halt gebenden Stelzen. So einer macht keine Angst mehr, denn „er guckt dumm aus der Wäsche". – Nicht zuletzt aus diesem Grund kann Tobias sein rotes Konterfei (rot = Lebendigkeit und Emotion) befreit auflachen und die Arme triumphierend nach oben strecken lassen.

Die zehn Bilder, die sich mit dem „Todes-Danach" befassen (**Bilder 16 bis 25**), können insgesamt drei Kategorien zugeordnet werden: Vier Zeichnungen thematisieren den „Beginn des Aufstiegs" der „Totenseelen" (**Bilder 16 bis 19; Kategorie 1**), zwei deren „eigentlichen Aufstieg" (**Bilder 20 und 21; Kategorie 2**) und vier deren „Ankunft im neuen Leben" (**Bilder 22 bis 25; Kategorie 3**).

In der ersten Bild-Kategorie werden Diesseits und Jenseits einander angenähert; die Welt des Todes und die Welt des (neuen) Lebens sind gleichermaßen sichtbar, wenn auch meistens – den üblichen Regeln entsprechend – durch Wolken etc. voneinander getrennt.

Melek (**Bild 16; Kategorie 1**) konturiert den Weg vom Totenbett zum „Ausgang des Lebens" (ein weit geöffnetes Fenster, durch das blauer Himmel lugt); sie malt eine alte Frau, die lange krank war und an Krebs gestorben ist. In der Todesstunde verlässt ihr geflügelter „Seelenengel" ihren Körper und fliegt nach „oben", um dort in die Freiheit zu gelangen. – Typisch ist die Übereinstimmung des Gesichtsausdrucks von Verstorbener und Totenseele.

Iris (**Bild 17; Kategorie 1**) zeichnet vier mit Kreuzen geschmückte Grabhügel, aus denen freundlich blickende „Seelen" in Menschengestalt aufsteigen. Sie werden von einer schwarzen Person hoch oben über den Wolken gerufen, denn sie sollen in den Himmel schweben, um dort in Rosen („Herzblumen") verwandelt zu werden.

Lisa (**Bild 18; Kategorie 1**) malt ein sonnenbestrahltes Haus mit Apfelbaum und Blume, aus dem gerade „Seelen Verstorbener" in einer Luftblase herausgeflogen sind (die Türen und Fenster des Hauses sind transparent, also weit geöffnet). Die aufsteigenden, mittlerweile „über den Wolken" Angekommenen machen keinen bedrückten Eindruck, sondern lächeln zufrieden. Ganz offensichtlich geht es ihnen gut: Ihre Luftblase ist leuchtend blau, also prall gefüllt mit Sauerstoff, der zum Atmen benötigt wird.

Friederikes Bild (**Bild 19; Kategorie 1**) ist besonders deutlich zweigeteilt: Während in seinem unteren Teil schwarz gekleidete, trauernde Hinterbliebende vor Gräbern stehen bzw. knien, freuen sich die befreiten „Seelen der Toten" oben im Himmel, denn sie vertrauen darauf, dass die „Gottestür" sich jeden Moment öffnet, um sie einzulassen. – Typisch ist die Farbgebung im angeführten Namenszug; es werden die Farben des Regenbogens gewählt, um den Zielpunkt der Aufsteigenden zu markieren. Im oberen Teil des Bildes geht es in erster Linie um die „Hilfsmittel" für den Aufstieg der „Totenseelen"; sie sind entweder direkt im Besitz der Aufsteigenden oder werden von anderen zur Verfügung gestellt.

Karin (**Bild 20; Kategorie 2**) gestaltet drei herzförmige beleuchtete Gondeln, in denen „Seelen Verstorbener" zum Paradies fahren. In ihnen gibt es genug Platz, Licht sowie Luft und sogar Hocker, auf denen man bequem sitzen kann. Deshalb sind die Gesichter der Dargestellten auch entspannt und heiter: Die Reise ist nicht beschwerlich, und ihr Ziel scheint in erreichbarer Nähe.

Sebastian F. (**Bild 21; Kategorie 2**) malt die Hand Gottes, die seinen toten Opa ganz behutsam aus dessen Grab heraushebt. Wie ein direkter „Aufzug zum Paradies" befreit sie aus der dunklen Sargexistenz und führt ins Licht zum neuen Leben. – Der Gesichtsausdruck des „Abgeholten" macht deutlich, dass dieser „Eingriff" überraschend plötzlich erfolgte.

In der dritten Bild-Kategorie wird die letzte Etappe bzw. die eigentliche Ankunft im „neuen Leben" beschrieben; alles ist auf „Eintreten-Dürfen" und „Willkommen-Sein", also auf Begegnung und Beziehung ausgerichtet.

Tobias P. (**Bild 22; Kategorie 3**) zeichnet einen gewundenen, lichtgesäumten Pfad, der durch unwegsames Gelände zur „Gottestür" führt. Links ist der Himmel geordnet und hell; rechts erscheint er unordentlich und dunkel. Wo alles „klar" ist, da leben die „Lieben" so lange, bis sie zu Gott kommen; im „Chaos" verbringen die „Bösen" ihre Wartezeit bis zur Erreichung ihres eigentlichen Zieles.

Tobias La. (**Bild 23; Kategorie 3**) rückt die „Gottestür" in das Zentrum seines Bildes; der zu ihr hinführende Weg ist längst nicht so bedeutsam wie bei Tobias P. Der Zugang zum „neuen Leben" ist wie ein Regenbogen gestaltet, nur dass die Farben anders als üblich angeordnet sind: Sie leuchten – von außen nach innen betrachtet – gelb, orange, rot, lila, grün, blau und dann wieder gelb. Durch ein Loch in der Tür scheint helles Licht aus dem Raum dahinter: „Dort wohnt Gott".

Alexander (**Bild 24; Kategorie 3**) zeichnet die Ereignisse rund um den Tod eines Neunundachtzigjährigen: Während unten auf der Erde um ihn noch heftig getrauert wird (Angehörige stehen bzw. knien weinend an seinem mit Rosen [„Herzblumen"] geschmückten Grab), erlebt er selbst seine „Ankunft im Himmel" als überaus erfreuliches Ereignis. Er wird von einer unsichtbaren Gestalt (vermutlich einem „Engel") herzlich willkommen geheißen; deren Botschaft lautet: „Komm nur herein, lieber Anton, ins Paradies von Gott!" Das gefällt der „Totenseele" offensichtlich sehr; zumindest „lächelt" die Wolke, die sie nach oben trägt.

Andreas (**Bild 25; Kategorie 3**) symbolisiert in der Mitte seines abstrakten Bildes Gott in Form eines großen roten Kreises. Die grünen Punkte, die um ihn herumfliegen, sind verlebendigte „Totenseelen"; sie suchen Gottes Nähe und sehnen sich danach, „Gottesgespräche" zu führen.

III. Eine Unterrichtsreihe zum Thema „Tod und Leben" – Anregungen zum kreativen Gestalten eigener Unterrichtseinheiten

1. Vorüberlegungen

1.1 Zielgruppe und Unterrichtsstruktur

Die hier vorgestellte Unterrichtsreihe zum Thema „Tod und Leben" ist für das dritte, insbesondere aber für das vierte Schuljahr geeignet. Sie ist eingebunden in einen projektartig orientierten Unterricht, der jeden Tag zwei Stunden in Anspruch nimmt. Alternativ kann sie im Fach Religion separat mit zwei Stunden wöchentlich unterrichtet werden, v. a. dann, wenn der Religionsunterricht von einem Fachlehrer bzw. einer Fachlehrerin erteilt wird.

1.2 Eigene Erfahrungen reflektieren

Leben ist immer durch Beziehungen und Beziehungsabbrüche (Trennungen) geprägt. Es hat mit Kontaktaufnahme und Abschiednehmen zu tun. Beides kann sich auf Lebewesen (Menschen und Tiere), aber auch auf Sachen (liebgewordene Gegenstände) oder Situationen (Lebensabschnitte) beziehen und mitten im Leben oder aber an seinen Rändern, also im Umfeld von Sterben und Tod, erfolgen. Wo Letzteres der Fall ist, kommt die Begrenztheit und damit auch die Bedrohtheit allen Lebens besonders deutlich in den Blick. Es ergibt sich die Notwendigkeit, sie reflektiert zu bearbeiten und eben nicht abzuspalten bzw. zu verdrängen. In dem dafür erforderlichen Bearbeitungsprozess werden in aller Regel starke Emotionen hervorgerufen, die auch unvorhersehbare Reaktionen auslösen können. Schließlich werden biographische Erlebnisse aktualisiert und (vielleicht seit langem verschüttete) Erinnerungen geweckt.

Dies ist nicht nur bei Kindern, sondern auch bei Erwachsenen der Fall. Grundlegende Voraussetzung für die Auseinandersetzung mit dem Thema „Tod und Leben" im Unterricht ist es deshalb, sich als Lehrperson zunächst selber mit der damit u. U. verbundenen Problematik auseinanderzusetzen und für sich persönlich das Verhältnis von Tod und Leben zu bedenken. Nur so kann eine Klärung herbeigeführt werden, die dazu befähigt, erste stimmige Antworten zu finden und sich mit anderen (den Schüler/innen) auf die Suche nach weiteren Antwortmöglichkeiten zu begeben.

Folgendes ist dabei zu beachten:

- Nur wer sich selbst und anderen ehrlich (authentisch) und mit positiver Grundstimmung begegnet, ist in der Lage, Fragen jeglicher Art zuzulassen und sie dialogisch zu erörtern.

- Dabei sollte niemals versucht werden, ultimative, vermeintlich „einzig wahre" Antworten zu formulieren; vielmehr sollte mit prinzipieller Offenheit gearbeitet werden. Es gibt nicht nur viele Fragen, sondern auch viele mögliche Antworten.

- In dem auf Fragen und Antworten bezogenen komplexen Verstehensprozess wird eine grundsätzliche Aufgeschlossenheit für die unterschiedliche Bilder- und Gedankenwelt einer jeden Lehrperson und eines jeden Kindes benötigt. Wo sie vorhanden ist, können auch und gerade bei der Auseinandersetzung mit „Tod und Leben" unterschiedliche Entwicklungsprofile entdeckt und ausgebildet werden. So wird das Ziel erreicht, Erwachsene und Kinder in der Entwicklung ihres Lebens- und Todesverständnisses zu stärken.

1.3 Einbeziehung der Eltern

Eltern sind in der Regel sehr dankbar, wenn Lehrpersonen sich des Themas „Tod und Leben" annehmen und mit ihren Kindern über Todes- und Lebensvorstellungen sprechen. Dieser Umstand sollte wahrgenommen werden, aber nicht dazu führen, die Eltern im Bemühen, sie zu „entlasten", völlig auszugrenzen. Stattdessen sollten sie in die gemeinsame Arbeit miteinbezogen werden.

Es empfiehlt sich, auf einem Elternabend gemeinsam über das geplante Unterrichtsprojekt – seine Inhalte und Ziele – zu sprechen und die gewählten Medien vorzustellen. So kann z. B. das jeweilige Bilderbuch, das im Unterricht eingesetzt werden soll, gezeigt und vorgelesen werden. Die Eltern wissen dann Bescheid, worum es geht, wenn ihre Kinder zu Hause von Geschichten und Bildern aus dem Unterricht erzählen und können so angemessener auf Gedanken reagieren, die vielleicht erst nach Unterrichtsschluss in häuslicher Umgebung entwickelt werden.

Eine Fragerunde mit „Brainstormingcharakter" kann den Abend abschließen. In einer offenen und freundlichen Atmosphäre werden die Eltern sicher Mut finden, eigene Fragen, Gedanken und Ängste zu thematisieren, und sie erfahren, wie heilsam es sein kann, dies gerade auch in Gemeinschaft zu tun.

Ein möglicher Ablauf für einen Elternabend kann wie folgt aussehen:

Elternabend:

„Abschied von Tante Sofia. – Mit Kindern über den Tod nachdenken."

- Begrüßung

- Einstimmung: Dieser Elternabend zum Thema „Mit Kindern über den Tod nachdenken" ist wichtig, weil er Aufschluss über die zentralen Elemente der nächsten Arbeitsphasen im Unterricht gibt. Im Vordergrund steht das Buch „Abschied von Tante Sofia", das sozusagen „Leitmedium" im Unterricht sein wird. Das Thema „Umgang mit Tod und Trauer" ist Teil des Lehrplans; es wurde aber auch immer wieder als Thema von den Kindern gewünscht. So z. B. im Zusammenhang mit der Behandlung der Schöpfung. Kinder fragen: „Warum werden wir geboren, wenn wir hinterher sterben müssen?" – „Gab es im Paradies auch schon den Tod?" Sie tragen ihre Erlebnisse mit dem Tod in die Schule und bringen ihre Gefühle mit: „Ein Lastwagen hat meine Katze überfahren." – „Meine Mäuse sind tot; sie bewegen sich nicht mehr." – „Gestern Nacht ist mein Opa gestorben; morgen gehe ich zur Beerdigung. Was passiert da?" Kinder suchen nach Antworten, mit denen sie leben können. Unsere Aufgabe als Erwachsene (als Eltern oder Lehrer/innen) ist es, sie dabei zu begleiten. Es kommt darauf an, das Thema „Tod und Leben" nicht totzuschweigen, sondern Fragen zuzulassen. Das gemeinsame Anliegen von Eltern und Lehrpersonen wird an dieser Stelle deutlich.

  Zu Beginn jeglicher Arbeit mit Kindern ist jedoch jede/r Erwachsene selbst gefragt und aufgefordert, sich mit den eigenen Vorstellungen vom Tod auseinander zu setzen. Mit Blick auf die heutige Abschlussrunde möchte ich Sie schon an dieser Stelle dazu ermutigen, wirklich alle Fragen, die Sie mitgebracht haben oder die Ihnen im Verlauf des Abends kommen, zu stellen.

- Strukturierung und Durchführung: Der Elternabend zum Thema „Mit Kindern über den Tod nachdenken" gliedert sich in drei Teile:
  1. Einführung in das Thema: Der Tod – ein verdrängtes Thema in Gesellschaft, Schule und Elternhaus. Kinder machen die Erfahrung des Todes bei nahestehenden Bezugspersonen oder Tieren. Deshalb ist es wichtig, den Umgang mit Verlust und Trauer sowie daran anknüpfenden inneren Bildern (Schreckens- und Hoffnungsvorstellungen) einzuüben.
  2. Vorlesen des Buches „Abschied von Tante Sofia" und Vorstellen weiterer Medien.
  3. Gelegenheit zum gemeinsamen Austausch und für Fragen etc.

Auf der gleichnamigen CD zum Buch (Auer-Verlag, ISBN 3-403-05921-9) ist eine Radiosendung zum Thema „Die Toten erholen sich im Grab – wie Kinder sich den Tod vorstellen" aufgenommen. Diese kann sehr gut als Einstieg in einen Elternabend abgespielt werden (ca. 25 Minuten).

1.4 Lernchancen

Das unterrichtliche Vorhaben ermöglicht den Kindern vielfältige Lernchancen auf unterschiedlichen Ebenen:

- Die Kinder lernen, in der Gemeinschaft über den Zusammenhang von Tod und Leben zu sprechen.
- Sie bedenken das Leben als Prozess von der Geburt bis hin zum Tod mit den verschiedenen Lebensstadien Kindheit – Jugend – frühes und spätes Erwachsenenalter – Alter.
- Sie malen ihre „inneren Bilder" vom Tod.
- Sie beschreiben ihre Bilder in einem Text schriftlich und in ihrer Lern-Gemeinschaft mündlich.
- Sie lernen das Buch „Abschied von Tante Sofia" kennen und setzen sich mit dem darin vermittelten Inhalt auseinander.
- Sie entdecken schrittweise die Aussagen der einzelnen Geschichten, formulieren ihre Fragen und eigenen Gedanken zum Text.
- Sie gehen auf den Friedhof, schreiben Grabinschriften ab und entdecken Symbole der Hoffnung.
- Sie schreiben Gebete auf, die in ihrer Familie gesprochen werden oder die ihnen bekannt sind.
- Sie sprechen über eigene Erfahrungen und Gefühle beim Tod von Angehörigen (Menschen und Tieren) sowie über ihre Eindrücke bei miterlebten Beerdigungen.
- Sie gewinnen ein Gespür dafür, dass Verstorbene in der „Erinnerung" lebendig bleiben und erleben dies als hoffnungsvollen Gedanken.
- Sie lernen auf Gott zu vertrauen und darauf zu setzen, dass Gott sich um alle Verstorbenen kümmert.
- Sie entwickeln die Fähigkeit, über persönliche Gedanken und Gefühle zum existenziell bedeutsamen Thema „Tod und Leben" zu sprechen, sich auszutauschen und eigene Modelle zu überdenken sowie gegebenenfalls zu verändern.

1.5 Die didaktische Thematisierung von „Tod und Leben"

Die didaktische Thematisierung von „Tod und Leben" sollte immer an kindlichen Erfahrungen anknüpfen. Dennoch braucht sie einen gewissen Abstand zu aktuellen

Todesereignissen. Eine akute Krise eingedenk herannahender bzw. hereinbrechender Todeswirklichkeit sollte nur in Ausnahmefällen Anlass für die Eröffnung einer längerfristig angelegten Unterrichtsreihe sein. Nur so kann – existenzielle Betroffenheit berücksichtigend – ruhig und sachlich über alle anstehenden Fragen gesprochen werden. Um das zu gewährleisten, muss die jeweilige Lehrperson wissen, welche Erfahrungen mit Tod bzw. mit Verlusten die zu unterrichtenden Kinder in ihrer bisherigen Entwicklungsgeschichte bereits gemacht haben und welche Todesereignisse gegenwärtig bedeutsam sind. Hierfür bieten Elternsprechtage oder auch Elternabende (wie oben skizziert) Gelegenheit.

Ebenfalls wichtig ist es, nicht einen abstrakten, einmaligen „Lehrgang" anzubieten, sondern darauf zu achten, dass man situativ verankert kontinuierlich bestimmte Aspekte des Themas „Tod und Leben" zur Sprache bringt. Die Lehrperson sollte also die vielfältigen Situationen, in denen Kinder Erfahrungen mit dem Tod machen, immer wieder neu zum Anlass nehmen, um mit ihren Schüler/innen in auf einander aufbauenden Schritten (spiralförmig) „davon" und nicht nur „darüber" zu sprechen. Die dabei entstehenden Gespräche sollten nicht nur auf reine Verbalisierung auf intellektueller Ebene ausgerichtet sein, sondern die gesamte Breite des kindlichen Ausdrucksvermögens berücksichtigen.

1.6 Begleitung einzelner Kinder in konkreten Verlustsituationen

Kindliche Verlusterfahrungen bestimmen immer wieder das Schulleben in allen vier Schuljahren. Sie fordern zu seelsorglicher Begleitung heraus: Sie sollte notwendigerweise dann einsetzen, wenn ein Kind einen konkreten Verlust erlebt hat, ist jedoch von der im Folgenden beschriebenen Unterrichtsreihe deutlich abgesetzt zu betrachten.

Die Begleitung eines einzelnen Kindes in einer akuten Verlustsituation ist sicherlich mehr eine erzieherisch-menschliche als eine didaktische Aufgabe. Eine solche Situation sollte – wie bereits gesagt – nicht zum Anlass einer Unterrichtsstunde genommen werden. In dieser Situation geht es vielmehr darum, den vom Kind erlebten Verlust in der Klasse zur Sprache zu bringen und das Kind im Klassenleben zu begleiten, um seinen Lebensmut zu reaktivieren. Insgesamt gilt es, das trauernde Kind in seiner direkten Verlustsituation auf dem Weg der Trauer zu begleiten. Es soll spüren, dass es mit seinen (Todes-)Ängsten und angstbesetzten Fantasien in der Klasse angenommen ist und sowohl Lehrer/innen als auch Mitschüler/innen auf seine Fähigkeit zur Wandlung vertrauen. In diesem Sinn hat die Gruppe eine zentrale Funktion: Indem Lehrperson und Klasse an der Trauer des Kindes Anteil nehmen, wird die privatisierte Trauer ebenso überwunden wie das oft verbreitete Schweigen zur Zeit der Trauer. Im Gegenteil dazu kann im Klassenleben die Trauer als etwas Menschliches und Soziales erfahren werden. Wenn ein Kind mit dem Erlebnis oder der Nachricht eines Todes in die Klasse kommt, sollte dies im Morgenkreis aufgenommen werden. Es ist wichtig, einen Moment innezuhalten, eine Kerze für den Verstorbenen anzuzünden und gegebenenfalls ein Gebet zu sprechen, weil so der Tote und auch die Situation des um ihn trauernden Kindes gewürdigt werden. Wenn das Kind mag, kann es z. B. über seinen Opa oder seinen Hund erzählen. Ist es für das Kind schwer, in Worte zu fassen, was es fühlt, können hier auch die Mitschüler/innen oder die Lehrperson/en versuchen, quasi „stellvertretend" für das Kind ihre vielleicht ähnlichen Gedanken und Gefühle auszusprechen. Kinder können ihre Gefühle zu vergleichbaren Erlebnissen in der Regel sehr gut ausdrücken und helfen so dem trauenden Kind in seiner Sprachlosigkeit; sie zeigen meistens Verständnis für dessen Situation und vermitteln Anteilnahme. Hilfreich ist es auch, wenn die Kinder dem trauernden Kind Fragen zum Geschehenen stellen (was ist wann und wo passiert? –

wer war dabei?), sodass es gezielt antworten kann. Das Kind kann auch dazu ermutigt werden, ein Foto vom Opa oder vom Hund mitzubringen. Das gemeinsame Betrachten eines Bildes kann für das Kind sehr hilfreich sein: So brachte ein Junge der zweiten Klasse, dessen Großvater gestorben war, nach einiger Zeit ein Foto mit in die morgendliche Gesprächsrunde, auf dem der Opa und der Enkel zu sehen waren. Der Junge erzählte eine Geschichte zum Foto. Wir hängten das Foto in der Klasse auf, und so blieb der Großvater in lebendiger Erinnerung. – Ein Mädchen der ersten Klasse trauerte um den Verlust ihrer Katze, die morgens vom Schulbus überfahren worden war. Sie kam weinend in die Klasse. Die tröstende Gemeinschaft, das Erzählen-Dürfen des schrecklichen Erlebnisses, das anteilnehmende Nachfragen der anderen Kinder und deren Verständnis wirkten beruhigend. Das Anzünden einer Kerze für die Katze war dem Mädchen sehr wichtig: So machten wir auf seinen Wunsch hin über einen Zeitraum von zwei Wochen die Kerze immer wieder an. Hatte die Lehrperson „dieses Ritual" vergessen, so wurde sie prompt an „die Kerze" erinnert.

2. Struktur und Aufbau der einzelnen Unterrichtseinheiten

Die vorliegende Unterrichtsreihe gliedert sich in vier Einheiten, die in insgesamt sechsundzwanzig Sequenzen unterteilt sind. Es empfiehlt sich, die Einheiten in der genannten Reihenfolge zu verwirklichen.
Das Unterrichtsvorhaben lässt sich am besten projektartig gestalten (zwei Stunden täglich), da der Religionsunterricht so eng mit dem sprachlichen und kreativ-künstlerischen Bereich verwoben werden kann und die zeitliche Spanne der Erarbeitung nicht allzu lang wird (ca. zwei Wochen). Ist dies nicht möglich, kann die Einheit auch in den zwei Religionsstunden wöchentlich realisiert werden. Gegebenenfalls muss sie etwas gestrafft werden; der Zeitraum der Erarbeitung sollte jedenfalls nicht länger als vier Wochen betragen.

2.1 Einheit 1:
Über die zeitliche Begrenztheit des menschlichen Lebens nachdenken

2.1.1 Sequenz 1:
Das Lebenslabyrinth

In dieser ersten Sequenz kommt es darauf an, dass die Kinder ein Gespür für das Leben in seiner Vielfältigkeit und Weite erhalten. Das klassische Labyrinth als das älteste und bekannteste Wegsymbol ist zur Anbahnung dieser Erfahrung in besonderem Maße geeignet.
So kann beispielsweise das Labyrinth aus der Kathedrale in Chartre dazu verwendet werden, in die Thematik „Tod und Leben" einzuführen. Es ist ein begehbares Kreuzlabyrinth auf dem Fußboden dieser Kathedrale und stammt aus dem 12. Jahrhundert. Früher erlebten die Menschen in Buße und Gebet mithilfe dieses Labyrinthes ihren Weg zur Mitte leibhaftig. Sie fühlten sich durch seine Ausstrahlung zum „Nachgehen" animiert und gelangten zu der Frage: „Wie führt der Weg in die Mitte?"

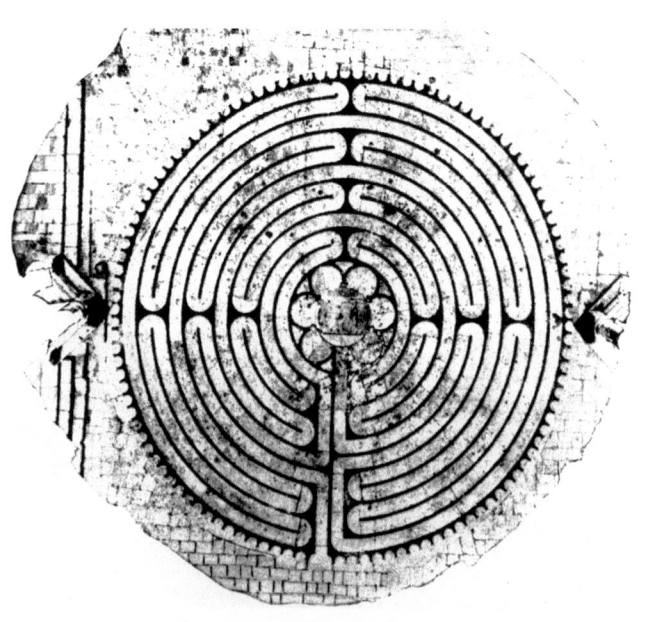

Kathedrale in Chartre

→ Zu Beginn zeigt die Lehrperson den Schüler/innen das Labyrinth (**KV 1**). Die Kinder lassen das Bild auf sich wirken, äußern ihre Assoziationen und suchen einen Namen für das zu Sehende. In der Regel kennen die Kinder den Begriff „Labyrinth"; so erklärt Tobias: *„Das ist so ein Labyrinth, da kann man durchfahren mit dem Finger."* Wenn die Kinder nicht auf die korrekte Bezeichnung kommen, gibt die Lehrperson ihnen den Begriff „Labyrinth" vor und erklärt, dass in vielen Kirchen der Fußboden labyrinthartig gestaltet ist. Nun erhalten die Kinder das Arbeitsblatt (**KV 1**) mit dem Auftrag, in der Stille mit einem Finger oder Stift den Weg zur Mitte nachzufahren bzw. nachzuzeichnen. Dabei sollen sie auf ihre Gedanken achten. Im Anschluss an diese Stilleübung verbalisieren die Kinder ihre Gedanken bzw. Gefühle, am besten in Form einer Meldekette. Wichtig ist, dass alle Äußerungen unkommentiert stehen gelassen werden.

Exemplarisch wird an dieser Stelle das Unterrichtsgespräch in der beschriebenen vierten Klasse dargestellt:

Gedanken zum Labyrinth:

- „Man ging überall her und wusste gar nicht mehr, wo man ist."
- „Es ging kurvig. Das ist kein gerader Weg."
- „Es gibt nur einen Weg."
- „Da sind ja vier Viertel, und alle Viertel waren auf einmal voll."
- „Man ist von einem Viertel ins andere gegangen, und hinterher waren alle Viertel voll."
- „Es ging nie dahin, wo man hin wollte, wo man dachte. Das war komisch und ärgerlich."
- „Ein Ritter, der etwas gut machen muss, der muss den Weg zum Schatz finden."
- „Komm ich da jetzt wieder raus oder nicht?"
- „Wie komme ich hier wieder raus?"
- „Ich hatte einen ganz komischen Gedanken: Wo ich den Weg gegangen bin, da dachte ich, ich gehe gerade meinen Lebensweg, und als ich in der Mitte war, war das Leben zu Ende. Ich weiß auch nicht, wie ich darauf gekommen bin ..."

Die Äußerungen zeigen, welche Kraft Symbole haben. Von sich aus empfinden die Kinder den Zusammenhang zwischen Labyrinth und Leben(sweg).

Nach dieser Gesprächsphase bietet es sich an, gemeinsam einen Titel für das Arbeitsblatt zu suchen: Wie könnte das Labyrinth überschrieben werden? Kinder sind hier sehr kreativ. Sie haben viele Ideen und zeigen sich sprachschöpferisch. Ihre Gedanken reichen von „Der Weg des Lebens", „Der Weg zum Tod", „Der Lebensfaden" bis hin zum „Lebenslabyrinth". Die Kinder dieser Klasse entscheiden sich für den Begriff „Lebenslabyrinth" – und schreiben das Wort über ihr Arbeitsblatt.

In Unterrichtsgesprächen auch anderer Klassen wurde deutlich, dass viele Kinder die Labyrinthform kennen. Sie erzählen, wie sie selbst in Labyrinthen (oft in Gärten oder in Freizeitparks) waren. Sie berichten, dass sie dort beängstigende Gefühle hatten, dass aber der Reiz, den Weg weiterzugehen und auszuprobieren, bei weitem überwog.

**TIPPS:** Im Anschluss an diese Übung kann das Labyrinth auch mithilfe einfacher Materialien (Seile, dicke Fäden, Bleiband) von den Kindern selbst gelegt werden. Die Kinder können dann den Weg in die Mitte leibhaftig nachgehen und Besprochenes nachwirken lassen. Besonders gut ist es natürlich, wenn das Labyrinth während der Unterrichtsreihe – etwa in einem separaten Raum auf dem Boden – liegen bleiben kann, sodass die Kinder wirklich in Ruhe ihren Weg gehen können. Natürlich ist es auch möglich, die Kinder Fotos und Bilder aus verschiedenen Lebensstadien in das Labyrinth legen zu lassen. Zwei gut nachzulegende Labyrinthformen werden deshalb hier gezeigt:

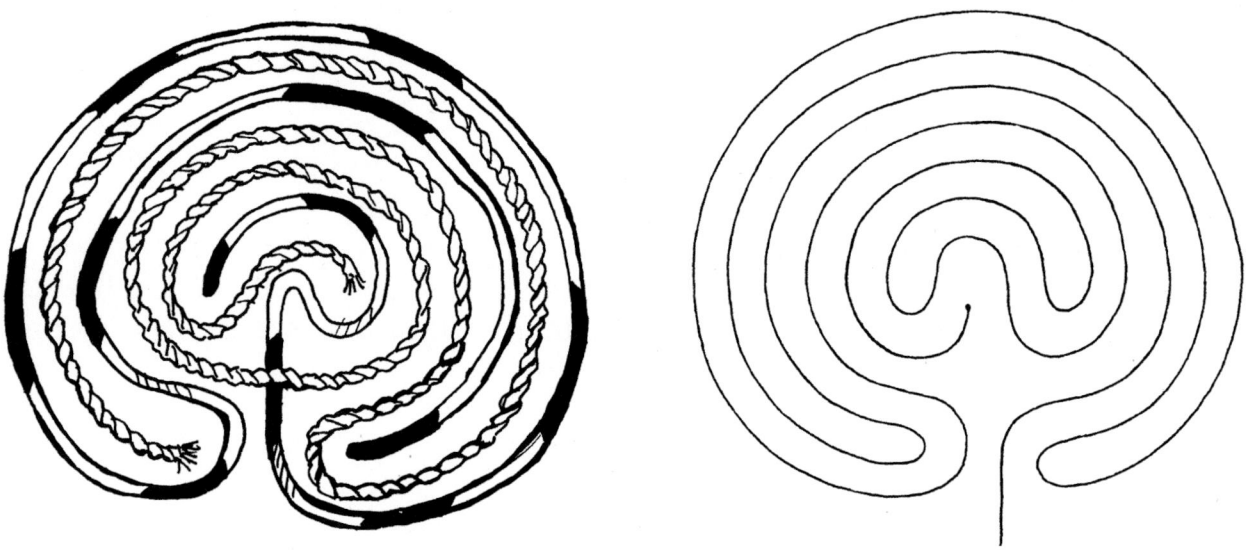

Da die Labyrinthform den bei Kindern besonders beliebten Mandalas sehr nahe kommt, werden vermutlich auch noch andere ähnliche Darstellungen mit in den Unterricht gebracht. Sie sollten ebenfalls bezüglich ihrer Wirkung besprochen werden.

Kathedrale von Bayeux

2.1.2 Sequenz 2:

Die Lebensstadien

In dieser Sequenz wird der Blick auf die einzelnen Lebensabschnitte des Menschen gerichtet. Die Kinder erfahren, dass das Leben ein „Weg-Geschehen" ist: Der Weg verläuft vom Säugling zum Kind, vom Jugendlichen zum jungen Erwachsenen, vom älteren Menschen zum Greis. Die Lebensstadien führen von der Geburt zum natürlichen letzten Lebensabschnitt, der Sterben als lebendigen Vorgang in sich birgt. Leben und Tod gehören zusammen; sie sind nicht isoliert voneinander zu betrachten.

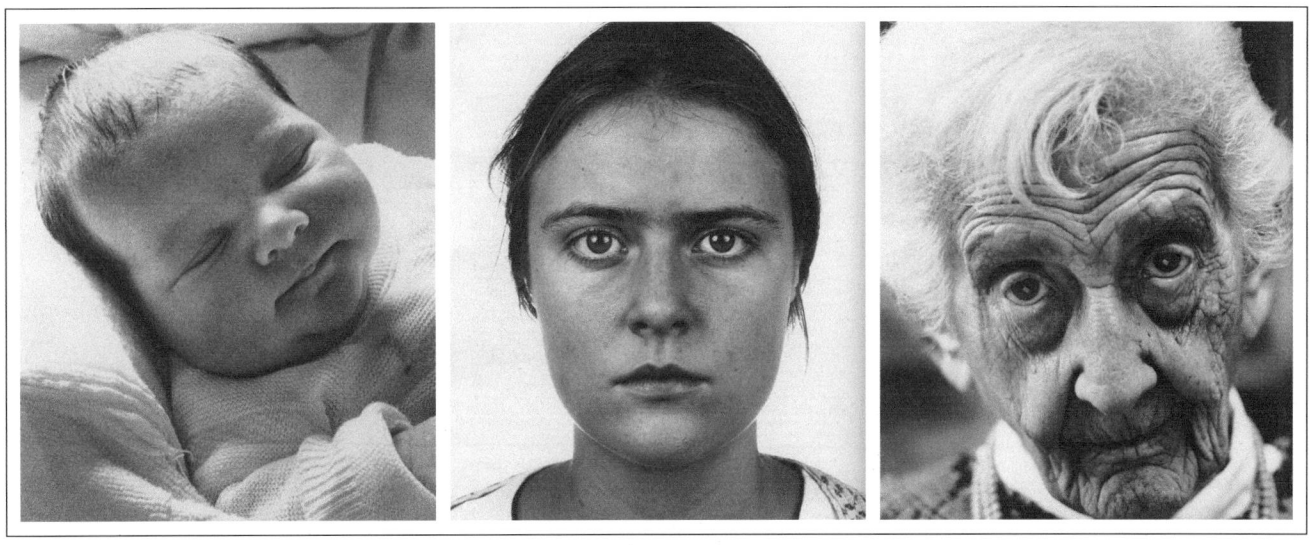

Baby   junge Frau   alte Frau

→ Zu Beginn dieser Einheit zeigt die Lehrperson den Kindern nacheinander drei Bilder **(KV 2)**: Das Bild eines Babys, das Bild einer jungen Frau und das Bild einer alten Frau. Aufgabe ist es, die einzelnen Bilder genau zu beschreiben; d.h. das Augenmerk auf Größe, Hautmerkmale und Gesichtsausdruck zu legen. Folgende Gedanken zu den Bildern wurden von den Kindern der bezeichneten Klasse genannt:

Gedanken zum Baby:
- „Das Leben fängt da bei dem Baby an."
- „Das sieht ganz süß aus, seine Hände sind klein."

Gedanken zur jungen Frau:
- „Es könnte so die Weiterentwicklung sein. Erst war sie ein Baby, und jetzt ist sie viel älter und weiß schon ganz viel."
- „Sie freut sich auf einen guten Beruf und auf eine Familie."

Gedanken zur alten Frau:
- „Jede Falte ist ein Lebensjahr."
- „Vielleicht möchte die alte Frau auch manchmal wieder ein Baby sein."
- „Das Baby und die Oma haben beide Falten im Gesicht bei der Nase und den Augen. Vielleicht sind das ja Lachfalten bei beiden."

Im Anschluss an die Erarbeitung erhalten die Kinder den Auftrag, Wünsche zu formulieren, die die drei Menschen in ihren jeweiligen Lebensstadien bewegen könnten. Auch hierzu werden exemplarisch einige Kinderäußerungen genannt:

Wünsche des Babys:
- dass es erwachsen wird
- dass es Milch von der Mutter bekommt
- dass es noch lange bei der Mutter bleibt
- dass es einen Beruf kriegt
- dass es eine schöne Familie hat und ein gutes Zuhause
- dass es glücklich wird

- dass es Frau und Kinder kriegt
- dass es Freunde findet
- dass es laufen kann
- dass es nicht so viele Probleme hat und im Leben gut vorankommt ...

Wünsche der jungen Frau:
- dass sie eine gute Familie hat
- dass sie lange lebt
- dass sie glücklich ist
- dass sie viele gute Freunde hat und behält ...

Wünsche der alten Frau:
- dass sie keine Krankheiten bekommt
- dass sie noch ein bis zwei Jahre lebt
- dass sie noch Freunde hat ...

2.1.3 Sequenz 3:

Integration der Bilder in das Labyrinth

In dieser Sequenz wird das bekannte Lebenslabyrinth mit den drei Lebensstadien verknüpft. Die besprochenen Lebensstadien werden in die zyklisch verstandene Labyrinthform integriert. Die Kinder erfassen intuitiv, dass ein Weg nicht immer linear gedacht sein muss: Er kann linear, zyklisch, spiralförmig oder labyrinthisch gemalt werden. Ein Lebensweg kann ebenso verlaufen; die Lebensstadien sind allerdings immer dieselben.

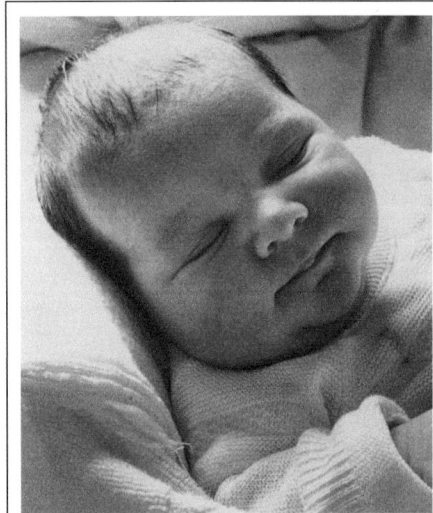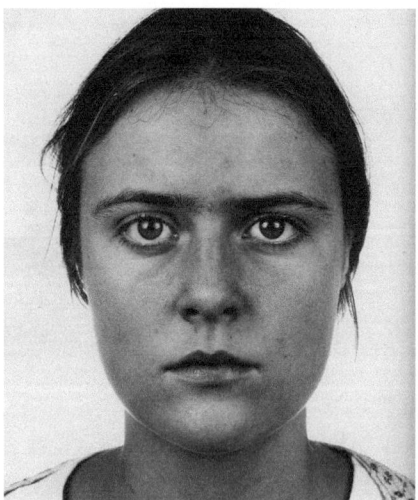

→ Im Anschluss an die Besprechung in der zweiten Sequenz erhalten die Kinder die Bilder als kleine Kopien (**KV 2**) und den Arbeitsauftrag, die drei Bilder auszuschneiden und in das Lebenslabyrinth zu kleben. Dabei sollen sie überlegen, auf welchem Teil des Lebensweges sich die Personen befinden. Haben sie einen Ort für sich ausgemacht, kleben sie das Bild fest. Wichtig bei diesem Arbeitsschritt ist es, die Kinder nicht zu lenken. So kleben manche Kinder das Babyfoto in die Mitte des Labyrinthes, andere wiederum in den unteren Ausgang bzw. Eingang. Entsprechend kann auch das Bild der alten Frau variiert festgeklebt werden. Eine dritte Möglichkeit zeigt sich im letzten Bild: Baby und alte Frau tauchen nebeneinander „an der gleichen Stelle" auf.

2.1.4 Sequenz 4:

Was denken und wünschen sich Menschen in den einzelnen Lebensstadien?

In dieser Sequenz wird der Blick noch einmal auf die drei Lebensstadien und ihre individuellen Besonderheiten gerichtet. Die Kinder werden in das perspektivische Schreiben eingeführt: Sie versetzen sich in die jeweilige Person, spüren ihren Wünschen nach und formulieren diese schriftlich aus.

→ In einem ersten Arbeitsschritt spüren die Kinder noch einmal den Wünschen der drei Personen nach und schreiben sie dann auf. Hier empfiehlt es sich, die Gedanken in gemalte Gedankenblasen notieren zu lassen.

Zwei Möglichkeiten sind den Kindern freigestellt. Wenn sie wenig schreiben wollen, können sie die Gedankenblasen in das Lebenslabyrinth integrieren. Da Dritt- bzw. Viertklässler aber in der Regel viel schreiben, ist es angeraten, dass die Kinder die nächste Seite bzw. Doppelseite im Religionsheft dafür benutzen. Hier können sie abermals drei ausgeschnittene Bilder (unterer Abschnitt von **KV 2**) aufkleben und ihre Gedanken dazuschreiben.

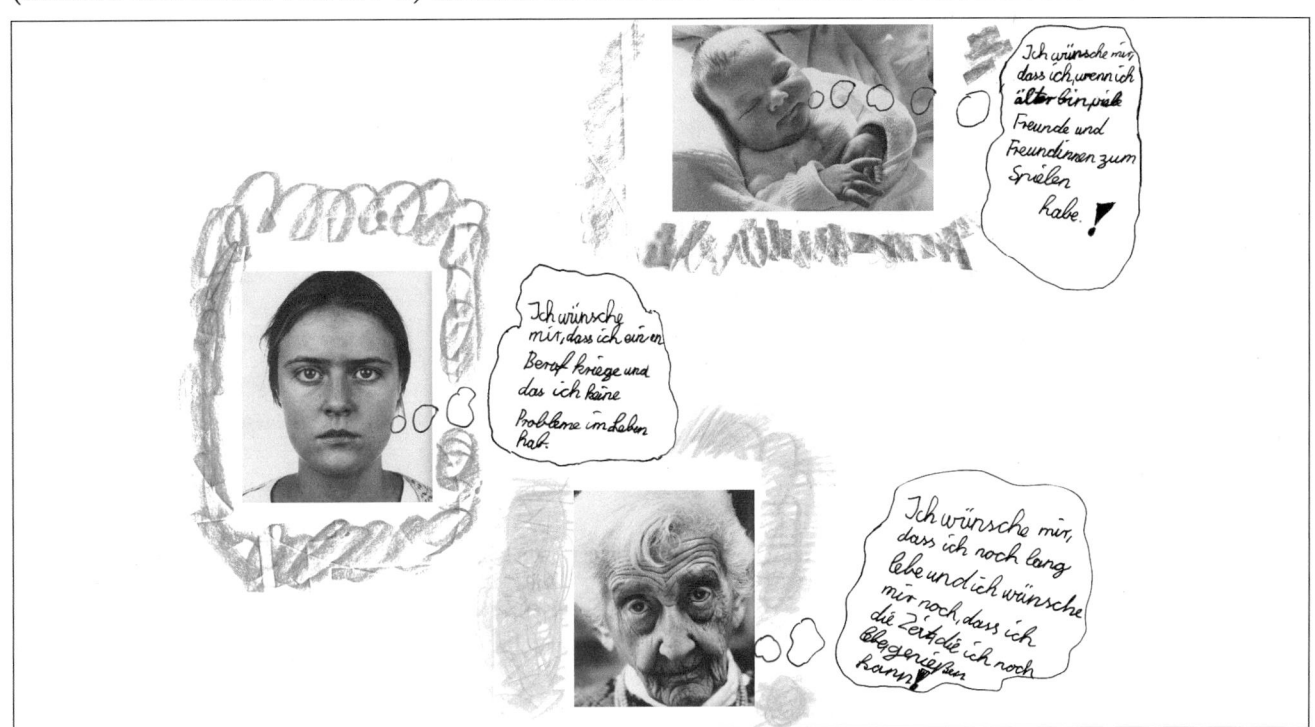

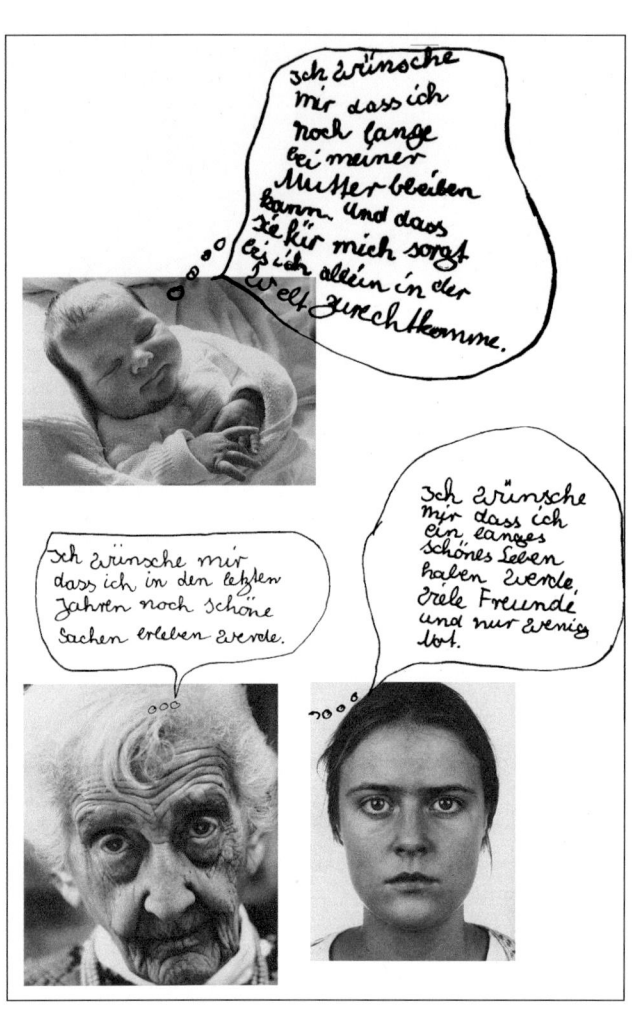
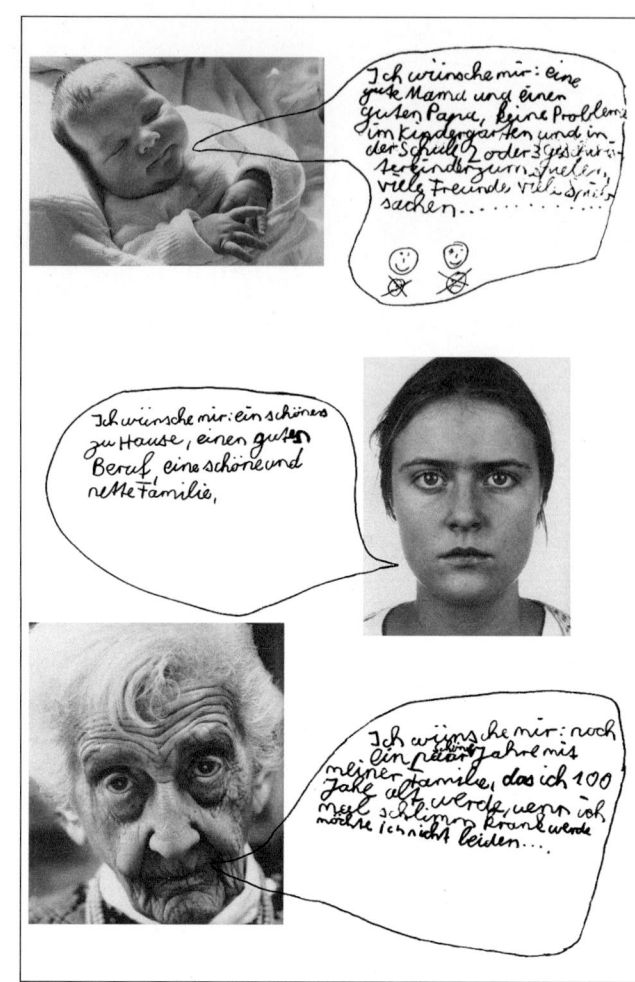

Die Beispiele zeigen, wie gut sich Grundschulkinder in die verschiedenen Lebensalter hineindenken können. Diese Fähigkeit, ein Leben in Fülle oder auch in „geschwächtem Zustand" (Alter) beschreiben zu können, ist wichtig, wenn in der zweiten Einheit das Thema „Tod" in den Blick genommen werden soll.

2.1.5 Sequenz 5:
Wir bringen Kinderfotos mit zur Schule

In dieser letzten Sequenz wird der Blick auf die Lebensgeschichte der Kinder gerichtet. Indem sie Kinderfotos mitbringen, lenken sie ihre Gedanken auf ihre eigene Geburt, auf die ersten eigenen Schritte und auf bestimmte Erinnerungen, die durch die Fotos wieder wach werden können. Sie erzählen von ihrem Leben und dem der Eltern, die oft auch auf den Fotos zu sehen sind. Kinder schauen sich Fotos sehr gerne an, nehmen Anteil an den Lebensbiographien anderer und suchen mit Leidenschaft Übereinstimmungen zwischen Babyfotos und den jetzigen Schulkindern. Auf diese Weise werden untrügliche äußerliche Kennzeichen diskutiert. Deutlich wird aber auch, dass bestimmte Charaktereigenschaften sichtbar sind; so sagte Andreas: „Man sah bei Max schon als Baby, dass er gerne lacht!"

→ Zu dieser Sequenz bringen Kinder Fotos mit in die Schule. Wenn die Eltern es erlauben, können es auch Fotoalben sein. Bewährt und bei Kindern beliebt ist das Wiedererkennen von Mitschüler/innen auf Babyfotos in Form eines Ratespieles: Jedes Kind wählt ein Foto von sich selber aus und gibt dieses verdeckt bei der Lehrperson ab. Auf einer Ausstellungswand werden nun die Fotos ausgestellt. Ein Foto wird abgenommen und im Sitzkreis gezeigt: „Wer könnte das sein?" – „Wie alt war die Person auf dem Foto?" – „Woran erkennt man besonders gut, dass es die jeweilige Person ist?"

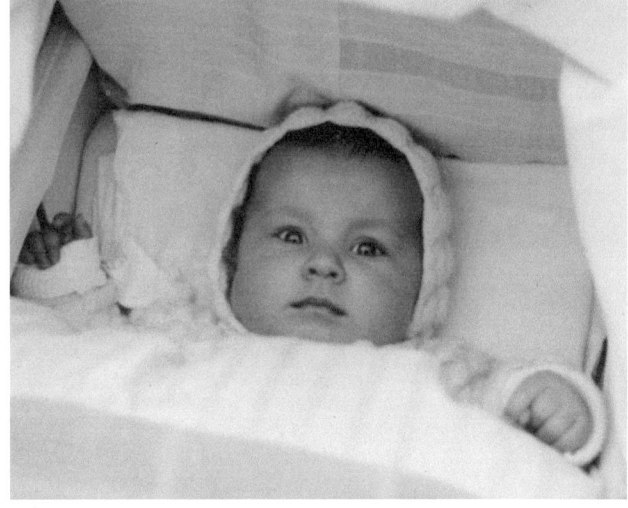

2.2 Einheit 2:

Die eigenen Vorstellungen von „Tod und Leben" malen

Kinder hören von einem Todesfall in der Nachbarschaft, von einem Verkehrsunfall, von einem Flugzeugabsturz; sie erfahren durch das Fernsehen von Gewalt, Krieg und anderen Katastrophen. So hat wohl jedes Grundschulkind auch die Bilder vom Angriff auf das World-Trade-Center in New York vom 11. September 2001 am Bildschirm gesehen und als Schreckensbilder quasi in sich „abgespeichert".

Es sind aber nicht nur die medial vermittelten (Todes-)Bilder, die Kinder belasten und von Kindern aufgenommen werden. Es gibt auch viele alltägliche Szenen, die Bilder vermitteln: Kinder kommen an einem Friedhof vorbei oder besuchen dort mit ihren Eltern ein Grab. Sie entdecken ein totes Tier auf der Straße. Sie begegnen einem alten Menschen und stellen Fragen zu seinem Lebensalter und seinem möglichen Tod. Sie bringen Krankheit mit Sterben in Verbindung. Kinder erleben Herbst und Winter: Blätter fallen vom Baum, Blumen verwelken.

Kinder machen heute also in eher überdurchschnittlichem Maße Erfahrungen mit dem Tod. Gleichzeitig sind sie im Elternhaus und in der Gesellschaft von großer Sprachlosigkeit bezüglich des Todes geprägt. Diesen Umstand berücksichtigend sollte im Unterricht eine verstärkte Wahrnehmungs- und Ausdrucksschulung stattfinden. Dabei drücken vor aller nötigen und hilfreichen Verbalisierung die Schüler/innen ihre Todesvorstellungen zunächst einmal bildlich aus. Gedanken, Gefühle und Probleme, die nur schwer in Worte zu fassen sind, werden dabei handelnd dargestellt. Bilder verhelfen den Kindern so zu einem äußeren sichtbaren Ausdruck der eigenen Innerlichkeit und fungieren als „eindrückliche Ausdrucksgebilde". – Im Anschluss an den Malprozess ist es möglich, über die Bilder zu sprechen. Dies fällt den Kindern nun leichter, da sie ihr Bild – ebenso wie die Bilder der anderen Kinder – sichtbar vor Augen haben. Eine Verbalisierung von Gedanken und Gefühlen zum Thema „Wie stellst du dir den Tod vor?" ist über das Bild möglich und führt zur Herausbildung einer eigenen Sprachwirklichkeit (vgl. II.3).

In der Regel zeigen Kinder mit ihren Bildern individuelle Vorstellungen ihres Lebens- und Todesentwurfs. Die kindlichen Bildaussagen können in wenigen Ausnahmefällen auch die übernommenen Vorstellungen der Eltern widerspiegeln; dieses gilt es zu berücksichtigen.

2.2.1 Sequenz 1:

Der Malauftrag: „Wie stellst du dir den Tod vor? Male (d)ein Bild dazu."

In dieser ersten Sequenz werden die Vorstellungswelten der Kinder – Bilder von Kindern – sichtbar. Der Malauftrag: „Wie stellst du dir den Tod vor? Male (d)ein Bild dazu!" ist konkret, lässt aber alle Möglichkeiten der Gestaltung offen. Wichtig ist es, dass die Kinder beim Malen wirklich „bei sich bleiben" und sich nicht mit dem Nachbarn oder der Nachbarin über Gemaltes bzw. Gedachtes austauschen. Dieses kann den Kindern auch erklärt werden: Nur wenn jede/r sich auf sich selbst besinnt, kann das „eigene Bild" sichtbar werden; und darüber soll ja der Austausch innerhalb der Klasse stattfinden. Die Vielfalt ist hier gerade gewünscht; außerdem gibt es beim Malen kein „richtig" oder „falsch". Weiterhin ist es von Bedeutung, den Kindern die Größe ihres Papiers selbst zu überlassen: Wer großflächig z. B. mit Wasserfarben malen will, sollte ein DIN-A3-Blatt benutzen, ansonsten reicht bei Buntstift- oder Filzstiftzeichnungen ein DIN-A4-Blatt. Wichtig ist ebenfalls, den Kindern das „Malwerkzeug" selbst zu überlassen: Sie können Wasserfarben, Öl- und Pastellkreide ebenso gut zum Einsatz bringen wie Bleistifte, Buntstifte oder Filzstifte. Wichtig ist lediglich der Hinweis, dass für die Konturen oder andere genauere Details eher Blei-, Bunt- oder Filzstifte verwendet werden sollten. Entscheidend ist weiterhin, die

Kinder im Malprozess nicht zu stören und ihnen genügend Zeit zu geben: Eine komplette Schulstunde sollte den Kindern auf jeden Fall zur Verfügung stehen, da die Bilder in einem Durchgang fertigzustellen sind. Beginnen die Kinder mit der Fertigstellung ihrer Bildes in einem weiteren Prozess, fällt es ihnen wesentlich schwerer, an die Stimmung und die Gedanken im zurückliegenden Malprozess anzuknüpfen.

→ Zu Beginn der Stunde versammeln sich alle Kinder im Kreis. In Anknüpfung an die letzte Einheit werden noch einmal die Lebensstadien benannt. Nun erfolgt der Malauftrag für die Stunde: „Wie stellst du dir den Tod vor? Male (d)ein Bild dazu."

Es ist hilfreich, diesen Auftrag zusätzlich an die Tafel zu schreiben, damit die Kinder sich immer wieder neu auf das Thema rückbesinnen können. Die Lehrperson erklärt zur Aufgabe die nötigen Bedingungen: Jede/r hat eine Stunde Zeit; jede/r malt für sich alleine. Wer mit seinem Bild fertig ist, schreibt einen Text zum Bild. Die Lehrperson zeigt den Ort im Klassenraum, wo Mal- bzw. auch Schreibpapier bereitliegen.

Mögliche formale Fragen werden beantwortet. Inhaltliche Fragen („Wie geht das?") werden zurückgestellt. Im Gegenteil werden die Kinder dazu ermutigt, auf ihre „inneren Bilder" zu schauen und diese zu malen.

Haben alle Kinder ihren Arbeitsplatz vorbereitet, empfiehlt es sich, noch einen Moment innezuhalten: Die Kinder suchen sich eine entspannte Position auf ihrem Stuhl oder legen den Kopf (unterstützt von den Händen) auf den Tisch. Meditative Musik wird eingespielt: Die Kinder lassen ihren Gedanken und Fantasien „freien Lauf". Wer sein inneres Bild „gefunden" hat, malt aus der Stille heraus seine Vorstellung auf. Wer noch auf der Suche ist, lauscht so lange der Musik, bis das eigene Bild gefunden ist und gemalt werden kann.

Im Malprozess kann es in der Klasse zu zweierlei Reaktionen kommen:

1) *Ein Kind kommt und sagt, dass ihm gar nichts einfällt.* In diesem Fall reicht es in der Regel aus, das Kind an einen ruhigen Ort in der Klasse oder auch außerhalb desselben zu schicken, wo es Raum und Muße hat, seinen Gedanken und Gefühlen weiter nachzuspüren. Dieser Hinweis ist meistens ausreichend. Hat das Kind keinen Zugang zu seiner inneren Bilderwelt, so sollte es nicht zum Malen gezwungen werden; es erhält den Auftrag, seinen Gedanken weiter nachzuspüren und von diesen dann ein inneres „Foto" zu machen. Vielleicht hat das Kind am nächsten Schulvormittag die Motivation zum Malen.

2) *Ein Kind fängt an zu weinen.* In diesem Fall ist es angezeigt, gemeinsam aus der Klasse zu gehen, um einerseits dem Kind Schutz und Eigenraum zu geben, und um andererseits die anderen Kinder nicht zu stören. Hilfreich ist es, im Einzelgespräch das Kind von seinen Gefühlen erzählen zu lassen, ihm zu signalisieren, dass Weinen nicht schlimm ist, sondern eher dazu hilft, die eigenen Gefühle und damit sich selbst genauer kennenzulernen. Ein behutsames Rück- bzw. Nachfragen ermutigt das Kind zum genauen Erzählen und signalisiert wirkliches Interesse. Das Kind spürt sehr schnell, ob es in der Lehrperson ein echtes Gesprächsgegenüber gefunden hat. Gemeinsam kann weitergeschaut werden, ob der Mal- oder Schreibprozess fortgesetzt werden kann.

Während des Malens fing Tobias an zu weinen. Ich ging zu ihm und bat ihn, mit mir zusammen nach draußen (vor den Klassenraum) zu gehen. Er nahm sein Bild mit *(Bild 13)* und zeigte es mir angsterfüllt. Ich ermutigte ihn, mir zu erzählen, was er gemalt hat. Das Bild zeigte den „Sensenmann" mit stechend-blauen Augen; Tobias selbst wusste aber nicht den Namen dieser Schreckgestalt. Er erzählte, dass diese Person ihm im Traum erscheine und dass er dann große Angst habe, dass diese ihn mitnähme. Er richtete zwei Fragen an mich: „Träumen alle Jungen so etwas?" – „Warum muss man so etwas träumen?"

Ich wusste keine zutreffende Antwort auf seine Fragen, fühlte mich angesichts der massiven sichtbaren Ängste überfordert und versprach ihm, dass ich mir dazu gründlich Gedanken machen und sie ihm am nächsten Schultag mitteilen werde. Ich bat ihn, in der verbleibenden Zeit aufzumalen, wo denn die angsterregende „Person" vorkommt, damit wir uns ein besseres Bild machen können, um diese Schreckgestalt zu „bekämpfen". Diesen Vorschlag nahm Tobias gerne an: Er blieb in der kleinen Sitzecke vor dem Klassenraum und malte den Sensenmann als Sklaventreiber in der Hölle *(Bild 14)*. Tobias zeichnete sich dazu selbst mit den Worten „Was soll ich hier?" in einer Sprechblase. Während seines Malprozesses weinte er nicht mehr.

Am nächsten Tag fragte Tobias mich nach meinen Antworten. In einem Einzelgespräch (dieses war Tobias besonders wichtig) erklärte ich ihm nach Rücksprache mit Pastorin Martina Plieth:

„Viele Kinder, besonders Jungen, träumen so etwas, wie du es geträumt hast. Wenn du willst, dann kann ich dir ähnliche Bilder mitbringen." Dieser Hinweis erleichterte Tobias sichtbar, und er sagte spontan: „Gott sei Dank, dann bin ich ja nicht verrückt!" Diese Reaktion zeigt, welche Sorgen sich dieser Junge bereits um die eigene gesunde, nicht „a-normale" Existenz gemacht hatte. Im weiteren Verlauf war es für ihn gut zu sehen, dass auch andere Kinder der Klasse den „Sensenmann" gemalt hatten.
Die Frage: „Warum muss man so etwas träumen?" brachte zum Ausdruck, dass Tobias seine Traumwirklichkeit als zutiefst bedrohlich empfand. Ich antwortete ihm: „Es gibt verschiedene Arten von Träumen: Es gibt Wunschträume, in denen wir träumen, wie wir uns das Leben wünschen und was wir gerne hätten. Und es gibt So-soll-es-niemals-sein-Träume, in denen wir träumen, wie es niemals sein soll. Was meinst du, zu welcher Gruppe gehört dein Traum?" Mit den Worten „Ich weiß, was für ein Traum mein Traum ist. Es ist ein So-soll-es-niemals-sein-Traum", atmete Tobias erleichtert auf: Der Traum konnte angenommen und als „bloß geträumte Negativvariante von Leben" eingeordnet werden. Beide Hinweise waren für Tobias hilfreich.

Als zwei Tage später Martina Plieth und Evamaria Bohle die Kinder zu ihren Bildern befragten (zur Erstellung einer Radiosendung, s. u.), wollte Tobias zunächst kein Interview geben. Als er sah, wie zufrieden die Kinder aus dem „Radioraum" in die Klasse zurückkehrten, fand er auch Mut und gab sein Interview. Er kam zurück in die Klasse und erzählte den anderen Kindern sichtlich bewegt: „Ich habe es geschafft, ich habe es erzählt. Jetzt weiß ich es. Er (der Tod) ist ja nur ein Mickerling!" Am nächsten Tag brachte er den „Mickerling" als Bild mit in die Schule *(Bild 15)*: Der Tod war entmachtet und als solcher nicht mehr bedrohlich. Nach Wochen fragte ich Tobias, ob sein Traum noch einmal zurückgekehrt sei; er verneinte.
Die drei von Tobias angefertigten Bilder *(Bilder 13, 14 und 15)* sind Ausdruck einer umfassenden, inneren, positiven und befreienden (Lebens)Entwicklung (vgl. dazu auch II.4).

 Meditative Musik zur Unterstützung des Malprozesses befindet sich auf der gleichnamigen CD zum Buch (Auer Verlag, ISBN 3-403-05921-9).

2.2.2 Sequenz 2:
Schreiben zum Bild

Malen und Schreiben sind eng miteinander verwoben. Während das Malen die inneren Bilder nach „außen" transportiert, kann das Schreiben das Gemalte noch „greifbarer" und für sich selber und auch für andere noch verständlicher machen. Schreiben als Vorgang ist hier sprachdidaktisch gesehen der Prozess der Selbstvergewisserung im Sinne eines „Schreibens für sich und andere".

KV 3: Schreibblatt

→ Wer mit dem Malen fertig ist, erhält den Auftrag, zum Bild einen Text zu schreiben. Im Sinne der Kategorie einer Bildbeschreibung geht es darum, das Bild möglichst genau zu beschreiben bzw. das Bild mithilfe einer Geschichte zu erklären. Für diesen Schreibprozess kann **KV 3** verwendet werden. Meditative Musik sollte die Arbeit begleiten. Während die einen noch ihr Bild malen, schreiben andere an ihrem Text. Kinder, die ihr Bild fertigstellen, finden meistens eher den Mut zum Schreiben, wenn sie sehen, dass andere Kinder schon in den Schreibprozess vertieft sind. Beim Schreiben können sie sich gegenseitig oder auch in kleinen Gruppen Hilfestellungen geben, sofern sie dieses gewohnt sind.

2.2.3 Sequenz 3:
Die Bilderausstellung

Ein grundsätzliches Prinzip aller kreativen Mal- und Schreibprozesse ist die Veröffentlichung und Wertschätzung der entstandenen Produkte. Bilder können z. B. sehr gut im Rahmen einer Ausstellung – etwa an einer Wandtafel oder auch an Stellwänden – zusammengestellt werden. Zwei inhaltlich wichtige Aspekte werden dabei deutlich:

1. So viele Bilder vom „Tod" wie ausgestellt sind, so viele verschiedene Todesvorstellungen gibt es auch: Keine Vorstellung gleicht der anderen. Die Ausstellung präsentiert somit einen Ausschnitt aus der Fülle kindlicher Vorstellungswelten.

2. Todesbilder sind zugleich immer auch Lebensbilder.

Die Ausstellung begleitet die Unterrichtsreihe und macht es möglich, dass „fremde Bilder" (Bilder für Kinder, vgl. III.2.3) mit „eigenen Bildern" (Bilder von Kindern, vgl. II.3) verglichen werden können. Eigenes und Fremdes kann so in einen Dialog gebracht werden, der zu neuen Impulsen führen kann:
Eigenes und Fremdes wird kritisch wahrgenommen; positiv Empfundenes kann angeeignet und negativ Empfundenes in der eigenen Vorstellungswelt korrigiert bzw. in

fremden Vorstellungswelten (als wenig hilfreiche Negativ- oder auch Schreckensbilder identifiziert) abgelehnt werden.

→ Die Lehrperson stellt mithilfe der Kinder die Bilder zu einer Ausstellung zusammen. Die Kinder können entscheiden, ob sie ausschließlich ihr Bild oder auch ihren Text anbringen wollen. Gemeinsam wird eine Überschrift für die Ausstellung gesucht und aufgeschrieben. Sie wird über die Ausstellung gehängt, damit auch Besucher/innen um das Thema der Ausstellung wissen. Immer wieder können die Kinder zusammen mit der Lehrperson innehalten und gemeinsam über die Bilder sprechen. Dabei wird die Wahrnehmungsfähigkeit geschärft und die Fähigkeit zur Toleranz eingeübt: Alle Bilder können gleichberechtigt nebeneinander stehen bleiben.

2.2.4 Sequenz 4:
Die Kinder geben ein Radio-Interview

Eine weitere Möglichkeit der Veröffentlichung besteht darin, dass die Kinder ein Interview geben bzw. außenstehenden Personen ihre Vorstellungs- und Bilderwelten erklären. Oft sind Mitarbeiter/innen von Regionalrundfunksendern sehr leicht dazu zu motivieren, in die Klasse zu kommen, um eine Radiosendung zu gestalten. In der beschriebenen Lerngruppe bot sich ein Kontakt zu PD Dr. Martina Plieth (Westfälische Wilhelms-Universität Münster) und zu Evamaria Bohle (Südwestrundfunk SWR 3) an. Gemeinsam entstand eine Radiosendung. Natürlich können auch andere Personen in den Unterricht eingeladen werden, mit denen die Kinder in einen Dialog treten. Die Wahl der Mittel hängt sicherlich von der jeweiligen Klassensituation ab.

→ Nachdem die äußeren Bedingungen (ein gesonderter Klassenraum, technische und rechtliche Angelegenheiten) geklärt waren, konnte die Arbeit beginnen: Immer ein Kind ging aus dem Klassenraum in den „Radioraum", um dort den „Leuten vom Radio" die eigene Vorstellung „vom Tod und vom Leben" zu erklären. Im Raum selber befand sich das vom jeweiligen Kind zuvor gemalte Bild zur Unterstützung, da – im Sinne des Bildgespräches – das Bild das Gespräch leiten sollte.

Folgende Prinzipien sollten beim Interview beachtet werden:

1. Das Kind nennt zunächst seinen Namen und sein Alter.
2. Das Kind sucht sein Bild auf der Ausstellungswand, nimmt es ab und legt es zu sich auf den Gruppentisch: Es besinnt sich auf sein Bild.
3. Das Kind beschreibt sein Bild zur Fragestellung: Was hast du gemalt?
4. Das Kind sollte nie rein rhetorisch gefragt werden. Im Gegenteil sollten Fragen immer so gestellt sein, dass sie klare und eindeutige Verständnisfragen sind; sie sollten gedanklichen Entwicklungsspielraum und sprachlichen Antwortraum ermöglichen.
5. Das Kind hat die Zeit, die es braucht, um Fragen zu beantworten. Bei Problemen erfährt es Hilfe (gerade in Bezug auf das Finden schwieriger Wörter etc.).
6. Das Kind hat das Recht, Fragen unbeantwortet stehen zu lassen.
7. Das Kind wiederum kann selbstverständlich auch Fragen an die Moderator/inn/en stellen.

Die Interviews sind in Kapitel II.3 aufgeführt. Eingangsfragen sind der Länge wegen nicht abgedruckt (Name, Alter etc.). Die Interviews machen deutlich, wie viele Informationen über Bild und Text hinaus über die mündliche Sprache transportiert werden können. Für die Kinder war es sehr wichtig, dass ihre Vorstellungen „Gehör" fanden. Zumeist stolz kamen die Kinder vom Interview zurück in den Klassenraum; dieses machte auch den anderen Kindern Mut, sich mitzuteilen. Wie positiv die Interviews insgesamt bewertet wurden, zeigen einige Kinderäußerungen im Nachwort (siehe V).

 Die Radiosendung ist auf der gleichnamigen CD zum Buch (Auer Verlag, ISBN 3-403-05921-9) reproduziert. Sie eignet sich besonders gut dazu, selber einen Eindruck zum Thema zu gewinnen und kindliche Vorstellungswelten zu ergründen. Weiterhin kann mit ihrer Hilfe ein Elternabend gestaltet werden (siehe III.1.3).

2.3 EINHEIT 3:

Erarbeitung des Bilderbuches „Abschied von Tante Sofia"
(© Verlag Ernst Kaufmann, Lahr, mit freundlicher Genehmigung)

2.3.1 Zum Buch

Hiltraud Olbrich ist Religionspädagogin. In Baden-Württemberg arbeitete sie über zwanzig Jahre im Schuldienst als Religionslehrerin in allen Schulformen, auch in der Grundschule. Sie war stets in der Lehrer/innenfortbildung aktiv. 1991 kehrte sie nach Westfalen zurück und lebt seither in Steinfurt. Sie ist freie Autorin und schreibt Bücher, Gedichte und Lieder für Kinder und Erwachsene. Kindergeschichten von ihr sind in mehrere Sprachen übersetzt und wiederholt ausgezeichnet worden. Ihr besonderes Anliegen ist es, Kinder für existenzielle Fragen zu begeistern und in ihren Büchern Antworten zu wagen, die Hoffnung und Zuversicht ausdrücken, und das fern jeglicher Moral mit Vorschriftcharakter. Von ihrer Unterrichtspraxis her kennt sie die Sprache der Kinder; diese fließt in ihre Geschichten ein – so auch in die Geschichte „Abschied von Tante Sofia". Vielleicht ist deswegen dieses Buch so hervorragend geeignet zur Gestaltung einer Unterrichtsreihe zum Thema „Tod und Leben" für Kinder im Grundschulalter. Die mit Bildern von Astrid Leson illustrierte Geschichte eignet sich für behutsame Gespräche über Sterben und Tod; sie bietet Kindern die Möglichkeit, Fragen und Ängste auszusprechen und eigene (Lebens-) Antworten zu suchen.[1] Das Buch ist erhältlich über den Verlag Ernst Kaufmann (Lahr) oder den Buchhandel unter der ISBN-Nr. 3-7806-2454-3 als kleines Taschenbuch für 2,95 €.

Die Geschichte „Abschied von Tante Sofia" handelt von der Freundschaft der alten Tante Sofia mit den zwei Kindern Franziska und Fabian. Immer wenn die Kinder Tante Sofia besuchen, erfahren sie viel über deren Leben und deren Gedanken: über ihre Lebens- und Todesvorstellungen sowie über ihre Hoffnung, was nach dem Tod sein wird. Tante Sofia hat die Überzeugung, dass die Toten wie die Lebenden nahe bei Gott sind. Tante Sofia erzählt den Kindern viel von ihrem verstorbenen Freund, dem Nachbarn Simon, um den sie sehr trauert. Als Tante Sofia eines Tages stirbt, sind die Kinder, bei aller Trauer, die sie empfinden, vorbereitet. Sie können Tante Sofias Tod annehmen und sich wieder (neu) dem Leben zuwenden.

---

[1] Hiltraud Olbrich hat die Wirkung ihres Buches in einer Unterrichtsreihe selbst erprobt und die dabei entstandenen Ideen in Form eines unveröffentlichten Skriptes zusammengetragen. Einiges davon durfte freundlicherweise auch in die vorliegende Publikation einfließen.

Hiltraud Olbrich richtet sich mit einem kurzen Vorwort an die Eltern. Dieses ist als Vorbereitung und auch als Einladungstext für einen Elternabend geeignet:

> „Liebe Eltern, es ist nicht selbstverständlich, mit einem Kind über den Tod und das Sterben zu sprechen. Und doch ist das Kind in besonderer Weise darauf angewiesen.
> Wenn ein Kind in seinem Umfeld mit Tod und Sterben konfrontiert wird, stellt es Fragen. Es fragt nach einem angstbesetzten Teil seiner Wirklichkeit. Dabei erwartet es von den Erwachsenen unbewusst Antworten, die ihm Geborgenheit und Sicherheit vermitteln. Auch wenn Eltern im Augenblick selbst nach Antworten suchen: Liebevolle Nähe zu erfahren, ist für das betroffene Kind die „Erste Hilfe". Es braucht einen vertrauten Menschen, mit dem es über seine Ängste und Gefühle sprechen kann.
> Die Absicht dieses Büchleins ist es, zum Nachdenken und zum Sprechen über Sterben und Tod anzuregen, möglichst schon vor dem „Ernstfall". Gemeinsame Gespräche, die Gedanken und Gefühle aus der Geschichte aufnehmen, ermöglichen ein weiteres Eingehen auf das Thema, das dem Alter und dem Verstehenshorizont des Kindes angepasst ist. Durch das gemeinsame Reden über Tod und Sterben werden darüber hinaus die Erwachsenen in die Lage versetzt, sich in die Vorstellungen des Kindes einzufühlen und sie zu verstehen.
> Das offene Sprechen über Krankheit und Tod, über Beisetzung und Totenfeiern kann Ängsten entgegenwirken und im späteren „Ernstfall" helfen, den aktuellen Verlust zu verarbeiten.
> Das Büchlein weist darauf hin, dass der Tod zum Leben gehört und dass unser Leben begrenzt ist. Darum ist jeder Augenblick wichtig, gelebt zu werden. Eine gelungene Gemeinschaft trägt dazu bei.
> Den Kindern Franziska und Fabian in der Geschichte begegnet der Tod sozusagen im „Vorbeigehen": auf dem Weg zum Fußballplatz. Von dem Zeitpunkt an haben sie Fragen. Die Antworten gibt die alte Tante Sofia. Sie beschönigt nicht die Bitterkeit des Todes. Aber sie tritt ihr mit einem Hoffnungsbild entgegen. Das Bild zeigt, dass die tröstliche Erinnerung an einen geliebten Menschen, eine Zuneigung, die nach dem Tod weiterbesteht, und das Wissen von einem Leben in Geborgenheit bei Gott Lebensmut und Vertrauen in die Zukunft ermöglichen. Dies zu erfahren und angstfrei damit umgehen zu lernen, ist für das Kind grundlegend bedeutsam."

(Hiltraud Olbrich: Abschied von Tante Sofia, Vorwort)

Zur besseren Arbeit bietet es sich an, das Buch mit Seitenzahlen durchzunummerieren. Die Geschichte von Franziska und Fabian beginnt auf Seite 1. Diesem Schema folgt auch die beschriebene und empfohlene Bucherarbeitung. Für den Klassenunterricht empfiehlt es sich, dass zu Beginn nur die Lehrperson das Buch in Händen hält: Sie liest aus dem Buch abschnittsweise die einzelnen Geschichten vor; zur Unterstützung zeigt sie die Bilder des Buches. Erst am Schluss der Unterrichtsreihe soll dann jedes Kind das Buch noch einmal lesen; hierfür wird für jedes Kind ein eigenes Buch angeschafft.

Die eigene Arbeit wird – wie auch schon in der 1. Einheit beschrieben – in einem DIN-4-Heft (blanko) dokumentiert. Gerade zum Malen, aber auch zum Clustern und Schreiben ist dies nach wie vor die beste „Schreibunterlage".

2.3.2 Sequenz 1:

Franziska und Fabian – Eine Geschichte über Freundschaft (S. 1–3)

> *Inhalt*: Franziska und Fabian gehen in eine Klasse und wohnen in derselben Straße. Sie unternehmen viel zusammen. Eines Tages laufen sie am Friedhof vorbei, auf dem gerade eine Beerdigung stattfindet. Franziska erkennt am Friedhofstor ihre Urgroßtante: Tante Sofia. Etwas stimmt Franziska traurig. Doch sie und Fabian müssen weiter, sonst kommen sie zu spät zum Fußballspiel.

Jede ernsthafte Auseinandersetzung mit Tod und Leben führt zur Frage nach dem Sinn des Lebens. Diese ist gerade für Grundschüler/innen eine schwer zu behandelnde Frage. Aber eines ist den Kindern schon ansatzweise vermittelbar und steht deshalb auch im Zentrum der ersten Sequenz: Ein sinnvolles Leben ist ein Leben in guter Gemeinschaft; dazu gehören Menschen, mit denen man sich versteht und mit denen man Freundschaft leben kann. Die Beschreibung der Freundschaft zwischen Franziska und Fabian steht deshalb am Anfang des Buches.

→ Die Lehrperson kündigt eine Geschichte an und führt die zwei Kinder Franziska und Fabian ein. Dazu kann das Bild von Buchseite 9 benutzt werden. Im Anschluss an die Bildbetrachtung liest die Lehrperson die erste Buchgeschichte vor (S. 1–3).
Danach findet ein *Gespräch* über Freundschaft statt; über die Freundschaft zwischen Gleichaltrigen, so wie die Kinder der Klasse sie kennen und erleben: Was zeichnet Freundschaft aus? Die Kinder berichten von ihren Erfahrungen mit Freunden/Freundinnen, die sie in der Schulzeit und in häuslicher Umgebung gesammelt haben. Mögliche Inhalte können sein:

- Freunden kann man alles sagen. Freunde hören zu. Freunde können Geheimnisse für sich behalten.

- Manchmal streiten sich Freunde, aber sie vertragen sich auch wieder.

- Freunde unternehmen viel miteinander.

Weiterhin sollten in diesem Gespräch auch verschiedene Arten von Freundschaft angesprochen werden; insbesondere die Freundschaft zwischen Menschen unterschiedlichen Alters (die Freundschaft zwischen Kindern und älteren Menschen). Sicherlich wird in diesem Kontext auch die Freundschaft zu Tieren benannt.
Eine Möglichkeit zum *bildnerischen Gestalten* dieser Geschichte liegt in der Darstellung des Themas „Was uns Freude macht". Die Kinder erhalten die Aufgabe, mit Farben – die Freude ausdrücken – „auf dem Papier zu spielen" und ein „Bild der Freude" zu malen. Meistens haben die Kinder eines dritten oder vierten Schuljahres die Fähigkeit zur abstrakten Darstellung von Gefühlen. Sie können gute von schlechten

Gefühlen unterscheiden und ihnen (sicherlich individuell verschiedene) Farben zuordnen.

Eine andere Umsetzungsmöglichkeit des Themas liegt in der *Collagetechnik:* Die Kinder malen alleine für sich positive Bilder bzw. „gute" Gefühle und Erlebnisse nebeneinander; dies können gemeinsame Erlebnisse mit der Familie oder mit Freunden, glückliche Ereignisse, aber auch Träume und Wünsche sein. Es ist auch möglich, eine Klassencollage zum Thema „Was uns Freude macht" zu erstellen.

2.3.3 Sequenz 2:

Tante Sofia – Ein älterer Mensch „sammelt Zeit" (S. 4–6)

> *Inhalt*: Einen Tag später besuchen Franziska und Fabian Tante Sofia. Franziska sagt: „Tante Sofia hat immer Zeit. Sie sammelt Zeit, sagt sie." Die Kinder erzählen Tante Sofia von der Schule und vom Klassenfußball. Fabian merkt, dass Tante Sofia viel Zeit hat: „Sie hat schon viel gesammelt, denkt er." Die Kinder erzählen, dass sie Tante Sofia gestern auf dem Friedhof gesehen haben und fragen sie, wer denn gestorben sei. Tante Sofia erzählt mit trauriger Stimme vom Tod des Nachbarn Simon, vor allem aber von all den schönen Zeiten gemeinsamen Lebens. Doch: „Jetzt ist Simon tot. Seine Zeit war gekommen."

In dieser Geschichte geht es um das Thema „Zeit". Was ist eigentlich die Zeit? Was heißt es, Zeit zu sammeln? Wofür sammelt man eigentlich Zeit? Wie kann man die Zeit füllen?

Kinder entwickeln im Verlauf der vierjährigen Grundschulzeit in der Regel ein gut ausgeprägtes Bewusstsein für „Zeit". Sie kennen Zeitspannen: das Wochenende, die Jahreszeiten und die einzelnen Schuljahre. Sie kennen Zeitpunkte: Geburtstage, Projekt- und Aktionstage und die Einschulung etc.

In dieser zweiten Sequenz soll das Hauptaugenmerk auf die „Zeit" als Kategorie bzw. „Raum für sinnvoll zu gestaltendes Leben" gerichtet werden: Der Mensch hat die Zeit bekommen, um sie konstruktiv zu füllen.

→ Im Anschluss an die Leseszene (S. 4–6) verbalisieren die Kinder in gewohnter Weise ihre Gedanken. Das *Gespräch* lässt Vorerfahrungen der Kinder mit dem Thema „Tod und Sterben" deutlich werden: „Wer war schon einmal auf einem Friedhof?" – „Was habt ihr gesehen oder erlebt?" – „Warum will Fabian zuerst nicht mit zu Tante Sofia?" – „Wie seht ihr das?"

Nach dieser Aussprache gibt die Lehrperson Impulse zur weiteren Arbeit mit dem Begriff „Zeit": In dieser Geschichte wird viel von Zeit gesprochen. – Kennt ihr auch ältere Menschen, die für euch Zeit haben, die von früher erzählen und mit denen ihr wichtige Dinge besprechen könnt? Die Kinder erzählen von ihren Großeltern; diese haben für Kinder eine wichtige Bedeutung, da sie im Gegensatz zu den Eltern oft noch „Zeit haben".

In einem ersten Erarbeitungsschritt bietet es sich nun an, ein *Cluster* zum Thema „Zeit" anzufertigen. Dieses kann jedes Kind allein in sein Religionsheft schreiben. Alternativ können die Kinder in Partner- oder Gruppenarbeit ein Cluster erstellen.

Deutlich wird an den folgenden Textbeispielen, dass die Kinder ihre Erfahrungen mit der Zeit mit den Handlungssträngen der gehörten Geschichte koppeln.

Zeit
Beten
Haushalt
freuen
träumen
lesen
lachen
weinen
nachdenken
ausruhen
kochen
sitzen
trallern
Kinder
Franziska und Fabian
Freunde
Garten
Radieschen
Kartoffelernten
Fußball spielen
verabreden
Gespräche
Trompete spielen
Zuhören
schlafen
Klavierüben
spielen
lernen
Hausaufgaben
Essen
schwimmen
Wegfahren zu meiner Oma
Freizeit genießen
ferngesteuertes BOOT fertigbauen
Briefe schreiben
Ausruhen
malen

Zeit
zum Beten
zum nachdenken
zum Basteln
zum weinen
lachen
für Fabian und Franziska
für Simon
für den Haushalt
zum zuhören
zum reden
zum Trinken
zum Spazieren gehen.
zum Schreiben
Zeit zum Sonne genießen
Zeit für den Garten
zum Einkaufen
zum kochen
für die
zum Essen
für Freunde

Wo für braucht man Zeit ?
zum schlafen - träumen
zum denken
zum beeten - trauern
zum weinen u. lachen
zum spaß haben
für Fabian u. Franziska
für Simon
zum essen u. trinken
zum Sonne genießen

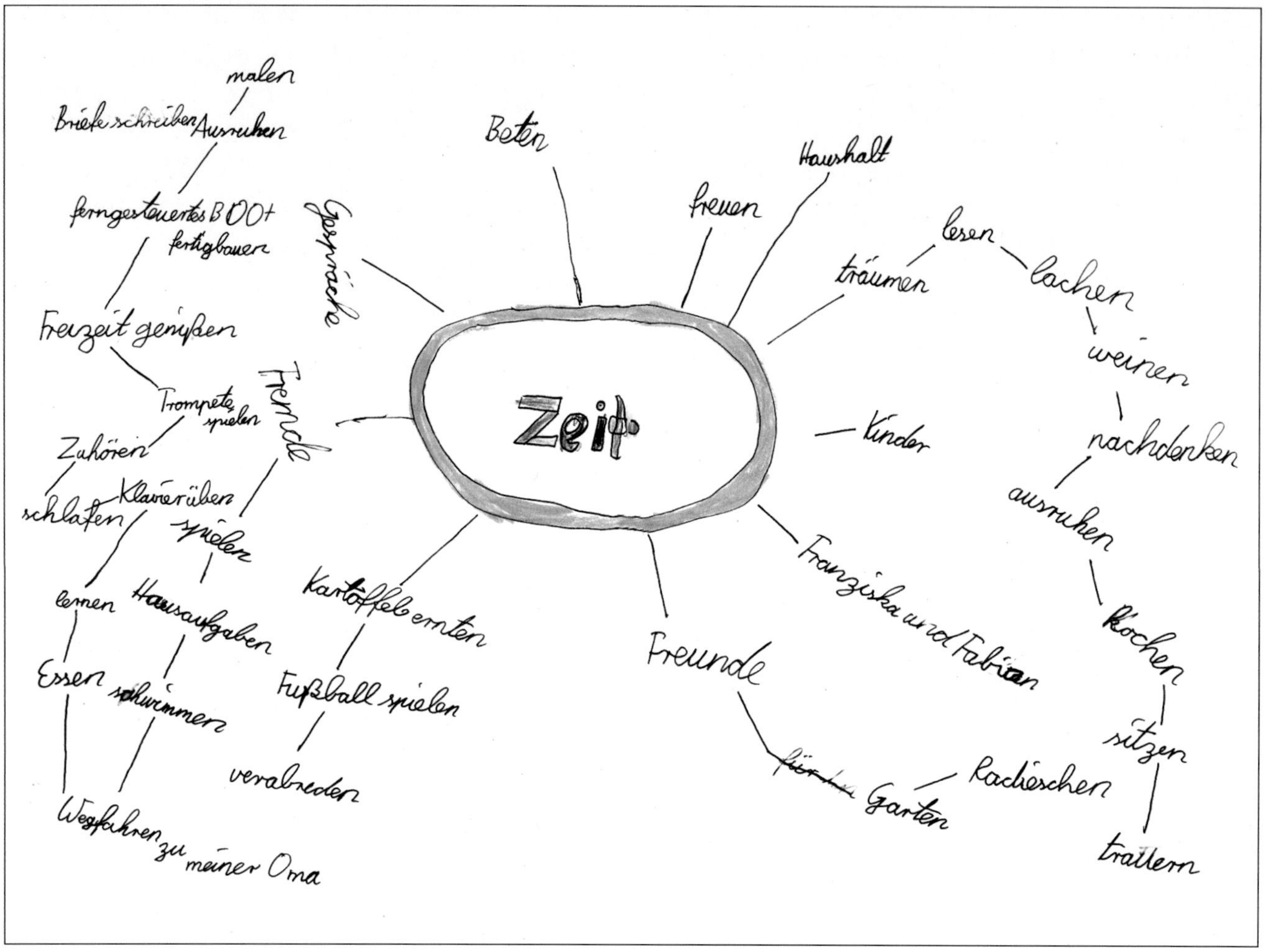

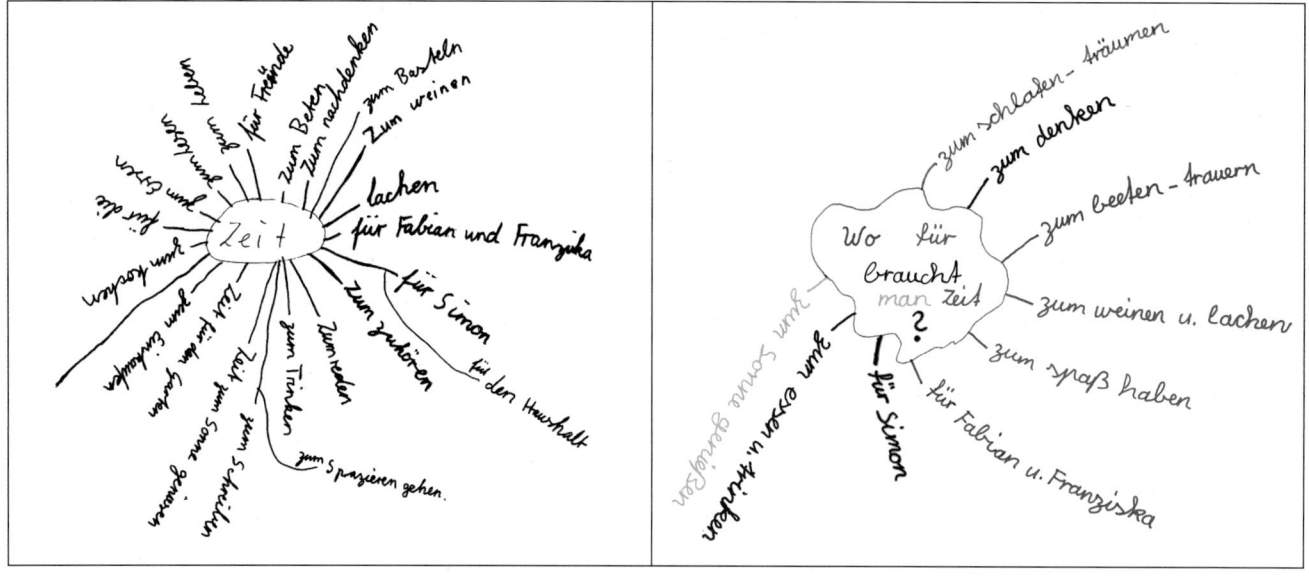

Tante Sofias Zeit

Die eigene Zeit

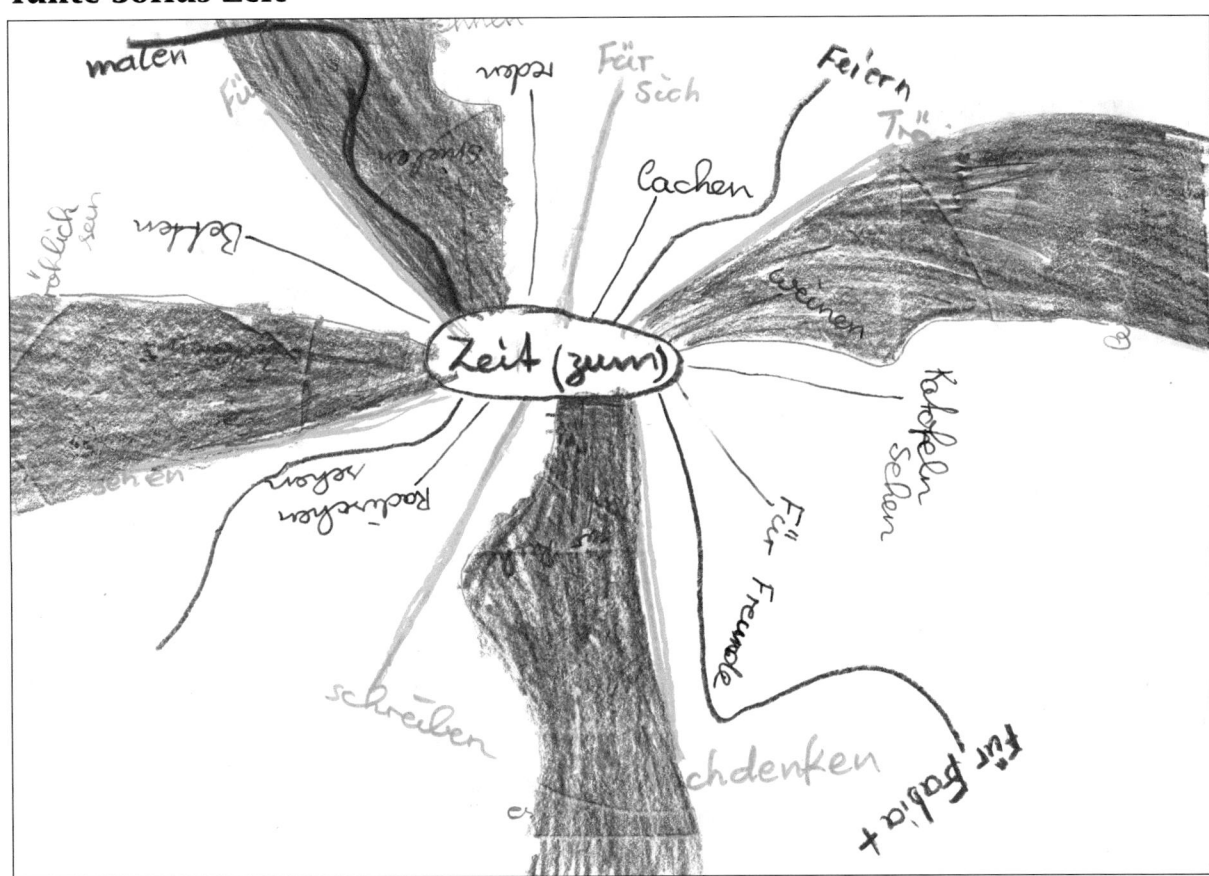

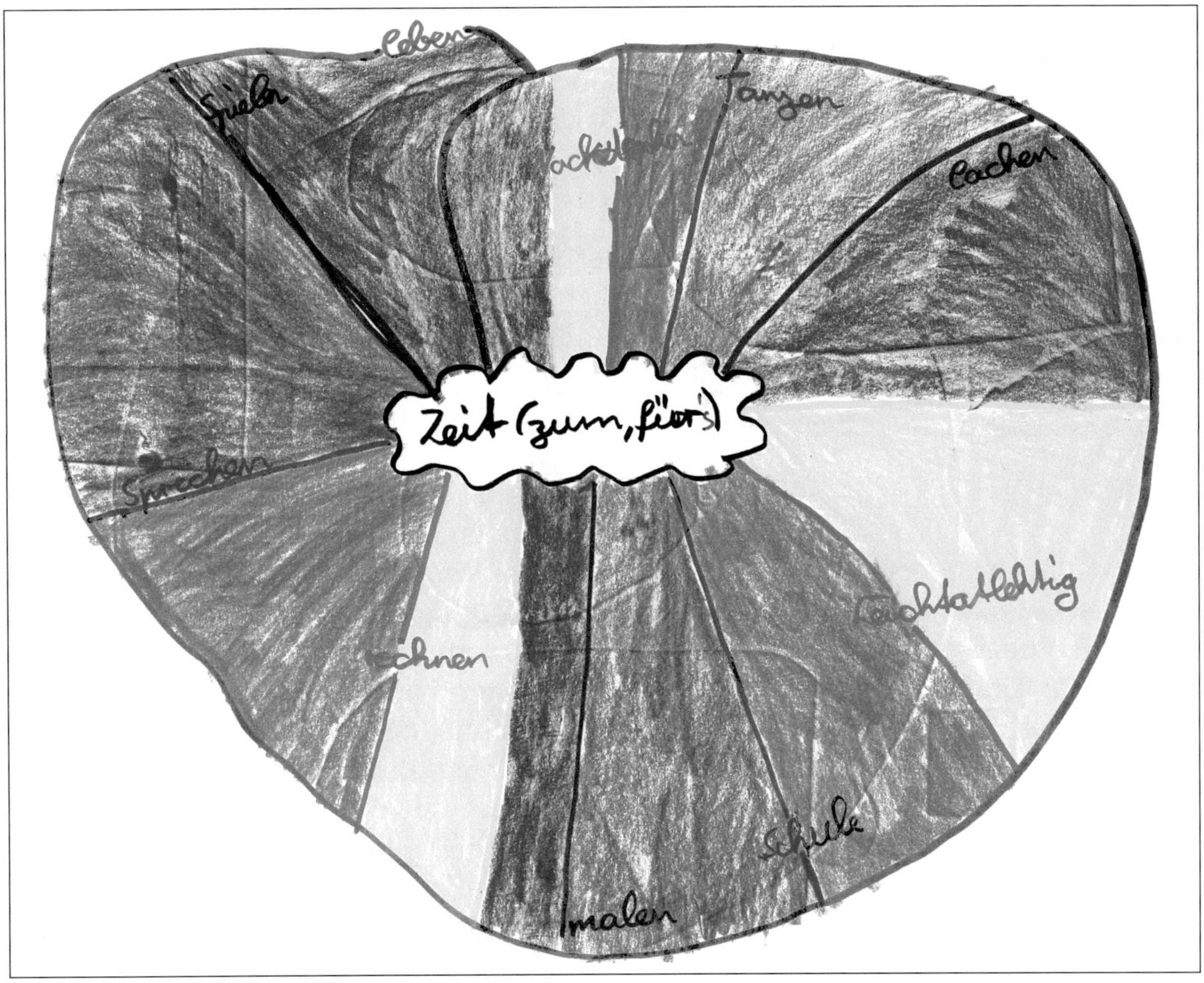

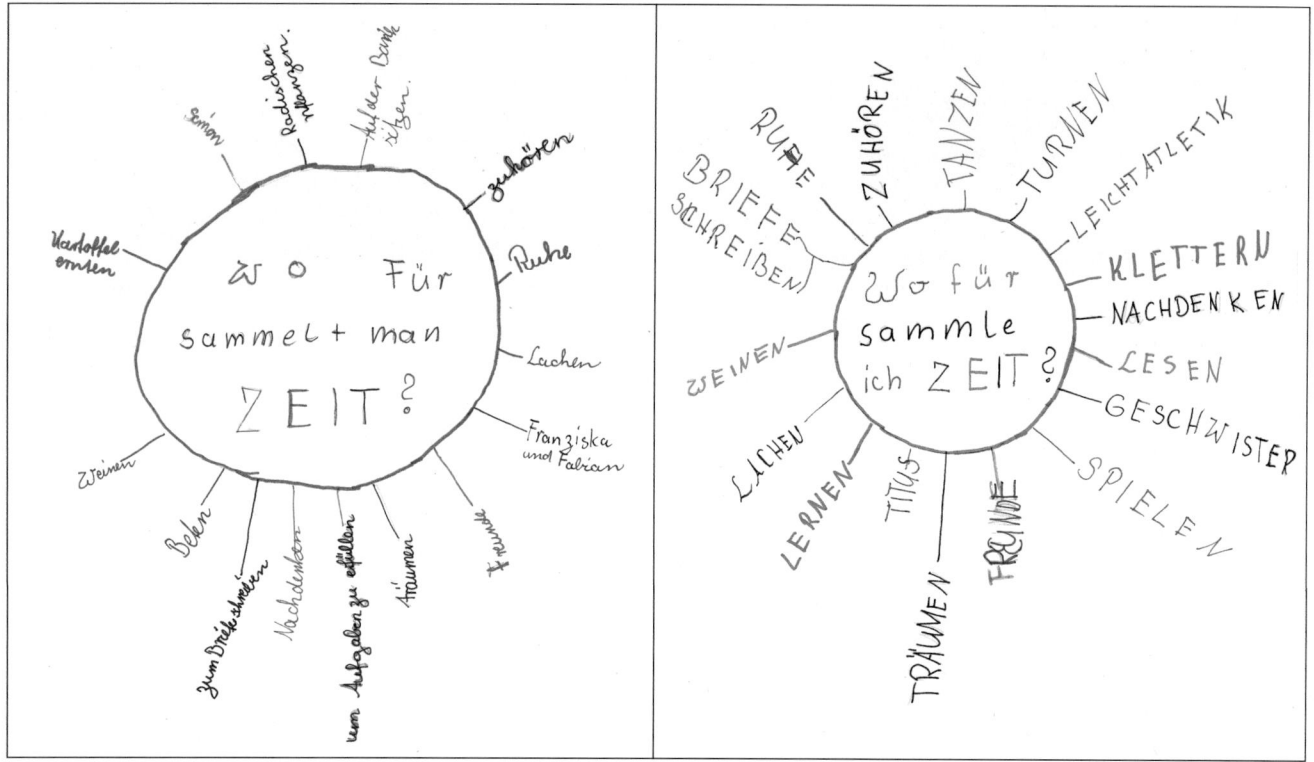

2.3.4 Sequenz 3:

Alles, was auf Erden geschieht ... – Ein Gebet über die „Zeit" (S. 7)

> *Alles, was auf Erden geschieht,*
> *hat seine Zeit;*
> *seine von Gott bestimmte Zeit.*
>
> *Das Pflanzen und das Ernten,*
> *das Freuen und das Umarmen,*
> *das Kranksein und das Sterben,*
> *das Weinen und das Erinnern.*
>
> *Alles, was auf Erden geschieht,*
> *hat seine Zeit;*
> *seine von Gott bestimmte Zeit.*
>
> Nach dem Prediger Salomo

In diesem Text des Predigers Salomo (Koh 3), der den Abschluss der zweiten Sequenz bildet, wird viel über biblisches Zeitverständnis deutlich: Darin ist Zeit stets auf Gott bezogen; unsere Zeit ist Gottes Zeit; alle Lebensvollzüge haben in ihr ihren Platz; alles menschliche Tun in der Zeit ist auf Gott bezogen.

→ Die Lehrperson leitet den Bibeltext mit folgenden Worten ein: „Wir haben uns in der letzten Stunde viel Zeit für die ‚Zeit' genommen. Wir haben aufgeschrieben, was sie uns bedeutet und was wir alles mit unserer Zeit tun können. Vor sehr langer Zeit hat auch der Prediger Salomo etwas über die Zeit gesagt; seinen Text finden wir in der Bibel. Ich habe ihn Euch aufgeschrieben und in Teile zerschnitten. Nehmt Euch die Zeit, um die Teile zu einem sinnvollen Ganzen zusammenzufügen."

Der Text wurde vorher von der Lehrperson in entsprechender Größe auf Tonkarton kopiert und zu *Puzzle*teilen zerschnitten (**KV 4**). Um den Schwierigkeitsgrad zu erhöhen, kann der Text auch zeilenweise aufgeteilt werden. In 4er- bis 6er-Gruppen sollen die Kinder nun versuchen, die Teile zusammenzufügen. Nach einer gemeinsamen Besprechung wird die eigene Lösung mit der Lösung an der Tafel verglichen, gegebenenfalls verändert und anschließend auf einen Bogen Papier geklebt.
Die entstandenen Texte werden an der Ausstellungswand befestigt, die der Unterrichtsreihe zu Dokumentationszwecken und zur ständigen Würdigung der Produkte zur Verfügung steht.
Im folgenden *Unterrichtsgespräch* wird der Zusammenhang von der Geschichte „Tan-

te Sofia" (Sequenz 2), dem Bibelspruch und der Lebenswirklichkeit der Kinde erörtert: Der Text des Predigers Salomo bringt genau das zum Ausdruck, was auch Tante Sofia über ihr Leben und das des Nachbarn Simon gesagt hat.

Die Kinder schreiben nun den Text in ihr Heft und gestalten ihn mit schöner Schrift im Sinne eines „Schmuckblattes". Es bietet sich an, die einzelnen *Textzeilen zu illustrieren* bzw. mit entsprechenden Symbolen unter besonderer Berücksichtigung der farblichen Gestaltung zu verzieren. Genauso gut kann aber auch eine zentrale Aussage des Textes herausgegriffen werden.

Das *Chorische Sprechen* im Klassenverband steht am Abschluss dieser Sequenz. Es hat folgenden Ablauf: Der Text wird gemeinsam gelesen. Dabei gilt die Aufmerksamkeit einem ausdrucksstarken chorischen Sprechen. Die Klasse spricht den Text dreimal. Zunächst lesen alle Kinder in normaler Lautstärke, sodass sie die Stimmen der anderen Mitschüler/innen wie gewohnt vernehmen. Dabei wird ein gemeinsames Sprechtempo gefunden. Beim zweiten Lesedurchgang sprechen alle mit leicht reduzierter Lautstärke. Wichtig ist, dass die Kinder das gemeinsame Sprechtempo beibehalten. Beim dritten Mal sprechen die Kinder mit leiser, fast flüsternder Stimme. Eine meditative Ruhe stellt sich ein.

 Dieses dreimalige chorische Sprechen mit Reduzierung der Lautstärke führt zu einer meditativen Ruhe, die Kinder sehr genießen. Sie kann gut als „ritualisierter Begrüßungstext" zu Beginn der Erarbeitung einer neuen Sequenz gesprochen werden. Der Vorteil liegt darin, dass die Ruhe zum Wiederholen oder Lesen der neuen Geschichte genutzt werden kann.

2.3.5 Sequenz 4:

Ein Freund – Was Freunde alles miteinander tun können (S. 8–10)

Inhalt: Eines Tages fragt Fabian Franziska, ob sie den Nachbarn Simon gekannt habe. Franziska erzählt, dass sie den alten Mann öfter bei Tante Sofia gesehen habe. Er hatte „einen Stock und keine Zähne", sagt sie. Fabian erwidert: „Du hast ihn nicht gekannt!", und ermutigt Franziska, von der Freundschaft zwischen dem Nachbarn Simon und Tante Sofia Genaueres zu erzählen. Franziska ist überrascht, dass Fabian sich so plötzlich für Tante Sofia interessiert. „Es ist schön bei ihr", sagt Fabian. Am nächsten Tag besuchen die beiden Tante Sofia; sie bringen ihr einen bunten Strauß Wiesenblumen mit. Tante Sofia freut sich: Wiesenblumen sind ihre Lieblingsblumen. Die Kinder bekommen Kakao und Milchbrötchen. Sie erzählen, was sie alles erlebt haben. Auch Tante Sofia erzählt spannende Geschichten aus der Zeit, als sie noch ein Kind war. Von da an besuchen die Kinder Tante Sofia regelmäßig.

In dieser Geschichte wird der Aspekt Freundschaft, der in der ersten Sequenz anklang, wieder aufgenommen und weitergeführt. „Zeit haben" und „Freund/in sein" werden in dieser Geschichte eng miteinander verknüpft:

- Die Kinder haben Zeit füreinander. Sie wissen darum, wie schön es ist, jemandem eine Freude zu bereiten, um so Freundschaft aktiv zum Ausdruck zu bringen.

- Die Kinder haben Zeit für ihre Freundschaft zu Tante Sofia. Sie hören Tante Sofia gerne zu. Die Freundschaft zu der alten Frau kann sich so weiterentwickeln.

- Tante Sofia hat Zeit für die Kinder. Sie kann lange zuhören. Sie erzählt von früher und über sich. Auf diese Weise werden die Kinder und Tante Sofia miteinander vertraut.

- Freundschaft ist mehr als das, was man sieht (mehr als „ein Stock und keine Zähne"). Es ist ein verständnisvolles Miteinander-Umgehen und Aufeinander-Eingehen.

→ Zwei Möglichkeiten der Erarbeitung bieten sich zu dieser Geschichte an. Nach dem *Vorlesen* der Leseszene und einem *Austausch* über Ersteindrücke und Gedanken zum Text wird der Begriff „Freundschaft" in den Mittelpunkt gerückt.

In einem *Rollenspiel* unterhalten sich „Franziska" und „Fabian" darüber, warum es ihnen bei Tante Sofia so gut gefällt. In einem weiteren Rollenspiel überlegen die Personen, wie sie Tante Sofia eine Freude machen können. Die Breite der Palette von positivem Beziehungsgeschehen innerhalb der Freundschaft mit all den Möglichkeiten, sich gegenseitig eine Freude zu bereiten, wird darin deutlich.

Erneut kann das *Clustern* die eigenen Erfahrungen und Bilder bündeln helfen. Diese Methode ist sinnvoll und bei den Kindern deshalb beliebt, weil jedes Kind seine Gedanken ordnen und strukturieren kann.

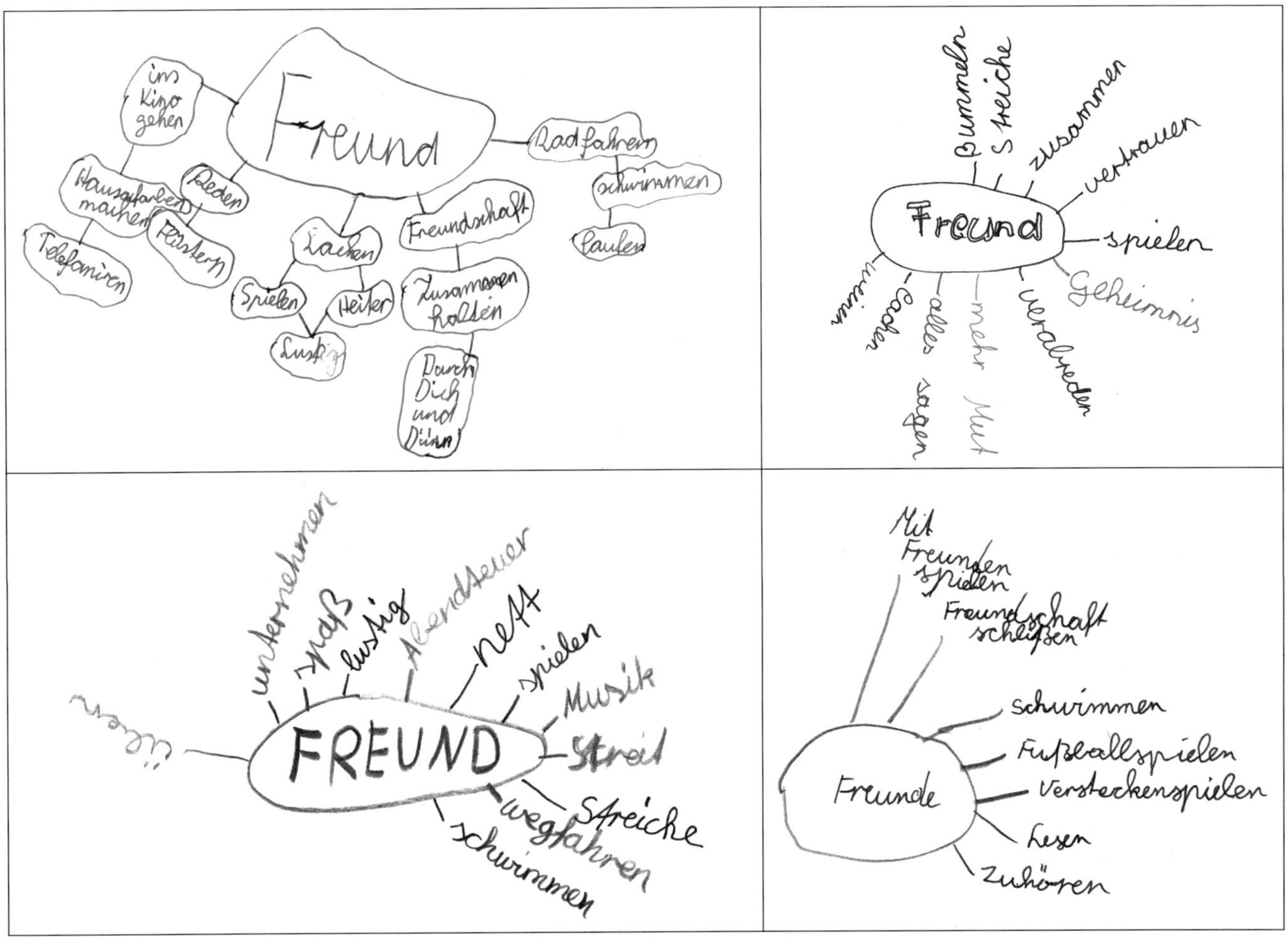

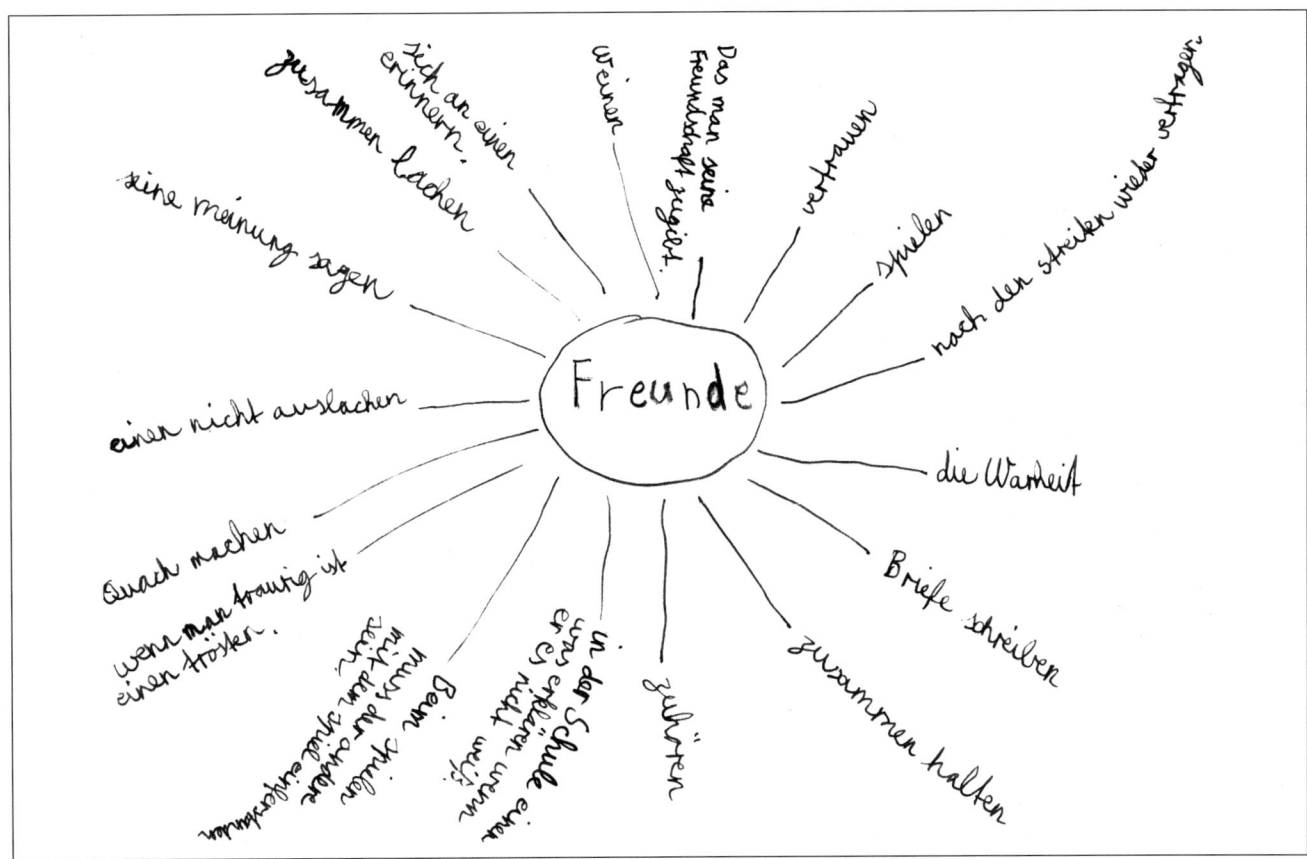

Erst im Anschluss an das Clustern erhalten die Kinder den Auftrag, *Freundschaftsgeschichten zu schreiben*. Diesen Auftrag nehmen die Kinder sehr gerne an, weil hier ihre Lebenswirklichkeit direkt angesprochen wird.

Als Andi mich rettete

Meistens spiele ich mit Andi, wenn ich meine Hausaufgaben fertig habe. Ich glaube, es war im September voriges Jahr als folgendes passierte: Andi und ich haben die Schafe, die bei Andi in der Nähe ihre Weide haben gefüttert. An dem Stacheldrahtzaun hing überall Wolle, die wollten wir waschen. Wir sind zu einem Bach gegangen. Ich bin in den Bach gestiegen, um besser an das Wasser zu kommen. Leider war statt Wasser nur Matsch und Schlamm da. Gott sei dank hatte ich Gummistiefel an, denn es dauerte nicht lange und ich war eingesumpft. Ich kam von alleine nicht mehr von der Stelle.

Da ist mein Freund Andi losgerannt und hat seinen Papa geholt. Der hat mich dann rausgezogen und nach Hause gebracht. Meine Mama hat mich ohne Kommentar in die Wanne gesteckt. Ich glaube, ich war schneller sauber als meine Stiefel.

(Zeichnung: Stiefel im Matsch)

Eine neue Bekanntschaft

An einem schönen Tag fuhr ich mit meinem Roller herum. Ich drehte ein paar Kreise und plötzlich sah ich ein Mädchen, das unten an der Straße mit Steinen spielte. Ich fuhr zu ihr hin und fragte: „Bist du ganz alleine hier?" Das Mädchen antwortete: „Ja." Dann fragte ich noch: „Willst du mit meinem Roller fahren?" Sie sagte: „Gerne." Jeder fuhr ein paar Runden. Ganz nebenbei machten wir uns bekannt. Das Mädchen hieß Bettina. Sie ist auf der gleichen Schule wie ich. Ich sagte: „Wir können uns ja morgen in der großen Pause treffen." Bettina entgegnete: „Geht in Ordnung." Ich schaute auf meine Uhr und meinte: „Es ist schon spät, ich muss jetzt nach Hause. Tschüß, wir sehen uns dann morgen."

Eine Freundschaftsgeschichte

An einem Nachmittag verabredete ich mich mit meinem Freund Alex. Um drei Uhr ging ich zu ihm. Als erstes überlegten wir in seinem Zimmer, was wir wohl machen könnten. Wir kamen auf die Idee etwas Playstation zu spielen. Danach gingen wir zum Spielplatz, der gegenüber von Alex' Haus ist. Dort spielten wir Fußball. Plötzlich kamen zwei Jungen auf Fahrrädern. Beide waren größer als wir. Doch einer von beiden war am größten.
Sie riefen: „Ay, hier darf man keine Fußball spielen!" Alex sagte darauf: „Man darf hier nur nicht Fußball spielen, wenn kleine Kinder herumlaufen." „Na gut", sagte der kleinere von beiden, „dann spielen wir um eine Mark. Wenn ihr das erste Tor schießt, kriegt ihr eine Mark und wir gehen weg. Wenn wir aber das erste Tor schießen, kriegen wir eine Mark und ihr geht weg."
„Nein", sagte ich, „man spielt nicht um Geld."
„Meinetwegen", sagte der kleinere der beiden, „dann halt um 50 Pfennige."
Das wollte ich eigentlich auch nicht. Aber Alex meinte wir könnten es ja probieren. Also spielten wir um 50 Pfennige.
Plötzlich grätschte der kleiner Junge Alex. Alex rief: „Foul!" Er bekam einen Freistoß. Kurze Zeit später schossen wir das erste Tor. Wir riefen: „Gewonnen! Wir haben gewonnen!" Doch da sagte der kleinere Junge: „Wieso, wir haben doch gesagt, dass wir bis zwei spielen." Und er fragte den größeren Jungen: „Wir haben doch gesagt, dass wir bis zwei spielen, oder?" „Natürlich", sagte der größere.
Alex sagte: „Wenn ihr euch nicht an die Abmachung haltet, dann haut ab – und wenn ihr uns nicht in Ruhe lasst, hole ich meine Oma!"
Da lachten die Jungen: „Ja hol deine Oma!"
Also gingen wir zu Alex Oma und sagten es ihr. Sie ging vor die Haustür und sagte: „Lasst die beiden hier in Ruhe, haut bloß ab!"
Erschrocken liefen die beiden zu ihren Fahrrädern und fuhren weg.
Endlich konnten Alex und ich in Ruhe allein Fußball spielen.

Der Fluss

Es war Samstag, 10.30 Uhr morgens, beim Frühstück. Meine Gedanken waren aber nicht beim Frühstück, sondern sie wanderten schon zum Nachmittag. Denn da sollte Fritz kommen. So kam es, dass mir mein Toast dreimal herunterfiel und ich mir einen neuen machen musste. Aber die Zeit verging und verging einfach nicht. Bald wurde es dann doch 15.00 Uhr. Es klingelte an der Haustür: Ich empfing Fritz mit einem Gejaule, Fritz stimmte ein. So entstand ein Gejaulkonzert. Unsere Eltern verdrehten die Augen.
Wir hatten heute anscheinend unseren Fresstag, weil wir alle 3 Minuten Hunger hatten. Um ca. 16.00 Uhr waren wir gesättigt. Wir gingen zu einem Fluss und spielten. Nach einer Weile wurde das Spielen langweilig. Wir gingen flussaufwärts. Doch da war der Fluss völlig verstopft. Fritz meinte: „Mensch Karin, wir könnten den Fluss doch säubern!" „Keine schlechte Idee," lobte ich. Also fingen wir an, den Fluss zu säubern. Fritz hatte ja noch den Arm gebrochen, und deswegen musste ich die schwerste Arbeit machen. Die Zeit verging wie im Flug. Als ich auf die Uhr guckte, war es schon 17.55 Uhr. „Fritz, wir müssen los, es ist 5 vor sechs!" rief ich. „Waaas?" schrie Fritz. Wir spurteten los. Als wir bei mir zu Hause ankamen, waren wir ganz schön außer Puste. Darum ruhten wir uns erst mal in meinem Zimmer aus. Auf einmal rief eine Stimme: „Habt ihr schon Hunger?" Die Stimme gehörte meiner Mutter. Wir schrien: „Ja!" zurück. „Was wollt ihr denn essen?", rief meine Mutter wieder. Fritz meinte schreiend: „Wie immer!" „2 Toast mit Kräuterkäse!" rief nun auch ich. Als wir das Abendessen mit Genuss verzehrt hatten, gingen wir nach oben und machten uns im Bad fertig. Im Bett lasen wir noch ein wenig, schliefen Fritz und ich ein.
Am nächsten Morgen standen wir schon um 7.00 Uhr auf, um acht waren wir am Fluss. Wir hatten Schippe und Harke mitgenommen, damit wir den Fluss weiter säubern konnten. Also fingen wir an. Wir arbeiteten Sekunde für Sekunde, Minute für Minute, Stunde für Stunde. Nach 3 Stunden etwa gingen wir auf die Skaterbahn und rutschten dort. Vorher aber guckten wir noch, wo das Ende von Fluss war. Wir gingen bald nochmal zum Fluss und schauten unser Werk zufrieden an. Jetzt kamen richtige kleine Wellen an. Wir hatten an diesem Tag noch viel Spaß. Am Fluss ist jetzt wahrscheinlich alles wieder wie früher.

Ende

TIPPS: Das Schreiben von Freundschaftsgeschichten kann natürlich auch gemeinsam am Nachmittag stattfinden. Die Geschichten können auch im Sinne von „Schreibkonferenzen" überarbeitet werden. Je nach Motivation können diese auch auf dem Computer (wie die Textbeispiele „Eine Freundschaftsgeschichte" und „Der Fluss" zeigen) von den Kindern selbstständig abgetippt werden. Sie bieten Texte zur Erstellung eines „Klassenfreundschaftsbuches".

2.3.6 Sequenz 5:

Ein Abendgebet – Für Freundschaft und gemeinsame Erlebnisse „Danke" sagen können (S. 11)

> *Abendgebet*
>
> *Der Tag war schön.*
> *Ich dank dafür.*
> *Bald kommt auf leisen Sohlen*
> *die Nacht herein*
> *und deckt mich zu.*
> *Ich bleibe Gott befohlen.*

Dieses Gebet bildet den Abschluss der vierten Sequenz. Es geht darum, für alles Schöne, für Freundschaft und Miteinander „Freude und Dank" zum Ausdruck zu bringen. Ein Gebet in diesem Sinne heißt dann für Kinder: Ich überlege, was am Tag schön war, und bringe dieses gute Gefühl dankbar vor Gott: „Ich sage danke für …"

→ Diese Sequenz nimmt noch einmal die erstellten Freundschaftsgeschichten auf, die an der Stellwand hängen oder aber als Klassenbuch zusammengebunden sind. Einzelne Kinder lesen ihre Geschichten vor. Im Anschluss daran gibt die Lehrperson den Impuls: „Schöne Dinge sind nicht selbstverständlich, sondern etwas Wunderbares, für das wir uns bedanken können. Am Abend ist eine gute Zeit, zu überlegen, wofür wir an diesem Tag ‚Danke' sagen möchten. Unseren Dank bringen wir vor Gott. Wir reden mit Gott und sagen Danke: Das ist eine Form des Betens. In unserem Buch finden wir auch ein Gebet." Die Lehrperson liest den Text des Gebetes vor.

Im Sitzkreis nennen die Kinder Gebete, die ihnen vertraut sind und die sie vielleicht selbst beten. Sie *schreiben* das „Abendgebet" des Buches in ihr Heft und *gestalten* es. Weitere Gebete werden angefügt.

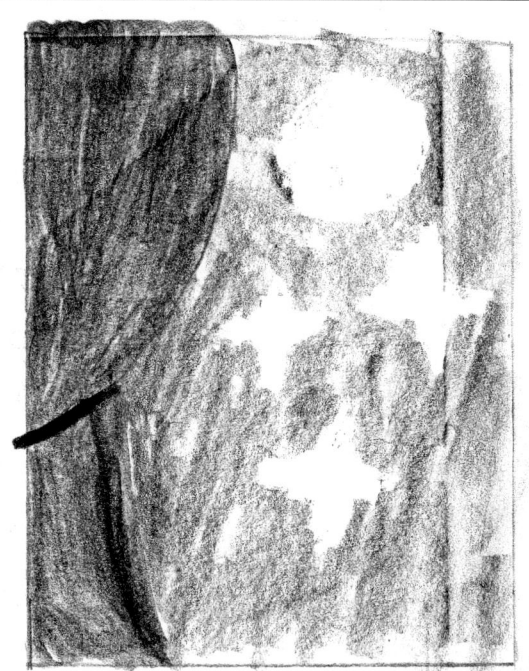

Herr Jesus Christus, sei denen nahe, die in dieser Nacht wach sind und weinen, und gebiete deinen Engeln, zu wachen über die, welche schlafen. Bring die Müden zur Ruhe. Nimm die Kranken in deinen Hut, o Herr Christus. Segne die Sterbenden. Schenke Linderung den Leidenen. Erbarme dich der Angefochtenen. Schirme die Fröhlichen und uns alle um Liebe willen.

Kindergebet

Ich bin klein mein Herz
ist rein soll niemand
drin Wohnen als
Jesus allein.

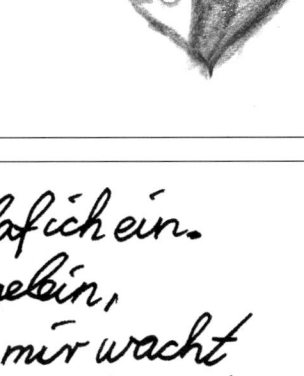

Lieber Gott nun schlaf ich ein.
Schicke mir ein Engelein,
daß es treulich bei mir wacht
durch die ganze lange Nacht.
Kommt der helle Morgenschein,
laß mich wieder fröhlich sein.

Abendgebet

Müde bin ich geh zu ruh.
Schließe beide Äuglein zu
Vater laß die Augen dein
über meinem Bätchen
sein. Hab ich Unrecht
heut getan sieh es
lieber Gott nicht an. Deine
gnad und Jesus Blut machen
allen Schaden gut.

Halte zu mir, guter Gott
heut den ganzen Tag!
Halt die Hände über mich,
was auch kommen mag!

Du bist jeder Zeit bei mir.
Wo ich geh' und steh',
spür' ich, wenn ich leise bin,
dich in meiner Näh'!

Gibt es Ärger oder Streit
und noch mehr Verdruss,
weiß ich doch du bist nicht weit,
wenn ich weinen muss.

Meine Freude, meinen Dank,
alles sag' ich dir.
Du hältst zu mir, guter Gott,
spür' ich tief in mir.

Die Kinder schreiben zu Hause weitere Gebete in ihr Heft. Sie fragen Eltern und Großeltern, welche Gebete sie sprechen und erfahren so, welche unterschiedliche Sprache die Gebete in den verschiedenen Generationen haben. Natürlich können die Kinder auch eigene Gebetstexte formulieren.

2.3.7. Sequenz 6:

Erinnerung – Tante Sofia erinnert sich an ihren verstorbenen Nachbarn Simon (S. 12–13)

Inhalt: Auf dem Schränkchen in Tante Sofias Wohnzimmer steht ein Foto des Nachbarn Simon. Tante Sofia blickt darauf und erzählt, dass sie ihren Nachbarn und Freund sehr vermisst und dass sie ohne ihn oft allein ist. „Jetzt hast du nur noch das Foto", sagt Franziska. „Und meine Erinnerungen", erwidert Tante Sofia. Nach einer Weile ergänzt sie: „Simons Körper ist tot. Das ist wahr. Er liegt auf dem Friedhof und zerfällt und wird zu Erde. Aber was ich mit Simon erlebt habe, bleibt in meinem Herzen lebendig. Alles das, was ich an Simon gern hatte, lebt in mir weiter."

In dieser sechsten Sequenz geht es um die Bilder gelebten Lebens, die nicht „sterben" können. Das sind vor allem die Bilder gemeinsam gelebten Lebens, die im Herzen eines jeden Menschen Platz finden und unvergänglich sind. Ein sinnerfülltes Leben unterliegt Veränderungen und ist vergänglich; die „Lebensbilder" dagegen sind für die Hinterbliebenden unvergänglich. Erinnern heißt demzufolge „etwas nach innen nehmen". „Erinnern können" wiederum ist trostspendendes Handeln im Prozess des Trauerns.

→ Im Anschluss an das Vorlesen und Verbalisieren von Gedanken und Gefühlen wird der Blick auf den oben zitierten Textausschnitt gerichtet **(KV 5)**. Die Kinder erhalten den Auftrag, ihre *Erinnerung* an Verstorbene *aufzuschreiben* bzw. *aufzumalen*. Dabei wird Schreibmusik eingespielt. Diese „Erinnerungsaufgabe" kann auch gut als Hausaufgabe gestellt werden, da die Kinder in der Regel viel Zeit für deren Erledigung brauchen.

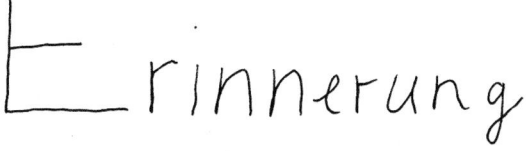

Erinnerungen über mein Katze

Nach einer Weile sagt Tante Sofia: „Simons Körper ist tot. Das ist wahr. Er liegt auf dem Friedhof und zerfällt und wird zu Erde. Aber was ich mit Simon erlebt habe, bleibt in meinem Herzen lebendig. Alles das, was ich an Simon gern hatte, lebt in mir weiter."

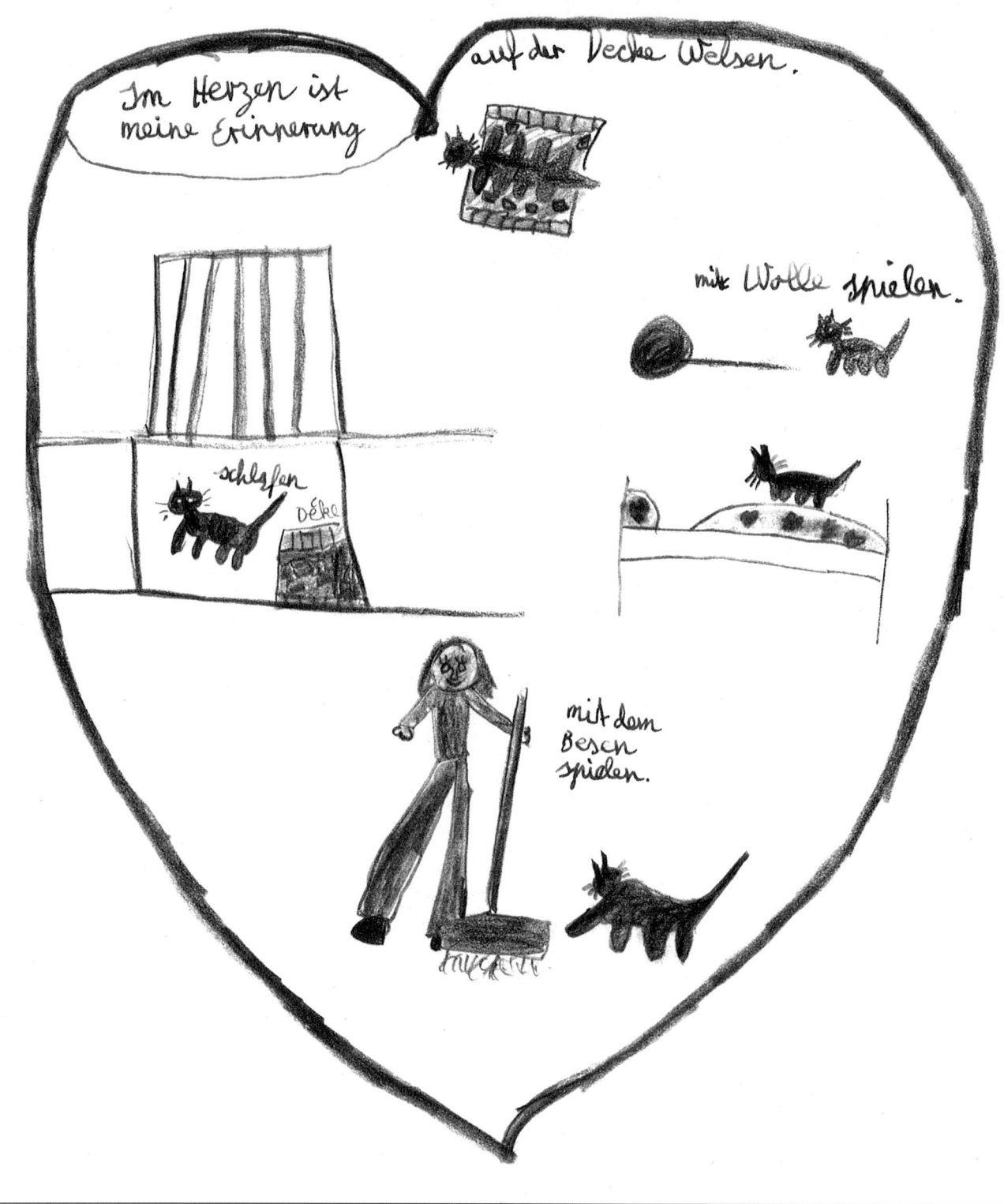

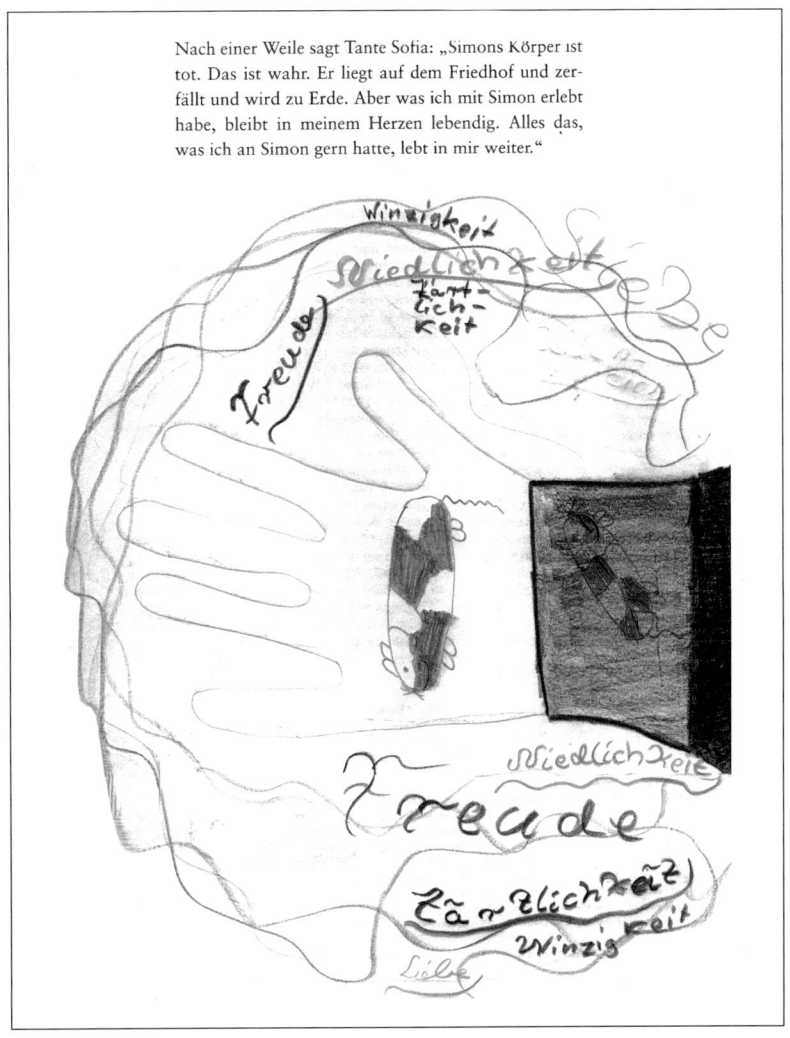

Nach einer Weile sagt Tante Sofia: „Simons Körper ist tot. Das ist wahr. Er liegt auf dem Friedhof und zerfällt und wird zu Erde. Aber was ich mit Simon erlebt habe, bleibt in meinem Herzen lebendig. Alles das, was ich an Simon gern hatte, lebt in mir weiter."

Erinnerungen
Unsere Mäuse

Unsere Mäuse, Rabby und Bobby, leben schon über ein Jahr nicht mehr. Sie sind beide an der gleichen Krankheit gestorben. Wir haben Sie damals sehr traurig in unserem Garten begraben. Sie sind jetzt tot, aber ich habe alle Erlebnisse die wir erlebt haben, fest in meinem Herzen verschlossen. Manchmal, wenn mir langweilig war, habe ich mich einfach zu ihnen gesetzt und sie aus dem Käfig geholt und gestreichelt. Es waren sehr, sehr schöne Zeiten. Sie waren so _lieb_, _klein_, und _zärtlich_. Diese _winzigen_ Tiere mochte ich sehr. Ich habe Ihnen sehr oft über die Schule _erzählt_, und Sie haben _zugehört_. Das heißt, ich vermute es, ich weis es nicht. Unsere neuen Mäuse sind auch sehr süss, bloß wir wüssen noch keine Namen für Sie.

Erinnerung

Nach einer Weile sagt Tante Sofia: „Simons Körper ist tot. Das ist wahr. Er liegt auf dem Friedhof und zerfällt und wird zu Erde. Aber was ich mit Simon erlebt habe, bleibt in meinem Herzen lebendig. Alles das, was ich an Simon gern hatte, lebt in mir weiter."

Meine Erinnerung an meine Uroma:
Immer wenn wir zu ihr nach Bochum/Stiepel gefahren sind hat sie Krebbelchen gebacken und hat gesagt: „Nimm ruhig tüchtig, in der Küche hab ich noch mehr."

Erinnerung

Nach einer Weile sagte Tante Sofia: „Simons Körper ist tot. Das ist wahr. Er liegt auf dem Friedhof und zerfällt und wird zu Erde. Aber was ich mit Simon erlebt habe, bleibt in meinem Herzen lebendig. Alles das, was ich an Simon gern hatte, lebt in mir weiter."

Mein Opa

Dublo

Bank

Nach einer Weile sagt Tante Sofia: „Simons Körper ist tot. Das ist wahr. Er liegt auf dem Friedhof und zerfällt und wird zu Erde. Aber was ich mit Simon erlebt habe, bleibt in meinem Herzen lebendig. Alles das, was ich an Simon gern hatte, lebt in mir weiter."

Als wir neu in dieses Haus zogen waren, hatte ich hier auf der Straße keine Freunde. Nur einen, das war Bastian. Ein Hund. Er hatte ein helles Fell. Wir haben zusammen gespielt. Eins davon war Stockwerfen. Doch wenn ich den Stock wegwarf, dann bekam ich ihn nicht gerade schnell wieder. Denn Bastian war schon alt und humpelte auch ein wenig. Eines Morgen sagte mir meine Mutter, dass er gestorben sei. Ich war traurig, und oben in meinem Zimmer weinte ich auch. Er war mein bester Freund.

2.3.8 Sequenz 7:

Wo sind die Toten? – Verschiedene Ansichten und Denkmodelle (S. 14–15)

Inhalt: Fabian sagt: „Mein Vater sagt, mit dem Tod ist alles zu Ende." Bei diesen Worten sieht er Tante Sofia fragend an. Tante Sofia erwidert: „Das glaube ich nicht, Fabian. Ich glaube, dass die Verstorbenen bei Gott sind … Und dass Gott ihnen ein neues Leben gibt." Fabian ist verwundert und fragt: „Ein neues Leben? Wie soll das gehen?" Lächelnd antwortet Tante Sofia: „Das weiß ich nicht … Ich brauche es auch nicht zu wissen. Für mich darf es ruhig ein Geheimnis bleiben." Sie ergänzt: „Vielleicht ist es wie bei der kleinen grünen Raupe. Sie weiß auch nicht, dass sie in ihrem späteren Leben ein Schmetterling wird. Und doch ist es wahr." – Franziska blickt zweifelnd hinauf zu den Wolken und meint: „Manche Menschen glauben, Tote kommen in den Himmel." Tante Sofia gibt ihr folgende Antwort: „Sie meinen nicht diesen Himmel, nicht den Wolkenhimmel, Franziska. Sie meinen Gottes Himmel. Der Ort, an dem Gott ist." Natürlich wollen Franziska und Fabian wissen, wo denn dieser Gottes-Himmel ist. Tante Sofia denkt auf diese Frage hin lange nach und antwortet schließlich: „Gottes Himmel ist da, wo die Menschen sich lieben. In ihren Herzen ist Gott." Fabian versteht ihre Worte und ergänzt: „So wie dein Nachbar Simon in deinem Herzen ist?" Tante Sofia fühlt sich verstanden: „Ja … Das weiß ich gewiss. Die Erinnerung an Nachbar Simon lebt in meinem Herzen, so wie auch Gott in meinem Herzen lebt."

In dieser siebten Sequenz geht es um die entscheidende Kinderfrage: „Wo sind denn die Toten?" Kinder wollen das genau wissen und fragen nach dem Ort, an dem die Verstorbenen verbleiben. In den Infos 5 und 6 (siehe IV.2) sind hilfreiche Tipps für mögliche und zulässige Antworten gegeben. Folgende Aspekte sind dabei besonders wichtig:

1. Immer wieder wird der *Himmel* als Ort des Verbleibens genannt. Bedeutsam ist hier, dass die lokale Vorstellung des Himmels mehr und mehr gegen eine relationale Beschreibung eingetauscht wird. „Im Himmel sein" heißt dann: „Bei Gott gut aufgehoben sein, weil Gott sich um die Toten kümmert." Diese theologische Aussage entspricht dem kindlichen Vorstellungsvermögen und seiner Sehnsucht nach Urvertrauen; vor allem aber lässt sie keine Missverständnisse aufkommen.
   Wird „Himmel" den Kindern ausschließlich als „räumlicher Ort, in dem die Toten wohnen" vermittelt, so entwickeln Kinder öfters Ängste: Ein Mädchen wollte nicht mehr im Auto auf der Straße fahren, weil es immer das Gefühl hatte, der Großvater „im Himmel" könne zufällig direkt über der Autobahn spazieren gehen und dabei auch daneben treten und runterfallen, und zwar auf die Autobahn und das Mädchen, das so in große Gefahr geriete.

2. Eine wichtige Frage findet in der Geschichte Raum: „Was heißt es, *Gott im Herzen* zu haben? Was könnte es bedeuten?" Das Herz wird zum Begegnungsort, an dem Gott Zugang zu den Menschen hat. In Gott sind auch all die Erinnerungen an Verstorbene aufgehoben (geborgen). Wer also „Gott im Herzen hat", hat auch Erinnerungen an Verstorbene in sich und kann sie dort bergen.

3. Es gibt *verschiedene Vorstellungen* über das, was nach dem Tod kommt. In der Geschichte werden die sehr unterschiedlichen Positionen von Fabians Vater und von Tante Sofia angesprochen. Kindern dürfte die in ihnen zum Ausdruck kommende Gegensätzlichkeit vertraut sein: Manche Menschen besitzen gar keine Hoffnung über den Tod hinaus (Fabians Vater). Andere sind von großer Zuversicht erfüllt, die sie sehr konkret fassen. Dazwischen gibt es eine Vielfalt von menschlichen Vor- und Einstellungen;

dazu gehören auch die Gedanken von Tante Sofia, die ganz stark im Hoffen ist, aber ihre Hoffnung nicht letztgültig ausformen muss.

→ Zu Beginn sprechen die Kinder im Sinne des „chorischen Sprechens" den Text: „Alles hat seine Zeit" (siehe **KV 4**). Eine meditative Ruhe stellt sich ein, die zum Lesen der Geschichte „Wo sind die Toten?" sehr gut genutzt werden kann. Im Anschluss an das *Vorlesen* erhalten die Kinder die Gelegenheit für spontane Äußerungen. Zur Erarbeitung der zentralen Gedanken des Textes wird mit den Kindern ein „*Dialogspiel*" eingeübt, in dem Kinder über verschiedene Ansichten und Denkmodelle – bezogen auf den Tod – miteinander diskutieren.

Folgender Ablauf hat sich bewährt: Zwei Kinder sitzen sich gegenüber. Das eine Kind spielt eine Person, die die Position von Fabians Vater vertritt. Das andere Kind spielt eine Person, die die Position von Tante Sofia übernimmt. Um sich noch besser in die Figuren hineindenken zu können, erhalten die Spieler/innen einen Zettel zur Unterstützung, auf dem die zentralen Vorstellungen noch einmal zusammengefasst sind **(KV 6)**. Wenn ein Kind nicht mehr weiterweiß, gibt es ein Handzeichen, um anzudeuten, dass es Hilfe braucht. Ein anderes Kind der Klasse kommt dann zum „Spielstuhl" und übernimmt kurzfristig die Spieler/innenrolle.

2.3.9 Sequenz 8:

Geburtstag – Tante Sofia denkt an ihrem Geburtstag an ihren Tod (S. 16–17)

Inhalt: Einige Tage später ist Tante Sofias Geburtstag. Franziska und Fabian bringen ihr ein selbst gebasteltes Schlüsselbrettchen mit. Tante Sofia freut sich und legt es auf den Schrank neben das Foto von ihrem Nachbarn Simon. Sie schaut das Foto lange an und sagt dann mit leiser Stimme: „Im letzten Jahr hat Simon noch mit mir Geburtstag gefeiert." Die Kinder spüren, dass Tante Sofia an vergangene Zeiten denkt und versprechen ihr, dass sie von nun an immer zu ihrem Geburtstag kommen wollen. Tante Sofia freut sich und antwortet mit den Worten: „In meinem Alter kann jeder Geburtstag der letzte sein." Auf Fabians Frage: „Fürchtest du dich vor dem Sterben?" antwortet sie: „Vor dem Sterben fürchte ich mich nicht. Ich fürchte mich vor Schmerzen und davor, allein zu sein. Wenn einer in der letzten Stunde meine Hand hielte, das wäre gut." Die Kinder sind entsetzt, da sie ihre Tante so noch nie haben reden hören. Doch da lacht sie auch schon wieder und sagt: „Schaut nicht so bekümmert! Der Tod ängstigt mich nicht. Ich habe schon lange über das Wasser geschaut." Fabian antwortet: „Du sprichst in Rätseln, Tante Sofia!" Tante Sofia entgegnet: „Es ist kein Rätsel, sondern ein Geheimnis!" Dann holt sie Kekse und eine Kerze: Sie will den Kindern ein „altes Märchen" erzählen (siehe Sequenz 9).

In dieser achten Sequenz soll herausgearbeitet werden, dass die Angst vor dem Tod auch eine Angst vor Schmerzen und vor dem Alleinsein ist, die durch Zuwendung und Nähe gemindert werden kann.
Gerade an ihrem Geburtstag realisieren viele Menschen ihr „Älter-Werden" und reagieren darauf mit beklommenen Gefühlen und Ängsten. Gäste und die Möglichkeit,

miteinander zu feiern, können bei deren Bewältigung helfen. Sie sind ein „gutes Mittel" gegen Lebensangst und -sorge, die sich u. U. mit fortschreitendem Alter immer mehr steigern und in der Frage münden: Wer wird bei mir sein, wenn ich sterbe?

→ Zu Beginn der Sequenz wird das Gebet „Alles, was auf Erden geschieht, hat seine Zeit" chorisch gesprochen. In die Stille hinein gibt die Lehrperson folgenden Impuls: „Am Anfang eines jeden Lebens steht die Geburt. Diesen Tag der Geburt feiert jeder Mensch an einem besonderen Tag: am „Geburts-Tag." Dieser Tag ist ein schöner Tag. Warum ist er so besonders und so schön? Welche Gefühle und Gedanken habt ihr an eurem Geburtstag?" Die Kinder *erzählen* von ihrem Geburtstag, von den Geschenken und den Besuchen, von den Feiern an „Kindergeburtstagen" und den damit verbundenen vielfältigen Aktivitäten. Dann leitet die Lehrperson zur Geschichte über: „Heute geht es in der neuen Geschichte um Tante Sofias Geburtstag. Tante Sofia ist schon eine alte Frau. Sie hat heute an ihrem Geburtstag auch traurige Gedanken in ihrem Kopf und in ihrem Herzen. Achtet beim Lesen darauf." Nach dem *Vorlesen* der Geschichte erfolgt die Erarbeitung durch ein *Unterrichtsgespräch*, in dem die Ängste Tante Sofias benannt und „Rezepte gegen die Angst" zusammengetragen werden. Diese Gedanken können im Sitzkreis erarbeitet und gemeinsam auf ein großes Plakat geschrieben werden, etwa unter die Überschriften „Angst" – „Rezepte gegen die Angst".

Angst	Rezepte gegen die Angst
– vor dem Sterben	– sich besuchen
– vor Schmerzen	– sich eine Freude machen
– vor dem Alleinsein	– da sein für andere
– ...	– darüber sprechen
– ...	– ...

 Es kann auch darüber gesprochen werden, warum Menschen am Geburtstag eine Kerze anzünden und dies oft auch für Verstorbene tun. Das brennende Licht ist immer ein „Lebenszeichen" – entweder weist es auf das Leben hier und jetzt hin oder aber auf das neue Leben bei Gott.

2.3.10 Sequenz 9:
Das andere Land – Ein Märchen über den Tod und das Leben (S. 18–21)

Das andere Land

Es lebte einmal am Ufer eines großen Wassers ein Fischer. Seine Frau war lange tot und seine Kinder waren in die Welt gezogen, um ihr Glück zu suchen.
Wenn der Fischer am Ufer saß und über das weite Wasser blickte, sagte er oft zu sich: „Alle, die ich lieb hatte, sind nicht mehr bei mir. Was soll ich noch hier? Ich habe große Lust in ein anderes Land zu gehen. In das Land auf der anderen Seite des Wassers. Wenn ich nur wüsste, wie es dort ist."
Und der Fischer fragte die Wellen: „Sagt mir, ihr Wellen, wie ist es auf der anderen Seite des Wassers?"
Die Wellen gurgelten: „Warte eine Weile, dann weißt du es."
Da fragte der Fischer den Wind: „Wind, kannst du mir sagen, wie es auf der anderen Seite des Wassers ist und wie ich hinüberkomme?"
Der Wind blies seine Backen auf und brauste: „Warte eine Weile, dann weißt du es."

Eines Tages kam der Tod über das Wasser und der Fischer fürchtete sich sehr vor dem Tod. Doch der Fischer fragte auch ihn nach dem Land auf der anderen Seite. Der Tod antwortete: „Ich werde dir das Land zeigen, wenn deine Stunde gekommen ist. Bis dahin musst du noch vieles tun."
„Gut", sagte der Fischer. „Wenn das so ist, will ich warten."
Er fing Fische, verkaufte sie und scherzte mit den Menschen auf dem Markt.
Nach der Arbeit setzte er sich ans Wasser, träumte von der anderen Seite und seine Träume flogen wie Vögel hinüber. Und das Land jenseits des Wassers wurde ihm mehr und mehr vertraut.
Die Zeit strich dahin.
Als der Tod kam, um ihn über das Wasser zu bringen, ging der Fischer furchtlos mit.
Auf der anderen Seite des Wassers warteten schon seine Träume und empfingen ihn wie gute Freunde.

Inhalt: Das Märchen „Das andere Land" nimmt das bekannte Motiv des Flusses bzw. des Meeres auf: Das Wasser trennt die Lebenden von den Toten. Die Lebenden wissen nicht, wie es „im anderen Land" am anderen Ufer aussieht; sie haben Ahnungen, Vorstellungen und manchmal auch den geheimen Wunsch, hinüberzugehen und zu schauen, wie es dort ist. Doch das ist nicht möglich: Das diesseitige Leben „in diesem Land" soll in aller Fülle gelebt werden. Erst im Moment des Todes kommt „der Tod" und bringt die Menschen in „das andere Land" zum anderen Ufer.

In diesem Märchen, das für Kinder aller Religionen und Konfessionen gleichermaßen geeignet ist, sind folgende Aspekte wichtig:

1. *„Eines Tages kam der Tod über das Wasser, und der Fischer fürchtete sich sehr vor dem Tod."*
   Der Tod wird im Märchen in der Regel personifiziert und sollte auch Kindern gegenüber als typisches Märchencharakteristikum dementsprechend dargestellt werden. Im Gespräch sollte beachtet werden, dass das im Märchen beschriebene Bild vom Tod nicht zu grauenvoll stehen bleibt. Erfahrungen haben gezeigt, dass düstere Äußerungen bei Kindern Verwirrung und Ängste auslösen bzw. verstärken können (Beispiel: „Wie ein mächtiger Herrscher geht der Tod durch die Welt. Er packt manchmal Junge und Gesunde."; siehe dazu I.2.2.5 und I.2.2.6). Wird das Märchen aber in seiner Tiefendimension von den Kindern verstanden, so kann das beschriebene Bild vom personifizierten Tod für die Kinder eine „Vorstellungshilfe" bzw. „eine" Todesvorstellung unter vielen sein (vgl. dazu III.2.2).

2. *„Wenn ich nur wüsste, wie es dort ist."*
   Der Fischer fragt den Wind, die Wellen und den Tod selbst, wie es auf der anderen Seite des Wassers ist: Niemand gibt ihm Antwort; keine konkrete Vorstellung wird geboten. Das Leben „auf der anderen Seite" bleibt ein Geheimnis. Das machen auch die Worte des Todes ganz deutlich; sie verweisen den Fischer auf seine Gegenwart: „Lebe dein Leben! Ich komme dann, wenn es Zeit ist."

3. *„Warte eine Weile, dann weißt du es ... Bis dahin musst du noch vieles tun."*
   Der Blick im Märchen wird auf das Leben gerichtet: Jeder Augenblick ist es wert, gelebt zu werden. Es gibt ein Leben vor dem Tod. Aufgabe der Menschen ist es, die Zeit darin sinnvoll zu nutzen.

4. *„Gut", sagte der Fischer. „Wenn das so ist, will ich warten ... Nach der Arbeit setzte er sich ans Wasser, träumte von der anderen Seite, und seine Träume flogen wie Vögel hinüber. Und das Land jenseits des Wassers wurde ihm mehr und mehr vertraut ... Als der Tod kam, ging der Fischer furchtlos mit."*

Im Märchen wird die Endlichkeit allen Lebens akzeptiert: Der Fischer geht furchtlos mit in „das andere Land", das freundlich beschrieben wird. Das ist der zentrale Gedanke des entfalteten Erzählzusammenhanges.

Wie „das andere Land" letztlich aussieht, wird in unterschiedlichen Religionen und Konfessionen verschieden beschrieben. Verbindend hingegen ist die Glaubenshoffnung, dass mit dem Tod nicht „einfach alles aus ist, sondern etwas Neues und Schönes beginnt".

→ Im Sitzkreis zeigt die Lehrperson den Kindern das Bild vom Fischer, der auf dem Steg sitzt und sich auf seine Netze besinnt (1. Bild oben rechts). Die Kinder *beschreiben* das Bild. Danach *liest* die Lehrperson den Kindern das Märchen „erzählend" vor. Zur Unterstützung der inhaltlichen Aussage wird zum Schluss das Bild vom Tod gezeigt, der den Fischer ins andere Land bringt (2. Bild unten rechts). Die Kinder betrachten in der Stille das Bild und lassen die durch den Märchenvortrag ausgelösten Gedanken und Gefühle wirken. Danach haben sie Gelegenheit zu einem *Gespräch*, das die oben genannten vier Aspekte aufgreifen sollte. Je nach Situation können die beiden

Bilder miteinander verglichen werden: Was ist gleich? Was ist unterschiedlich? Wie sehen die Personen, die Farben der Blätter, des Himmels und der Sonne aus?

Die Kinder können den Text als Vorlage bekommen, um ihn abzuschreiben bzw. dazu zu malen. – Gerne lesen Kinder Märchen laut vor. Hier empfiehlt es sich, den Text mithilfe von Instrumenten zu unterstützen *(Klangillustration)*. Außer den Orffschen Instrumenten sollten verschieden große Gläser mit Wasser (Erzeugung von Geräuschen durch kreisende Bewegungen am Glasrand mittels des Zeigefingers), eine Klangschale oder ein Windrohr zur Verfügung stehen.

 Für die Klangillustration ist eine Tonbandaufnahme hilfreich. Sie kann immer wieder zur Erinnerung und zur Korrektur abgespielt werden.

2.3.11 Sequenz 10:

Tante Sofia ist krank – Besuch am Krankenbett (S. 22–23)

Inhalt: Am letzten Tag vor den Sommerferien hört Franziska, dass Tante Sofia im Krankenhaus ist. Am Nachmittag fahren die Kinder mit Franziskas Mutter dorthin. „Tante Sofia liegt in einem Bett mit einem Gitter davor. Das Gitter ist an einer Seite heruntergeklappt. Tante Sofia ist blass, und ihre Nase ist spitzer als sonst." Franziska nimmt Tante Sofias Hand und sagt: „Hoffentlich wirst du schnell wieder gesund." Und Fabian fügt an: „Damit du noch ganz viel Zeit sammeln kannst." Tante Sofia schaut die Kinder ernst an und formuliert: „Die wichtigste Zeit ist immer der Augenblick, den man gerade erlebt ... Und der Augenblick jetzt ist gut, weil ihr hier seid." Tante Sofias Stimme wird leiser; sie schließt die Augen und schläft ein. Die Mutter streichelt die Wange von Tante Sofia. Am Abend betet Franziska: „Lieber Gott, es war immer schön bei Tante Sofia. Wir möchten so gern, dass sie wieder gesund wird. Lass sie keine Schmerzen leiden, und lass uns bei ihr sein, wenn sie uns braucht."

In dieser zehnten Sequenz wird der Blick auf Krankheit gerichtet: Alte Menschen sind oft krank. Sie bekommen dann Medikamente. Manchmal liegen sie auch in Krankenhäusern. Diese Wirklichkeit ist den Kindern bekannt. Sie kennen das Krankenhaus und haben sicherlich dort schon Menschen besucht.

Auch das gelebte Miteinander wird noch einmal in den Mittelpunkt gerückt: Gegenwart und Liebe der Menschen sind entscheidende Größen in Zeiten von Krankheit; sie trösten und ermutigen.

→ Die Geschichte wird *vorgelesen*. Im anschließenden *Unterrichtsgespräch* haben die Kinder Gelegenheit, von ihren Erfahrungen mit Krankheit, Medikamenten und Krankenhäusern zu erzählen. Sie wissen viel darüber, haben aber oft zu wenig Gelegenheit, darüber zu berichten und Fragen zu stellen. Der Gesprächsfokus sollte zum Schluss auf die Bedeutung von Besuchen und ermutigenden Worten gerichtet werden:

- Was braucht ein kranker Mensch? Was braucht Tante Sofia?
- Womit können die Kinder Tante Sofia eine Freude machen?
- Was meint Tante Sofia mit den Worten: „Die wichtigste Zeit ist immer der Augenblick, den man gerade erlebt ... Und der Augenblick jetzt ist gut, weil ihr hier seid"?

 Je nach Klassensituation können die Kinder auch eigene *Gebete formulieren*. Dies kann alternativ auch in Partnerarbeit geschehen. In Anknüpfung an bekannte Gebete (siehe III.2.3.6) können Elemente übernommen und ausgeweitet werden. Ein möglicher Impuls für diese Arbeit kann lauten: „Das Gebet hilft Franziska und Fabian, die traurige Situation mit Tante Sofia besser zu ertragen. Versucht einmal, ein eigenes Gebet zu formulieren. Vielleicht kennt ihr einen kranken Menschen oder jemanden, der Hilfe braucht. Ihr könnt alleine oder auch zu zweit schreiben. Wer möchte, kann sein Gebet später vorlesen."

2.3.12 Sequenz 11:

Abschied von Tante Sofia – Tante Sofia stirbt (S. 24)

Inhalt: Am anderen Morgen wird Franziska von ihrer Mutter geweckt. Franziska ahnt, dass etwas Schlimmes mit Tante Sofia passiert ist. Die Mutter bestätigt ihre Vermutung und erzählt, dass Tante Sofia in der Nacht gestorben ist. Franziska fragt: „Hast du ihre Hand gehalten?", denn sie weiß um Tante Sofias größten Wunsch am Lebensende. Ihre Mutter bejaht die Frage und erklärt, dass sie sofort ins Krankenhaus gefahren sei und dass sie Tante Sofias Hand „bis zum letzten Augenblick" gehalten habe. Franziska wird allmählich ruhiger und hört auf zu weinen. Sie will nun zu Fabian gehen, um ihm alles zu erzählen.

In dieser elften Sequenz steht der Abschied von Tante Sofia im Zentrum. In dieser Geschichte wird in eindrücklichen Worten behutsam und situationsadäquat erzählt, wie Tante Sofia gestorben ist. Die Tränen Franziskas sind natürlicher und wichtiger Ausdruck ihrer Trauer um den Verlust der geliebten Tante. Die tröstende Gegenwart der Mutter lässt Weinen zu, sodass nach einiger Zeit die Tränen auch wieder aufhören können. Deutlich wird hier bezogen auf die menschliche Natur: „Weinen" (Tränen) und „Freuen" gehören zusammen, denn: „Hätten die Augen keine Tränen, hätte die Seele keinen Regenbogen."

→ Zum Auftakt des Unterrichts bietet es sich hier ganz besonders an, das Gebet „Alles, was auf Erden geschieht, hat seine Zeit" **(KV 4)** zu *sprechen*, thematisiert der Predigertext doch auch das Sterben. Nach dem *Lesevortrag* äußern Lehrperson und Kinder ihre Gedanken zum Gehörten. Sie können wie folgt geordnet werden:

- Tante Sofia ist tot. (Sie ist in der Nacht gestorben.)
- Wie reagiert Franziska? (Sie weint. Sie will über alles Geschehene genau Bescheid wissen.)

- Was hilft Franziska? (Weinen hilft. Die Mutter hilft ihr. Umarmen hilft.)

Eine weitere Erarbeitungsmöglichkeit bietet sich in einem *Rollenspiel*:

- Franziska geht zu Fabian und erzählt, was geschehen ist. Beide versuchen, sich gegenseitig zu trösten.

Diese Übung macht die Kinder dafür sensibel, trauernde Menschen wahrzunehmen, sie „sehen zu lernen" und über Trost nachzudenken. Dabei sollte nicht verschwiegen werden, dass es schwer sein kann, die richtigen Worte zu finden und das Richtige in der Zeit der Trauer zu tun.

Zum Abschluss werden Gefühle zur Zeit der Trauer benannt. Dabei kann das *Beschreiben eines fremden Bildes* (siehe I.2.2.1) gut und hilfreich sein. Natürlich können auch die Bilder der Kinder (sichtbar an der Ausstellungswand; vgl. dazu Einheit 2) zur Frage „Wie sieht die Trauer aus?" herangezogen werden.

2.3.13 Sequenz 12:

Das Begräbnis – Der Abschied (S. 25–26)

Inhalt: Es sind nur wenige Menschen in der kleinen Kapelle. Franziska sitzt mit ihrer Mutter und Fabian vorn in der ersten Reihe. Der Pfarrer steht vor dem Sarg. Er erzählt etwas aus Tante Sofias Leben und liest ihren Konfirmationsspruch vor: „Ich bin gewiss, dass mich nichts von der Liebe Gottes trennt." Tante Sofia hat es so gewollt. Franziska schaut unauffällig zu Fabian: Der nickt ihr zu und gibt ihr zu verstehen, dass auch er weiß, dass „Tante Sofia jetzt bei Gott ist". Die Orgel spielt. Dann stehen alle auf. Der Sarg wird hinausgetragen: Vor dem Sarg geht der Pfarrer, hinter ihm die Gemeinde.

Nun wird der Sarg in die Erde gelassen. Die Kinder weinen und hören kaum, was der Pfarrer sagt. Einige werfen Erde auf den Sarg. Franziskas Mutter erklärt: „Wir decken Tante Sofia zu." Franziska und Fabian nehmen keine Erde; sie lassen Wiesenblumen in das Grab fallen.

In dieser Sequenz wird das Begräbnis beschrieben. Kinder wollen wissen, was mit den Toten passiert und was eine Beerdigung ist. Der Ablauf einer Bestattung und alle kirchlichen Rituale sollten den Kindern gründlich erklärt werden: Nur so sind Kinder in der Lage, die eigentliche Bedeutung von Gottesdienst und Begräbnis richtig zu erfassen und das Ganze als ein Erinnerungs-, Dank- und Abschiedsfest zu begreifen.

Im Zentrum des Unterrichtsgespräches steht die *christliche Beerdigung*. Hier einige Informationen für die Lehrperson:

- Die Trauerfeier für den Toten/die Tote findet häufig in einer Friedhofskapelle statt. Sie bietet Raum für gemeinsames Traurigsein, Sich-Beistehen und Hoffen bzw. Beten („Trauerarbeit"). Die Gemeinschaft der Trauernden wird in ihr sichtbar, und Nähe ist spürbar.
- In der Kapelle werden in der Regel die Angehörigen der/des Verstorbenen von dem Pfarrer/der Pfarrerin begrüßt (in manchen Gegenden auch vor dem Betreten der Kapelle). Durch eine Hinwendung des Pfarrers/der Pfarrerin zum Sarg oder zur Urne wird auch der/die Verstorbene „wahrgenommen".
- Die musikalische Gestaltung der Trauerfeier kann tröstlich und verbindend wirken (Orgelspiel, Chorgesang, gemeinsam gesungene Lieder).
- Zu Beginn der Ansprache nennt der Pfarrer/die Pfarrerin den Namen der verstorbenen Person und wichtige Daten aus ihrem Leben. Der/die Tote wird so gewürdigt. Im Folgenden wird deutlich gemacht, dass Verstorbene nicht einfach verloren, sondern „gut aufgehoben bei

Gott" sind und dass sie neues Leben geschenkt bekommen.

- Der Gang zum Grab ist ein letzter gemeinsamer Weg. Am Grabplatz wird noch einmal ausgesprochen, dass Christen hoffen, dass der Tod nicht das Ende ist: Jesus Christus spricht: „Ich lebe, und auch ihr werdet leben" (Joh 14,19).
- Die Bestattungsformel „Erde zu Erde, Asche zu Asche, Staub zu Staub" irritiert Kinder oft. Die Lehrperson kann erklären, dass Christen damit zum Ausdruck bringen wollen, dass alles Leben aus der Erde stammt und auch wieder zu Erde wird. Über die Zukunft der Toten ist damit nichts ausgesagt. Christen können darauf hoffen, dass die Verstorbenen unabhängig davon, ob ihr Körper zu Erde oder Staub oder zu Asche verbrannt wurde, von Gott neues Leben (einen neuen Leib) geschenkt bekommen.
- Das Hineinwerfen von Erde auf den Sarg markiert das Ende des Abschiedsweges und nimmt symbolisch das Zuschaufeln des Grabes vorweg. Früher gingen alle Dorfbewohner/innen am Grab vorbei und warfen eine Handvoll Erde in die Grube; am Ende dieses Prozesses war das Grab meistens schon mit Erde gefüllt.
- Trauerkleidung (dunkel, schwarz) zeigt nicht nur Trauer und Betroffenheit an, sondern übernimmt auch Schutzfunktion. Sie zeigt an: Hier trauert jemand; er/sie ist vielleicht empfindsamer als sonst und braucht eventuell Nähe und Begleitung oder einfach nur Ruhe.
- Kondolieren heißt: Mitgefühl in eigene Worte fassen. Vielen Menschen fällt es schwer, ihre Gedanken und Empfindungen im Gegenüber zu Trauernden auszudrücken. Deshalb gibt es Formeln, die helfen können, Betroffenheit zu zeigen, so zum Beispiel: „Mein Beileid", „Herzliche Anteilnahme".
- Mit dem gemeinsamen Essen und Trinken nach der Beerdigung (oft „Leichenschmaus" genannt) vollzieht sich symbolisch die erneute Hinwendung zum alltäglichen Leben. Wer hier lacht oder vergnügt erscheint, will nicht das Ansehen des/der Verstorbene/n schmälern, sondern deutlich machen, dass das Leben trotz aller Traurigkeit weitergeht.

→ Die Lehrperson *liest* die Geschichte „Das Begräbnis" vor. Im Anschluss daran erzählen die Kinder, welche Beerdigungen sie schon miterlebt haben. Sie beschreiben den Ablauf einer Bestattung und stellen Fragen zur Beerdigungspraxis und zu kirchlichen Ritualen. Für Fragen und Antworten sollte genügend Raum und Zeit zur Verfügung stehen.

Im Sinne des *bildhaften Gestaltens* erhalten die Kinder die Aufgabe, „Trauer – Was uns traurig macht" zu malen: Sie überlegen, welche Farben sie dem Gefühl der Trauer zuordnen und vergleichen ihr Bild mit dem Bild der „Freude – Was uns Freude macht" aus Einheit 1 (III.2.3.2).

Lieder, die im Gottesdienst gesungen werden und sich gleichzeitig für Kinder eignen, sind im Gesangbuch nachzuschlagen bzw. nachzulesen (so zum Beispiel Evangelisches Gesangbuch Nr. 408: „Meinem Gott gehört die Welt" und Evangelisches Gesangbuch Nr. 511 „Weißt du wie viel Sternlein stehen?"). Gerade das *Singen* führt zu einem vertieften Erfassen hoffnungsvoller Inhalte. Besonders geeignet ist der Kanon „Ausgang und Eingang …" (Evangelisches Gesangbuch Nr. 175):

Ausgang und Eingang,
Anfang und Ende,
liegen bei dir, Gott,
füll' du uns die Hände.

 Zu diesem Lied kann man sehr gut einen meditativen Kreis- bzw. Spiraltanz entwickeln: Die Kinder fassen sich an den Händen und gehen den Weg der Spirale singend nach innen zur Mitte (links herum; denn die linksgerichtete Spirale ist die „Todesspirale"). Je näher man sich der Mitte nähert, desto enger wird es. Dann bewegen sich die Kinder wieder aus der Mitte heraus und gehen rechtsherum wieder nach außen (die nach rechts oben geöffnete Spirale gilt in der Symbolkunde als „Lebensspirale"). Die „getanzte Spirale" versinnbildlicht das „Sich-Hinbewegen-zum-Tod" und die Befreiung daraus: „Das-neue-Sein-bei-Gott". Auch andere Lebenslieder können gesungen werden.

2.3.14 Sequenz 13:

Das Leben geht weiter – Etwas Neues fängt an (S. 27)

Inhalt: „Was wir an Tante Sofia gern hatten", sagt die Mutter auf dem Heimweg, „das bleibt in uns lebendig". Franziska erinnert sich gut und erwidert: „Genau das hat Tante Sofia auch gesagt. Damals, als sie uns von Nachbar Simon erzählte." Fabian nickt; auch er wird Tante Sofia nicht vergessen. „Deshalb werden wir ihr Grab gut pflegen", sagt die Mutter. „Und wir pflanzen Blumen darauf." „Und harken es schön." Franziska drückt fest die Hand ihrer Mutter. Dann lächelt sie Fabian zu.

In dieser vorletzten Sequenz steht das Weiterleben im Vordergrund. Leben ist abschiedliche und (rück-)bezügliche Existenz zugleich: „Abschiednehmen" und „In-Bezogenheit-Leben" gehören zusammen und sind Elemente einer Wirklichkeit, so wie auch Tod und Leben nicht zu trennen sind. Das Leben kann und soll weitergehen. Es kann weitergehen, wenn trostvolle Aspekte (Hoffnungsbilder) im Leben verankert werden:

- *Der/die Verstorbene bleibt in der Erinnerung lebendig.* Damit sind nicht nur die letzten Momente des Lebens gemeint, sondern die gesamte Bandbreite der Palette gelebten und geteilten Lebens.
- *Der/die Verstorbene ist bei Gott.* Sowohl im Leben und Sterben als auch im Tod bleibt Gott nahe (vgl. z. B. Röm 8,38f.).

Man beachte: Wenn Kinder schreckliche Erfahrungen im Umfeld des Todes gemacht haben, können sie u. U. wünschen, dass Verstorbene – z. B. Mörder – für immer in der Hölle verbrennen und fern von Gott sind. Damit drücken Kinder ihren Gerechtigkeitswunsch aus. Lehrer/innen sollten dies zunächst einmal gelten lassen und erst nach einiger Zeit behutsam versuchen, gemeinsam nach tragfähigen Hoffnungsbildern zu suchen.

→ Nach dem Vorlesen der Geschichte *sprechen* Lehrperson und Kinder über das Weiterleben der Hinterbliebenden:

- Was bietet ihnen Trost?

1. Die Kinder wiederholen u. U. das, was Tante Sofia gesagt hat und was auch Franziskas Mutter wiederholt hat: „Was wir an Tante Sofia gern hatten ..., das bleibt in uns lebendig." Dieser Gedanke wirkt in der Geschichte und auch bei ihrer Lektüre und Nachbesprechung tröstlich.

2. Auch die Vorstellung von der beständigen Nähe Gottes wird eventuell noch einmal diskutiert und mit Blick auf das eigene Leben bedacht. Verstorbene leben nicht nur in der Erinnerung anderer Menschen weiter, sondern vor allen Dingen in der Erinnerung Gottes, die neues Leben möglich macht.

3. Sicherlich wird auch noch einmal über Grabpflege gesprochen. Sie ist für viele Kinder (und auch Erwachsene) trostspendendes Handeln. Mit ihr wird dem/der Verstorbenen gegenüber Wertschätzung zum Ausdruck gebracht; außerdem lässt sie auch die eigene Wirklichkeit wieder „bunt" werden.

14. Sequenz: Auf dem Friedhof (S. 28) – Impressionen

→ Dieser eindrückliche Text steht auf der letzten Seite des Buches „Abschied von Tante Sofia". Er kann *gelesen* oder auch *abgeschrieben* werden und mit Bildszenen aus der Geschichte, konkreten eigenen Erinnerungen oder auch mit Farben und abstrakten Formen *ausgestaltet* werden.

Durch diesen handlungsorientierten Prozess erhalten die Kinder die Möglichkeit, die Geschichte, die nun zu „ihrer" Geschichte geworden ist, noch einmal Revue passieren zu lassen und sich an zentrale Aussagen der gemeinsamen Arbeit zu erinnern (Vertiefung und Transfer).

Auf dem Friedhof

Menschen weinen am Grab.
Es riecht nach Erde.
Namen auf den Grabsteinen
erinnern an die Toten.
Sie sind nicht vergessen.
Sie sind geborgen in Gott.

Sonne scheint durch die Bäume.
Bunte Blumen blühen auf den Gräbern.
Schmetterlinge taumeln um ein Holzkreuz
und die Amseln singen.

2.4 Einheit 4:

Begegnung mit biblischen Hoffnungsbildern – Hoffen, dass der Tod nicht das Ende ist

2.4.1 Sequenz 1:

Ein Unterrichtsgang zum Friedhof

Die Unterrichtseinheit beginnt mit einem Besuch auf dem Friedhof. Dieser sollte möglichst an einem sonnigen Tag stattfinden, damit nicht von vornherein traurige Atmosphäre herrscht. Vom Zeitumfang her sind mindestens neunzig Minuten einzuplanen, damit die Kinder genügend Raum für ihre Beobachtungen und Empfindungen haben. Außerdem sollte die Klasse in mehrere Kleingruppen eingeteilt werden, um wirkliche Gespräche möglich zu machen und die Ruhe auf dem Friedhof nicht zu stören; ideal sind Vierergruppen. Jede Gruppe ist mit Papier und Stiften ausgestattet.

→ In der Regel empfiehlt es sich, die Kinder mit konkreten *Arbeitsaufträgen* zu betrauen, damit sie nicht ziellos auf dem Friedhof umherlaufen:

1) Sucht bekannte Gräber und erzählt den Kindern in eurer Gruppe, wer dort beerdigt wurde.
2) Schaut die Gräber miteinander genau an. Was ist auf den Grabplätzen zu sehen? (Blumen, Grablichter, Kreuze, Grabsteine etc.)
3) Schaut die Grabsteine genau an. Nehmt Papier und Stifte und schreibt die Grabinschriften ab, die euch besonders gut gefallen. Wenn ihr auf den Grabsteinen Bilder entdeckt, malt sie ab.

Während die Kinder in den Gruppen ihre Arbeitsaufträge erledigen, steht die Lehrperson für Fragen und Gespräche zur Verfügung; sie reagiert auch auf eventuell aufbrechende Emotionen.
Zum Abschluss des Friedhofbesuches ruft die Lehrperson alle Kinder an einem dafür geeigneten Ort zusammen, um mit ihnen folgenden Text in einer Art Stilleübung zu bedenken:

> Friedhof: Ort der Ruhe, Ort des Erinnerns.
>
> Viele Namen auf Grabsteinen. Sie erinnern an Menschen, die vor langer oder kurzer Zeit gestorben sind. Viele Namen, viele Menschen, viele Tote. Sie sind nicht vergessen. Sie sind geborgen bei Gott. Er kümmert sich um sie und ist ihnen nahe.
>
> Viele Namen, viele Menschen, viele Trauernde. Sie weinen an den Gräbern. Tränen fließen leise oder laut.
>
> Ein Vater nimmt sein Kind auf den Arm. Eine Frau tröstet ihre Freundin. Ein Kind reicht seiner Oma ein Taschentuch.
>
> Friedhof: Ort der Ruhe, Ort des Erinnerns.
>
> Bunte Blumen auf Gräbern. Sonne, die durch die Bäume scheint. Schmetterlinge, die um Kreuze flattern. Vögel singen.

Nach dieser Stilleübung gehen die Kinder zusammen mit ihrem Lehrer/ihrer Lehrerin zurück zur Schule. Sie nutzen diese Zeit, um Erlebtes nachwirken bzw. ausklingen zu lassen.
Im Klassenraum angekommen übertragen sie ihre Notizen in ihre Religionshefte. In einer abschließenden Runde werden einzelne Beiträge vorgelesen; sicherlich wollen einige Kinder noch einmal über ihre Empfindungen auf dem Friedhof sprechen.

2.4.2 Sequenz 2:

Begegnung mit biblischen Hoffnungsbildern

Ausgehend von den konkreten Hoffnungsmotiven, die beim Gang auf den Friedhof auf Grabsteinen entdeckt wurden, wird der Blick in dieser Sequenz auf weitere tragfähige biblische Hoffnungsbilder gelenkt. Material zur eigenen Vorbereitung befindet sich in den beiden Infos 3 und 4 (siehe IV.2); für die Kinder ist dieses in elementarisierter Form aufbereitet (vgl. **KV 7 und 8**).

→ Zu Beginn der Unterrichtsstunde sammelt die Lehrperson die Kinder in einem Sitzkreis. In seiner Mitte wird, um eine meditative Stimmung zu erwirken, eine Kerze angezündet. Ebenso gut kann auch eine Klangschale zum Einsatz gebracht werden. Der Lehrer/die Lehrerin gibt folgenden *Impuls*: „Erinnert euch an unseren Besuch auf dem Friedhof. Ihr habt dort viele Grabsteine angeschaut und auf ihnen Sätze und Bilder entdeckt, die ihr aufgeschrieben oder abgemalt habt. Was drücken diese Sätze und Bilder aus?" Die Kinder *formulieren* „Hoffnung" als verbindendes Motiv aller Sätze und Bilder. Sie *lesen* Beispiele aus ihren Religionsheften vor oder zeigen abgemalte Bilder.

Die Lehrperson erklärt den Kindern, dass in der Bibel noch viele weitere Hoffnungsbilder zu finden sind. Sie stellt ein Textbeispiel von **KV 9** (Biblische Hoffnungsbilder 1: Was Gott uns verspricht) vor und bespricht seinen Inhalt:

> Der Apostel Paulus schreibt: „Ich bin gewiss, dass weder Tod noch Leben uns scheiden können von der Liebe Gottes, die in Christus Jesus ist." (Römerbrief 8,38f.)

Gemeinsam überlegen die Kinder, wie sie das in der Bibel Gesagte *bildlich gestalten* können. Die Kinder erhalten nun das Arbeitsblatt **KV 7** und gehen an ihre Plätze zurück. Sie lesen die anderen Texte und überlegen sich zu einzelnen eine individuelle Gestaltung. Natürlich können die Schüler/innen auch zu zweit arbeiten, um sich gegenseitig zu beraten und zu unterstützen. Am Schluss der Stunde stellen die Kinder ihre Arbeitsergebnisse vor.

Die nächste Stunde wird wie bereits beschrieben eröffnet (Sitzkreis, Kerze, Klangschale etc). Die Kinder erhalten **KV 8** (Biblische Hoffnungsbilder 2: Was Gott uns zeigt) als Leseblatt.

Abwechselnd lesen einzelne Schüler/innen die hier angeführten Sätze vor. Die vermittelten Hoffnungsbilder (Licht, Hand Gottes, Himmel) werden diskutiert und auf die konkrete Lebenswirklichkeit der Kinder bezogen. Abschließend können die Kinder das Blatt zur eigenen kreativen Gestaltung nutzen:

- Sie malen die Bilder an und ergänzen eigene Ideen.

- Sie schneiden einzelne Sätze und die dazugehörigen Bilder aus und kleben sie in ihre Religionshefte.

- Sie schreiben eigene Hoffnungssätze auf und malen Bilder dazu.

 Eine weitere Möglichkeit zum kreativen Umgang mit **KV 8** bietet die Herstellung von Postkarten: Auf geschnittenem DIN-A5-Tonkarton schreiben die Kinder einen von ihnen als besonders hoffnungsvoll empfundenen Bibelspruch auf und gestalten ihn entsprechend. Wenn die Kinder in ihrer Verwandtschaft, Nachbarschaft oder im Freundeskreis jemanden kennen, der/die um einen Menschen oder ein Tier trauert, können sie ihm/ihr diese ermutigende „Hoffnungs-Postkarte" zuschicken.

3. Hilfsmittel und Materialien

KV 1: Das Lebenslabyrinth

KV 2: Die Lebensstadien

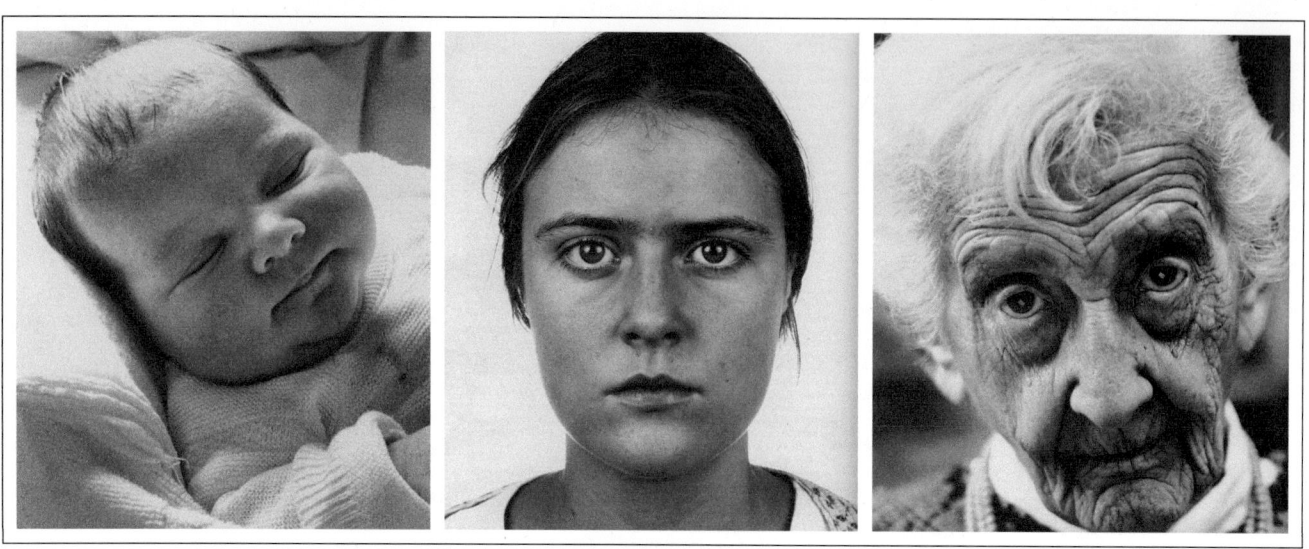

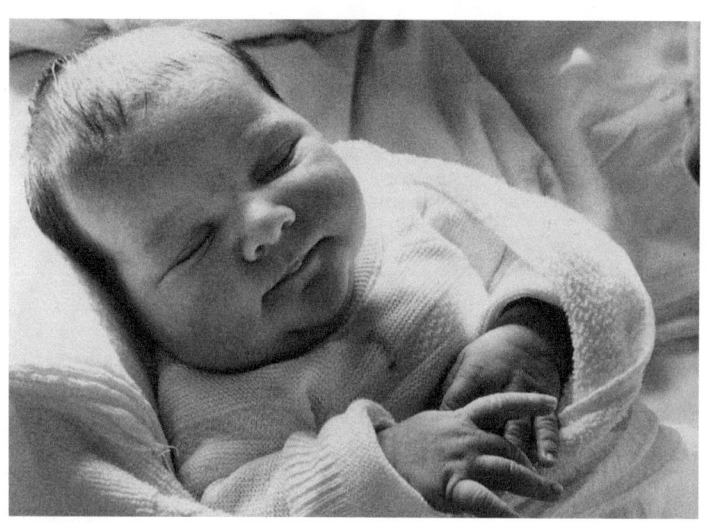

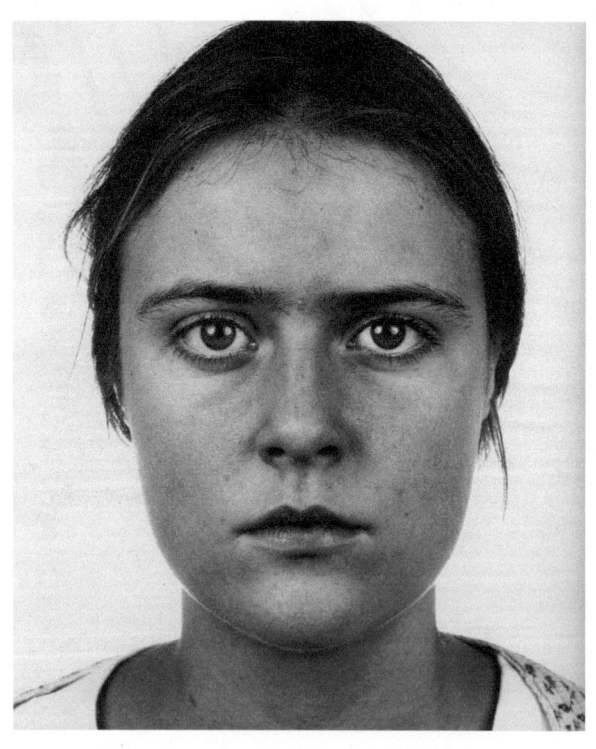
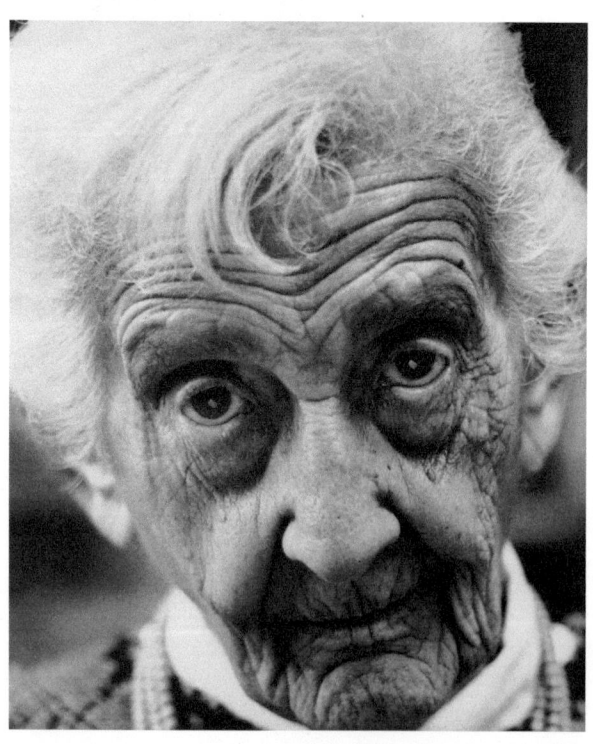

KV 3: Schreibblatt

Name: _____

KV 4: Zeit (als Puzzle in verschiedene große Teile bzw. in Zeilen zerschneiden)

**Alles, was auf Erden geschieht,
hat seine Zeit;
seine von Gott bestimmte Zeit.**

**Das Pflanzen und das Ernten,
das Freuen und das Umarmen,
das Kranksein und das Sterben,
das Weinen und das Erinnern.**

**Alles, was auf Erden geschieht,
hat seine Zeit;
seine von Gott bestimmte Zeit.**

Nach dem Prediger Salomo

KV 5: Erinnerung

Nach einer Weile sagt Tante Sofia: „Simons Körper ist tot. Das ist wahr. Er liegt auf dem Friedhof und zerfällt und wird zu Erde. Aber was ich mit Simon erlebt habe, bleibt in meinem Herzen lebendig. Alles das, was ich an Simon gern hatte, lebt in mir weiter."

Schreibe und male deine Erinnerung an einen geliebten Verstorbenen auf!

KV 6: Dialogspiel

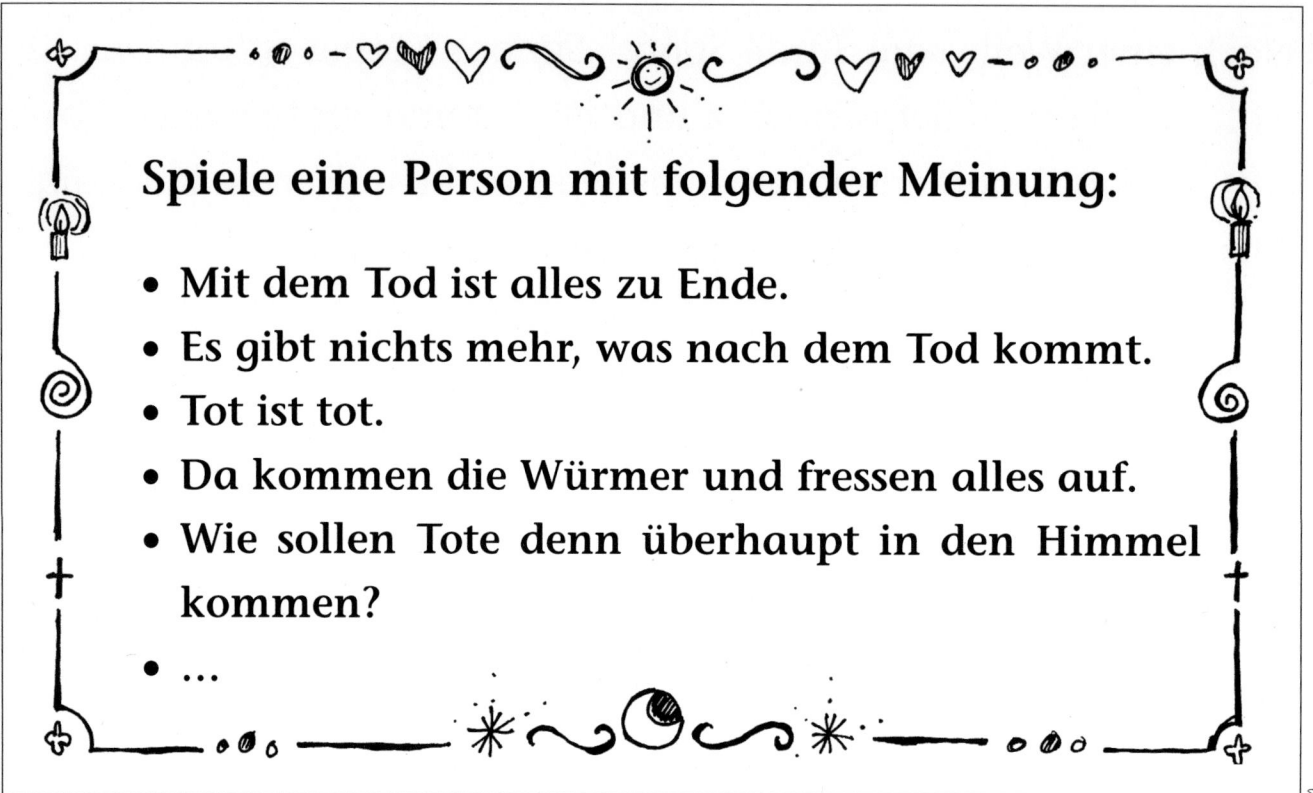

Spiele eine Person mit folgender Meinung:

- Mit dem Tod ist alles zu Ende.
- Es gibt nichts mehr, was nach dem Tod kommt.
- Tot ist tot.
- Da kommen die Würmer und fressen alles auf.
- Wie sollen Tote denn überhaupt in den Himmel kommen?
- ...

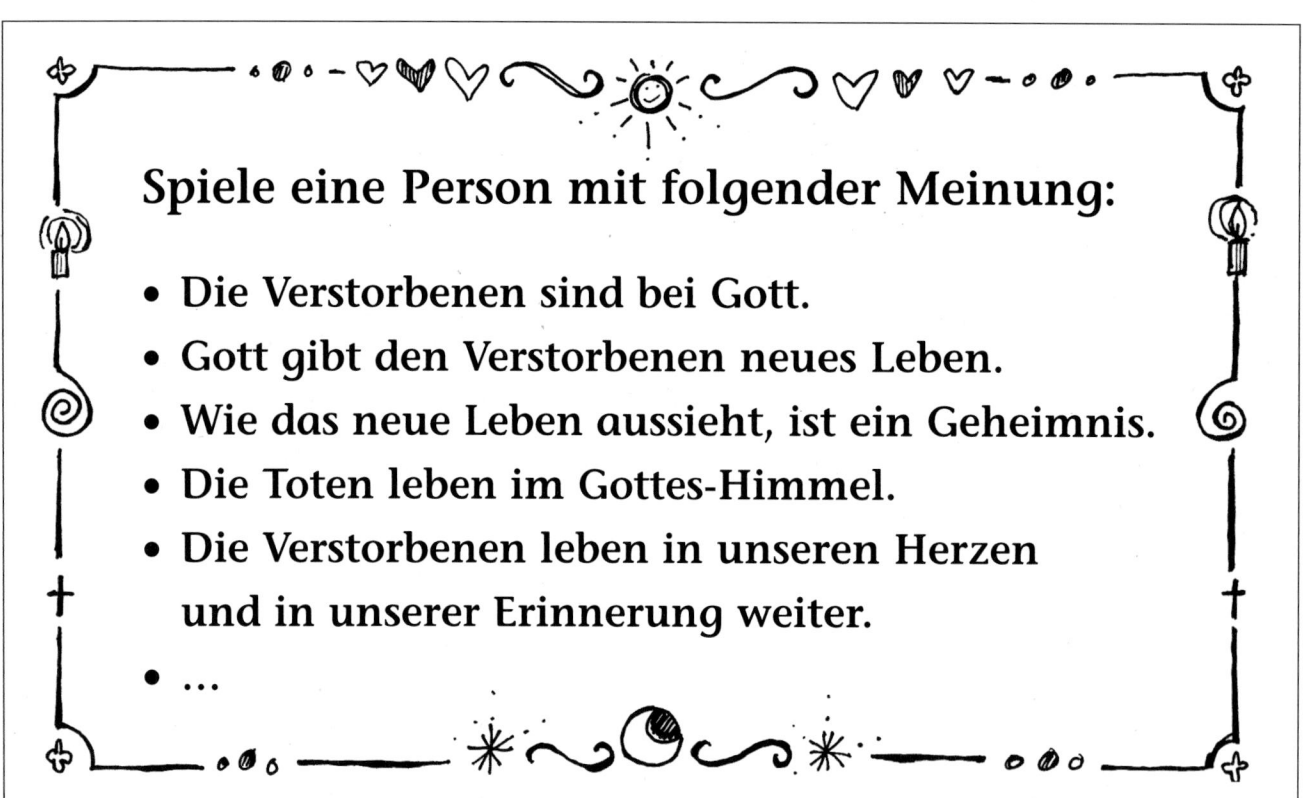

Spiele eine Person mit folgender Meinung:

- Die Verstorbenen sind bei Gott.
- Gott gibt den Verstorbenen neues Leben.
- Wie das neue Leben aussieht, ist ein Geheimnis.
- Die Toten leben im Gottes-Himmel.
- Die Verstorbenen leben in unseren Herzen und in unserer Erinnerung weiter.
- ...

KV 7:

Biblische Hoffnungsbilder 1: Was Gott uns verspricht

Gott spricht: „Fürchte dich nicht, denn ich habe dich erlöst. Ich habe dich bei deinem Namen gerufen. Du bist mein!" (Jesaja 43,1)

Gott spricht: „Denn ich weiß wohl, was ich für Gedanken über euch habe: Gedanken des Friedens und nicht des Leides, denn ich will euch eine Zukunft und eine Hoffnung geben." (Jeremia 29,11)

Jesus Christus spricht: „Ich bin das Brot des Lebens. Wer zu mir kommt, der wird nicht hungern. Wer an mich glaubt, der wird niemals Durst haben." (Johannesevangelium 6,35)

Jesus Christus spricht: „Wahrlich, ich sage euch: Wer glaubt, der hat das ewige Leben." (Johannesevangelium 6,47)

Jesus Christus spricht: „In der Welt habt ihr Angst; aber seid getrost! Ich habe die Welt überwunden." (Johannesevangelium 16,33)

Der Apostel Paulus schreibt: „Ich bin gewiss, dass weder Tod noch Leben uns scheiden können von der Liebe Gottes, die in Christus Jesus ist." (Römerbrief 8,38f.)

KV 8:

Biblische Hoffnungsbilder 2: Was Gott uns zeigt

Licht

Dein Wort ist meinem Fuß eine Leuchte und ein Licht auf meinem Wege. (Psalm 119,105)

Jesus spricht: „Ich bin das Licht der Welt. Wer mir nachfolgt, der wird nicht umhergehen in der Finsternis, sondern wird das Licht des Lebens haben." (Johannesevangelium 8,12)

Hand Gottes

Von allen Seiten umgibst du mich und hältst deine Hand über mir. (Psalm 139,5)

Fürchte dich nicht, ich bin mit dir; hab keine Angst, denn ich bin dein Gott. Ich stärke dich, ich helfe dir auch, ich halte dich mit meiner hilfreichen rechten Hand. (Jesaja 41,10)

Himmel

Siehe, deinem Gott gehören der Himmel und aller Himmel Himmel und die Erde und alles, was darinnen ist, gehört Gott.
(Buch Deuteronomium 10,14)

Unser Gott ist im Himmel; alles, was ihm gefällt, das vollbringt er. (Psalm 115,3)

IV. Weiterführende religionspädagogische Überlegungen

1. Leitlinien für das Miteinander von Erwachsenen und Kindern im Grundschulbereich für einen konstruktiven Umgang mit dem Thema „Tod und Leben"

Wer als Religionslehrer/in in der Grundschule arbeitet, bewegt sich in einem pädagogischen Handlungsfeld, das besondere Herausforderungen bereithält. Dies rührt u. a. daher, dass sich die Schüler/innen der Jahrgänge 1 bis 4 in einem entwicklungspsychologisch bedeutsamen Lebensabschnitt befinden, der insbesondere für die Herausbildung ihrer religiösen Identität prägend ist: Kinder im Alter von sechs bis zehn bzw. elf Jahren müssen nicht nur beim Erlernen der grundlegenden Kulturtechniken wie Lesen, Schreiben und Rechnen angeleitet und gefördert werden, sondern sind ebenfalls zu einem sozialen Miteinander im Klassenverband zu befähigen. Die Entfaltung ihrer selbstverständlich bereits vorhandenen kleinen Persönlichkeiten (Grundschulkinder sind keine unbeschriebenen Blätter!) verlangt dabei nach individueller Ansprache und konsequenter Begleitung; und auch die religiöse Dimension wird in diesem Zusammenhang auf vielfältige Weise zu berücksichtigen sein. Speziell der Glaube der Kinder (als Vertrauensgröße, die Hoffnungskräfte freisetzt) benötigt einen zuverlässigen Halt ohne einengende Wirkung. Es geht dementsprechend in den ersten Schuljahren immer wieder darum, bei der spontanen Entdeckung und zunehmend durchdachten Herausbildung von Leitlinien eigener Spiritualität behilflich zu sein, um so das Fundament für ein Credo zu legen, das den Heranwachsenden mit all ihren Besonderheiten entspricht.

Religionslehrer/innen werden in diesem Zusammenhang als *Identifikator/inn/en mit Leitbildfunktion* dringend benötigt; sie sollen wesentliche Elemente christlicher Religion bekannt und vertraut machen, aber auch beispielhaft Christus-Glauben gestalten und dazu einladen, diesen Glauben mit eigener Ausrichtung überzeugt und überzeugend nachzuleben. Übergeordnetes Ziel ist dabei nicht eine einheitliche Kollektivprägung, sondern die Ermöglichung persönlicher Religiosität und Glaubensverankerung.

Letzteres ist auch und gerade im Blick auf die Beschäftigung mit dem Thema „Tod und Leben" relevant. Es geht nicht darum, Kindern im Gegenüber zu herannahender bzw. hereinbrechender Todeswirklichkeit eine wie auch immer geartete orthodoxe Einheitsüberzeugung aufzuzwingen. Sie sollen nicht lernen, Lehrsätze sinnentleerend „nachzuplappern", sondern dazu angeleitet werden, eigene sinnvolle und deshalb tragfähige Hoffnungsbilder zu entwickeln. Dazu braucht es allerdings inhaltliche Angebote (Vorgaben, die auch abgelehnt werden dürfen), die dem jeweiligen Reifegrad kindlicher Kognition und Emotion entsprechen und eine stabile Basis für kreativ-eigenständiges, weiterführendes Denken und Fühlen bieten. Für deren sprachliche Umsetzung empfehlen sich offene Formulierungen, die keine einseitig-dogmatische Festlegung beinhalten und dazu einladen, eigene Überlegungen anzustellen; sie sollten bewusst subjekt- und situationsbezogen sein („ich denke ..." – „ich glaube ..." – „ich wünsche mir ..." – „ich hoffe ..." – „ich vermute ..." – „ich nehme an ...").

Dies vorausgesetzt ist selbstverständlich zu berücksichtigen, dass die Vorerfahrungen und Lerngeschichten konkreter, zum Komplex „Tod und Leben" anzusprechender Schüler/innen meistens sehr unterschiedlich sind; es können zwar Grundmuster kindlicher Persönlichkeiten mit bestimmten Problembearbeitungsstrukturen oder kindlicher Erlebniswelten erkannt und beschrieben werden, aber diese dürften (trotz mancher Übereinstimmungen) letztlich nie auf einen Nenner zu bringen sein: Es gibt Kinder im Grundschulbereich, die bisher überhaupt keine direkte Konfrontation mit Sterben und Tod erlebt haben und gar nicht um Todesängste wissen, und es gibt andere, die Todesphänomene aus nächster Nähe kennen und sich bereits jahrelang mit den Auswirkungen zersetzender Todesängste herumplagen mussten.

Insbesondere für letztere werden Religionslehrer/innen auch als Fachleute mit hoher sozialer und beraterischer Kompetenz benötigt. Sie können und sollen in der Regel zwar nicht therapeutisch intervenieren, aber doch auf Leidensdruck hervorrufende Normabweichungen hinweisen und gegebenenfalls notwendige soziotherapeutische Maßnahmen einleiten. Dabei sollten sie als „Anwälte bzw. Anwältinnen" der ihnen anvertrauten Kinder auftreten und stellvertretend für sie immer wieder deutlich machen, wie wichtig behutsame Kommunikation des Todesthemas und kritische Auseinandersetzung mit der Endlichkeit allen Lebens ist. Gerade im Gegenüber zu Eltern, die ihre Kinder verständlicherweise vor übermäßigen Belastungen schützen wollen, ist das allerdings nicht immer leicht. Es gibt viele unbewusste Abwehrmechanismen, die darauf beharren lassen, Sterben und Tod seien schlicht und ergreifend keine Inhalte für Kinder und sollten dementsprechend auch nicht in der Schule berücksichtigt werden. Gerade weil das so ist, sollten keine Mühen gescheut werden, um die Todesthematik hoffähig zu machen. Verschweigen und Ausgrenzen helfen einfach nicht weiter, wenn Probleme mit Trennungs- und Nichtungserfahrungen im Umfeld des Todes auftreten. Stattdessen werden dringend Redebereitschaft und Offenheit benötigt; nur wo sie vorhanden sind, kann an- und ausgesprochen und dann auch bearbeitet werden, was Not macht und lebensabträglich wirkt. Wenn Religionslehrer/innen das beherzigen und auch anderen klar machen, kann es zu erstaunlichen, anhaltenden Einstellungs- und Verhaltensänderungen bei allen am Gesamtprozess Schule Beteiligten kommen. Das Thema „Tod" wird dann wirklich als „Lebensthema", also als für das Leben bedeutsames Thema wahrgenommen, und seine Entfaltung kann zu einer „Verleiblichung des Evangeliums" mitten in unserer Welt beitragen.

Die Beschäftigung mit dem Thema „Tod und Leben" wird für Religionslehrer/innen mitunter auch dadurch erschwert, dass in der Grundschule heute immer mehr Klassenverbände mit Schüler/innen unterschiedlicher Religionszugehörigkeit sowie Religionslosen anzutreffen sind. Das erfordert von Lehrpersonen und Schüler/innen umfangreiches Wissen über das je eigene Herkommen und die Traditionen des jeweiligen Gegenübers sowie ein feines Gespür für vorhandene Reibungsflächen und Konfliktpotenziale. Nur wer weiß, welche religiöse Prägung und Entwicklung er bzw. sie selbst mitbringt, ist in der Lage, auch andere mit u.U. völlig anderen Grundüberzeugungen differenziert wahrzunehmen und trotz mancher Unterschiede als (Mit-) Menschen anzunehmen. Die dafür notwendigen Voraussetzungen sind in den ersten Schuljahren verhältnismäßig leicht zu vermitteln, bedürfen jedoch auch in den Jahren nach Verlassen des Primarbereiches ständiger Nacharbeit und Vertiefung. – Religionslehrer/innen kommt in diesem Zusammenhang die Rolle von *Kommunikator/inn/en mit „Brückenfunktion"* zu. Sie sollen im Rückgriff auf Freiheit und Verantwortlichkeit Arroganz und Ignoranz abbauen helfen, indem sie für Toleranz und deren Praktizierung eintreten und so Einheit in kulturell-religiöser Verschiedenheit ermöglichen. Ihr Auftrag weist dabei nicht nur elementar-pädagogische Komponenten auf, sondern immer auch übergeordnet-bildungsbezogene, die neben aller erforderlichen Informations- und Wissensvermittlung auch die Ermöglichung der Entfaltung gereifter Persönlichkeiten mit eigener (religiöser) Identität berücksichtigen. Die dafür notwendige ganzheitlich ausgerichtete „Entwicklungsarbeit" kann nur leisten, wer sich sowohl auf theologische Sachverhalte als auch auf umfassende Selbst- und Fremdanalysen einlässt. Dabei ist – gerade wenn es um komplexe, existenziell bedeutsame Inhalte geht – kritisch von der konkreten Gegenwart her nach Vergangenheit und Zukunft des eigenen und des jeweils anderen (religiösen) Selbst zu fragen. Religionslehrer/innen sollten dies wissen, um einschätzen zu können, ob sie wirklich dazu bereit und in der Lage sind, mit Kindern auf die Behandlung des Themas „Tod und Leben" zuzugehen und sie so durchzuführen, dass ein kommunikativ ausgerichteter, alltagsrelevanter Lehr-Lern-Kontext entsteht. – Folgende, exemplarische Leitfragen mit orientierender Funktion können in diesem Zusammenhang klärend und deshalb hilfreich sein:

- Wie sehe und verstehe ich mich selbst als (Christen-)Mensch in einer sich ständig verändernden säkularen Welt? – *Welche Auswirkungen hat mein Christ/in-Sein auf meine Vorstellungen vom Tod, und wie unterscheiden sich meine Schreckens- und Hoffnungsbilder von denen anderer, die nicht als Christ/innen leben?*

- Was bedeutet mir mein Glaube bzw. meine Religiosität emotional? – *Welche Auswirkungen hat mein Glaubensleben bezüglich meiner Gefühle hinsichtlich herandrängender bzw. hereinbrechender Todeswirklichkeit?*

- Welcher Stellenwert kommt (theologischer) Reflexion in meinen Lebensvollzügen zu? – *Beeinflusst Theologie mein Nachdenken über Sterben und Tod?*

- Wie ist mein (theologisches) Denken inhaltlich-strukturell bestimmt? Woher kommt die individuelle Prägung meiner (theologischen) Existenz? Welche Begegnungen mit Menschen und Ideen haben mich positiv und/oder negativ beeindruckt und dementsprechend geformt bzw. „deformiert"? – *Durch wen oder was (durch welche Personen und/oder Ereignisse) wurde bisher mein (theologisches) Nachdenken über den Tod geprägt? Habe ich im Umfeld des Todes in erster Linie positive oder negative Erfahrungen gemacht?*

- Warum möchte ich mit Kindern arbeiten? Welche Assoziationen werden von mir freigesetzt, wenn ich an Kinder denke? – *Welche Ziele verfolge ich, wenn ich mit Kindern das Thema „Tod und Leben" behandle? Was weiß ich über die Spezifika kindlicher Vorstellungen vom Tod?*

- Wie nehme ich Heranwachsende (in ihrer [mehr oder weniger kritischen] Auseinandersetzung mit christlicher Überlieferung) wahr, und wie gehe ich mit ihnen (und ihrem Glauben/Nicht-Glauben bzw. ihrer Religiosität/A-Religiosität) um? Kann ich offen-tolerant sein, oder bin ich eher festgelegt und dementsprechend auch festlegend? – *Welche Gedanken und Gefühle werden in mir ausgelöst, wenn Kinder Todesvorstellungen entwickeln, die nur bedingt oder gar nicht mit christlicher Überlieferung in Einklang zu bringen sind? Wie gehe ich mit „abweichenden" Meinungen um?*

- Welche Ziele verfolge ich im Gegenüber zu anderen Menschen? Möchte ich z. B. beeinflussen, belehren oder begeistern? Geht es mir darum, Sinn zu vermitteln oder Entdeckungszusammenhänge für kreative (Selbst-)Explorationen deutlich zu machen? – *Möchte ich Kindern in erster Linie informative Wissensfakten über Sterben und Tod nahe bringen, oder ist mir insbesondere daran gelegen, Heranwachsende dazu zu befähigen, sich selbsttätig mit herandrängender bzw. hereinbrechender Todeswirklichkeit auseinander zu setzen, Fragen zu stellen und nach eigenen Antworten zu suchen?*

- Welche Kommunikationsmuster bestimmen mich? Bin ich schwerpunktmäßig monologisch, dialogisch oder sogar polylogisch ausgerichtet? – *Kann ich mit Kindern über Sterben, Tod und Traurigkeit so sprechen, dass alle Beteiligten zu Worten kommen? Gelingt es mir beim Thema „Tod und Leben" sowohl aufmerksam zuzuhören als auch auf schwierige Fragen antwortend einzugehen?*

Über die vorab genannten grundlegenden Fragen hinaus können u. U. auch noch folgende, mehr inhaltlich ausgerichtete Anregungen bei der Vorbereitung einer kindgemäßen und entwicklungsfördernden Unterrichtsreihe zum Thema „Tod und Leben" helfen:

- Das Thema „Tod" gehört mitten ins Leben hinein und sollte angemessen behandelt werden: Der Tod ist weder totzuschweigen noch totzureden. Die Worte „sterben", „leiden", „tot" („Tod") und „trauern" dürfen nicht zu unterdrückten Tabuwörtern werden, sondern sind offen aus- und anzusprechen (und das durchaus bevor ein Kind mit den von ihnen bezeichneten Inhalten direkt konfrontiert wird).

- Menschen, die über Sterben, Tod und Trauer nachdenken und sich dabei auch emotional engagieren, dürfen sich betroffen zeigen. Bei der Auseinandersetzung mit der Endlichkeit allen Lebens ist nicht nur Nüchternheit gefragt, sondern auch der Mut, Gefühle (auch solche, die u. U. negativ empfunden werden) zuzulassen.

- Niemand sollte versuchen, im Umfeld des Todes(themas) immer „stark" zu sein. Auch Erwachsene dürfen vorhandene Hilflosigkeit eingestehen. Kinder fühlen sich dadurch – so lange das Maß des Erträglichen nicht eklatant überschritten wird – im Allgemeinen nicht abgestoßen und überfordert, sondern als Gegenüber ernst genommen.

- Kein Mensch hat auf alle Fragen des Lebens, des Sterbens und des Todes eine Antwort; darum ist es auch für Erwachsene legitim und heilsam, im Gegenüber von Kindern von ihrem eigenen Nichtwissen zu sprechen. Ehrliche Auskünfte (z. B.: „Ich weiß das auch nicht ganz genau, aber ich stelle mir vor …") schaffen Spielraum für gemeinsames Nachdenken und lassen Kinder spüren, dass sie eingedenk herannahender bzw. hereinbrechender Todeswirklichkeit keineswegs allein nachdenklich Suchende sind.

- Niemand sollte Kindern über den Tod mehr erzählen als er oder sie selber weiß und/oder glaubt. Märchenhaftes wird überaus schnell zur Lüge, die nicht tröstet, sondern – als solche entlarvt – verletzt und schmerzt.

- Theologisch komplexe, also vielschichtige und darum mitunter komplizierte Begrifflichkeiten sind in der Regel wenig tröstlich. Es hilft Kindern (und auch Erwachsenen) beim Umgang mit dem auch emotional belastenden Thema „Tod" erfahrungsgemäß herzlich wenig, vom stellvertretenden Leiden, vom Sühnetod Jesu Christi, von der gefallenen Schöpfung oder vom Tod als der Sünde Sold erzählt zu bekommen. Stattdessen brauchen sie anschauliche

Ausführungen über das, was in Krisenzeiten Halt gibt und tröstet, denn sie wollen und sollen auf immanenter und transzendenter Ebene Nähe, Gemeinschaft und wirkliches Interesse erfahren und spüren, dass sie bei ihnen zugetanen Menschen und bei Gott geborgen und gut aufgehoben sind.

🌀 Es kommt darauf an, Kindern mit all ihren Fragen und Antwortversuchen in Bezug auf Sterben, Tod und Trauer (auch und gerade den absonderlichen) hinreichend Raum zu geben und ihnen immer wieder neu Rede und Antwort zu stehen. Es reicht längst nicht in jedem Fall, einen schwerwiegenden Sachverhalt einmalig zu erklären; manches muss öfters besprochen und wiederholt werden, um so ganz allmählich in kindliches Bewusstsein vorzudringen und wirklich verstanden zu werden.

Wer diese Grundsätze berücksichtigt, dürfte ausreichend davor geschützt sein, Kinder in ihrer Auseinandersetzung mit Sterben und Tod allein zu lassen oder zu überfordern. Er/sie wird sich als verlässliches „Begegnungs-Gegenüber" bereithalten und auf vielfältige Weise versuchen, kindlichen Bedürfnissen gerecht zu werden. Dabei sind eigene Prämissen keineswegs völlig auszublenden oder ganz und gar aufzugeben; es kommt vielmehr darauf an, sie als solche deutlich zu kennzeichnen und möglichst elementar zu vermitteln.

2. Hintergrundwissen

Info 1: Der Tod in christlich-theologischer Sicht

Theologische Reflexion dient der Beantwortung der Frage danach, was der Tod für jede/n einzelne/n von ihm Betroffene/n bedeutet. Nach biblischem Zeugnis gibt es hierzu verschiedene Aussagen, die folgendermaßen zusammengefasst werden können:

Im Alten und im Neuen Testament wird der Mensch nach seiner Vertreibung aus dem Paradies als grundsätzlich sterbliches Wesen beschrieben. Er ist „Erdling" (adam), der notgedrungen früher oder später zur Erde (adamah) zurückkehrt (vgl. Gen 3,19) und seine Endlichkeit leidvoll erlebt. Sein Tod wird als Folge der Abkehr von Gott gewertet (vgl. Gen 2–3; Röm 5,12ff.) und erhält somit in letzter Konsequenz Strafcharakter (vgl. Röm 6,21ff.): Wer den Bereich des lebendigen Gottes verlässt, gerät in die Sphäre des Todes und verliert alle Lebenskraft.

Der adamitischen Todesverfallenheit menschlicher Existenz wird neutestamentlich mit dem Angebot der Teilhabe an Jesu Auferstehung begegnet (vgl. Röm 6). Damit ist keine Bewahrung vor natürlich-kreatürlichem Sterben gemeint, sondern die Überwindung der Angst auslösenden Macht des Todes in den Blick genommen: Der Tod bleibt zwar der letzte Feind (vgl. 1 Kor 15,26), aber er hat als solcher nicht mehr das letzte Wort; dies kommt ausschließlich Gott zu, der neues, ewiges Leben verspricht und die Gültigkeit dieser Zusage durch seinen Sohn Jesus, den Christus, verbürgt (vgl. 1 Kor 15). Menschliches Leben wird auf diese Weise wesentlich verändert. Es bleibt zwar begrenzt bzw. endlich, und an seinem Ende steht nach wie vor der Tod, aber dieser tritt nicht mehr als Schlusspunkt, sondern als Doppelpunkt in Erscheinung: Er wird „Portal zum Leben" (mors porta vitae est).

Wer über den Tod und seine Bedeutung theologisch nachdenkt, stößt sehr schnell auf die Frage nach dem Verhältnis von Leib und Seele; dabei lassen sich drei voneinander abweichende Positionen ausmachen:

1) Die der platonisch-aristotelischen Lehre von der Unsterblichkeit und Höherwertigkeit der Seele. Sie wird gegenwärtig noch in der römisch-katholischen Theologie rezipiert (so z. B. von O. Karrer); der Tod gerät vor ihrem Hintergrund zu einem bloßen „Körperphänomen", das den Wesenskern menschlichen Daseins letztlich nicht berührt.

2) Die der Ganz-Tod-Theorie, die von einer totalen Zerstörung von Leib und Seele im Tod ausgeht. Sie kann als protestantische Entgegnung auf die Rede von der unsterblichen Seele verstanden werden und wurde u. a. von K. Barth, W. Elert und R. de Pury vertreten; ihr Zielpunkt ist die Wertschätzung der durch Gott ermöglichten völligen Neuschöpfung (creatio ex nihilo) nach Eintritt des Todes.

3) Die einer Mittelposition, die darauf abhebt, Leib und Seele zwar zu differenzieren, aber nicht zu trennen. Sie findet sich u. a. bei P. Althaus (zumindest in späteren Jahren), P. Tillich sowie H. G. Pöhlmann und wird von der Überzeugung getragen, dass der Tod niemals nur den Leib, sondern immer auch die Seele betrifft. Im Vordergrund steht dabei die Aussage, dass die Seele vom Leib getrennt maßlos leidet und sich nach einem neuen Leib („Kleid") sehnt (vgl. 2 Kor 5,1ff.). Das, was dabei trotz aller Vergänglichkeit erhalten bleibt, ist das durch Gott selbst aus dem Nichts ins Leben gerufene Ich, das (grundsätzlich durchaus endlich) ausschließlich dadurch stabilisiert wird, dass Gott sein Verhältnis zu ihm nicht abbricht, sondern beständig fortschreibt und zur Basis der nachtodlichen Verwandlung (creatio ex creatione) alles Sterblichen in Ewiges macht.

Mögliche Elementarisierungen

- Alles Lebendige ist endlich; wer oder was lebt, stirbt.
- Gott kümmert sich um alles Lebendige; er kümmert sich um Lebende und um Sterbende.
- Gott kümmert sich auch um Verstorbene; er möchte Toten neues Leben schenken.
- Wer zu Gott gehört, bleibt nicht für immer tot; er/sie lebt bei Gott (im „Gottes-Himmel") und kann das genießen, denn dort ist es „schön".

Info 2: Was zeichnet tragfähige Hoffnungsbilder aus?

Nur solche Bilder können zu tragfähigen Hoffnungsbildern werden, die der Gegenwartswelt mit ihren Belastungen und Krisenmomenten nicht ausweichen, sondern deren Wirklichkeit und Wirkung in sich aufnehmen: Wo ein Hoffnungsbild gegenwartsvergessen ausschließlich zukünftige, ferne Gegenwelten zeigt, wird Leid nicht bewältigt, sondern vermieden; die menschliche Existenz mit all ihren Widersprüchlichkeiten gerät dabei aus dem Blick. Auf diese Weise kommt es zu einer Entwicklungshemmung, die Rückschritte verursacht und Fortschritt verzögert oder gar nicht (mehr) zulässt. So kann nicht getröstet, sondern nur vertröstet werden, und wenn das geschieht, wird statt lösungsorientierter Konfliktbearbeitung Konfliktbagatellisierung bzw. -vermeidung betrieben. Kurzfristig kann durch derartiges Vorgehen durchaus Entlastung erwirkt werden, langfristig ist jedoch damit zu rechnen, dass trotz oder gerade wegen der Abwehr aller negativ eingestuften Aussagen, Empfindungen und Emotionen etc. „Verdachtsmomente" aufsteigen, die Zweifel am Wahrheitsgehalt einseitig positiver Bilder aufkommen lassen und u. U. in die Verzweiflung führen. – Begründete Hoffnung hingegen wirkt ganz anders; sie hat ihre Basis im Hier und Jetzt, macht aktiv, setzt Protestpotentiale frei und kann so befreiend wirken; der durch sie vermittelte Hoffnungsaffekt öffnet (neue) Horizonte und lässt zuversichtlich mutig nach vorn schauen.

Bezogen auf das Thema „Sterben/Tod" sind demgemäß solche Hoffnungsbilder als tragfähig zu bezeichnen, die der Endlichkeit allen Lebens und den damit unweigerlich verbundenen Ängsten und Traurigkeiten nicht ausweichen, sondern sie zulassen und deutlich konturieren; herannahende bzw. hereinbrechende Todeswirklichkeit und alle mit ihr verbundenen Regungen sollten bildhaft weder verharmlost noch geschönt, sondern nüchtern, als selbstverständlicher Teil allen Lebens dargestellt werden. Nur auf diese Weise kann verheißene Zukunft mitten in bedrängender Gegenwart anbrechen und so verändernd wirken. Es geht dann nicht mehr darum, erdachte Zukunft möglichst phantastisch auszumalen, um von gegenwärtiger leidvoller Erfahrung abzulenken, sondern darum, mitten im Alten vorsichtig Neues anzubahnen und mit seiner Hilfe Umorientierung und Wandlung zu ermöglichen.

Info 3: Biblische Hoffnungsbilder I – Was Gott uns verspricht

Jos 1,9	Gott spricht: „Siehe, ich habe dir geboten, dass du getrost und unverzagt seiest. Lass dir nicht grauen und entsetze dich nicht; denn der Herr, dein Gott, ist mit dir in allem, was du tun wirst."
Jes 43,1	Gott spricht: „Fürchte dich nicht, denn ich habe dich erlöst; ich habe dich bei deinem Namen gerufen; du bist mein!"
Jes 54,10	Gott spricht: „Denn es sollen wohl Berge weichen und Hügel hinfallen, aber meine Gnade soll nicht von dir weichen, und der Bund meines Friedens soll nicht hinfallen, spricht der Herr, dein Erbarmer."
Jer 29,11	Gott spricht: „Denn ich weiß wohl, was ich für Gedanken über euch habe, spricht der Herr: Gedanken des Friedens und nicht des Leides, dass ich euch gebe Zukunft und Hoffnung."
Mt 22,32b	Jesus Christus spricht: „Gott ist nicht ein Gott der Toten, sondern der Lebenden."
Lk 20,36.38	Jesus Christus spricht: „Sie können hinfort auch nicht sterben; denn sie sind den Engeln gleich und Gottes Kinder, weil sie Kinder der Auferstehung sind. Gott aber ist nicht ein Gott der Toten, sondern der Lebenden; denn ihm leben sie alle."
Joh 5,24	Jesus Christus spricht: „Wer mein Wort hört und glaubt dem, der mich gesandt hat, der hat das ewige Leben und kommt nicht in das Gericht, sondern er ist vom Tode zum Leben hindurchgedrungen."
Joh 6,35	Jesus Christus spricht: „Ich bin das Brot des Lebens. Wer zu mir kommt, den wird nicht hungern; und wer an mich glaubt, den wird nimmermehr dürsten."
Joh 6,47	Jesus Christus spricht: „Wahrlich, wahrlich, ich sage euch: Wer glaubt, der hat das ewige Leben."
Joh 11,25f.	Jesus Christus spricht: „Ich bin die Auferstehung und das Leben. Wer an mich glaubt, der wird leben, auch wenn er stirbt; und wer da lebt und glaubt an mich, der wird nimmermehr sterben."
Joh 14,19	Jesus Christus spricht: „Es ist noch eine kleine Zeit, dann wird mich die Welt nicht mehr sehen. Ihr aber sollt mich sehen, denn ich lebe, und ihr sollt auch leben."
Joh 14,27	Jesus Christus spricht: „Den Frieden lasse ich euch, meinen Frieden gebe ich euch. Nicht gebe ich euch, wie die Welt gibt. Euer Herz erschrecke nicht und fürchte sich nicht."
Joh 16,33	Jesus Christus spricht: „In der Welt habt ihr Angst; aber seid getrost, ich habe die Welt überwunden."
Röm 8,38f.	Der Apostel Paulus schreibt: „Ich bin gewiss, dass weder Tod noch Leben, weder Engel noch Mächte noch Gewalten, weder Gegenwärtiges noch Zukünftiges, weder Hohes noch Tiefes noch eine andere Kreatur uns scheiden können von der Liebe Gottes, die in Christus Jesus ist, unserm Herrn."

Röm 14,7f.	Der Apostel Paulus schreibt: „Keiner lebt sich selber, und keiner stirbt sich selber. Leben wir, so leben wir dem Herrn; sterben wir, so sterben wir dem Herrn. Darum: Ob wir leben oder sterben, so sind wir des Herrn. Denn dazu ist Christus gestorben und wieder lebendig geworden, dass er über Tote und Lebende Herr sei."
Offb 1,17b.18	Jesus Christus spricht: „Fürchte dich nicht! Ich bin der Erste und der Letzte und der Lebendige. Ich war tot, und siehe, ich bin lebendig von Ewigkeit zu Ewigkeit und habe die Schlüssel des Todes und der Hölle.

Info 4: Biblische Hoffnungsbilder II – Was Gott uns zeigt

- **Licht**

Ps 119,105	Dein Wort ist meines Fußes Leuchte und ein Licht auf meinem Wege.
Dan 2,22	Er (Gott) offenbart, was tief und verborgen ist; er weiß, was in der Finsternis liegt, denn bei ihm ist lauter Licht.
Joh 8,12	Jesus spricht: „Ich bin das Licht der Welt. Wer mir nachfolgt, der wird nicht wandeln in der Finsternis, sondern wird das Licht des Lebens haben."

- **Hand Gottes**

Ps 139,5	Von allen Seiten umgibst du mich und hältst deine Hand über mir.
Ps 139,9f.	Nähme ich Flügel der Morgenröte und bliebe am äußersten Meer, so würde auch dort deine Hand mich führen und deine Rechte mich halten.
Jes 41,10	Fürchte dich nicht, ich bin mit dir; weiche nicht, denn ich bin dein Gott. Ich stärke dich, ich helfe dir auch, ich halte dich durch die rechte Hand meiner Gerechtigkeit.

- **Himmel**

Deut 10,14	Siehe, der Himmel und aller Himmel Himmel und die Erde und alles, was darinnen ist, das ist des Herrn, deines Gottes.
Ps 115,3	Unser Gott ist im Himmel; er kann schaffen, was er will.
Mt 5,12	Seid fröhlich und getrost; es wird euch im Himmel reichlich belohnt werden.

Info 5: Was Kinder über den Tod wissen möchten – Häufig gestellte Kinderfragen

- *„Opa (Oma), musst du auch bald sterben?"*

Es macht wenig Sinn zu beteuern, der eigene Tod könne absehbar ganz gewiss nicht eintreten; schließlich ist alles Leben endlich und Sterben jederzeit möglich. Aber genau dies kann auch äußerst belastend und beängstigend empfunden werden und sollte deshalb nicht im Gegenüber zu Kindern im Vordergrund stehen. Eine angemessen realistische und zugleich hoffnungsvolle Formulierung könnte stattdessen lauten: „Alle Menschen sterben irgendwann. Auch ich werde sterben, aber niemand weiß, wann das sein wird. Und ich möchte auf jeden Fall noch lange bei dir sein und viele schöne Dinge mit dir erleben. Irgendwann sterbe auch ich, aber das wird erst dann sein, wenn ich zu Ende gelebt habe. Und das ist gut so."

- *„Warum macht man den Toten die Augen zu?"* – *„Warum werden Tote gewaschen? Sind sie schmutzig?"* – *„Warum faltet man die Hände bei den Toten?"*

Kinder dürfen ruhig erfahren, dass Sterben ein kraftraubender Prozess ist, der viele verschiedene Etappen und Auswirkungen hat: Sterbende schwitzen und scheiden aus; sie verlieren Speichel, aber auch Tränenflüssigkeit. In der allerletzten Sterbephase erschlaffen die Muskeln, und das kann dazu führen, dass spontan eingenässt und/oder eingekotet wird. Aus diesem Grund wäscht man Verstorbene, bevor sie aufgebahrt werden; man möchte so ihre Würde erhalten und das Abschiednehmen trauernder Hinterbleibender erleichtern.

Gleiches gilt für das Schließen der Augen; sie würden geöffnet austrocknen und das Gesicht eines/einer Toten unnötig entstellen; außerdem fällt es fast allen Menschen extrem schwer, dem gebrochenen Blick Verstorbener standzuhalten.

Die Hände von Toten werden gefaltet, um so zum Ausdruck zu bringen, dass die Verstorbenen ihre Mitte gefunden haben, zum Ursprung ihres Lebens zurückgekehrt sind und dort von nichts mehr abgelenkt werden können. – Für manche Menschen weisen gefaltete Hände bei Toten (Gebetshaltung) auch auf deren Zugehörigkeit zu Gott hin.

- *„Warum wird in der Kirche ein Gottesdienst gefeiert, wenn Menschen gestorben sind?"* – *„Warum wird bei der Trauerfeier über die Toten geredet?"* – *„Warum trägt man bei der Trauerfeier schwarze Kleider?"*

Kinder sollten wissen, dass es verschiedene Arten von Begräbnisfeiern gibt:

Menschen, die in ihrem Leben als Christ/in zu Jesus, dem Christus, gehört haben, werden nach ihrem Tod in der Kirche oder einer kirchlichen Friedhofskapelle verabschiedet und von dort aus zum Grab begleitet. So wird deutlich gemacht, dass die Beziehung zwischen Gott und den Menschen auch über den Tod hinaus Bestand hat und nicht einfach abbricht, wenn ein Leben zu Ende geht.

Menschen, die in ihrem Leben nicht zu Jesus, dem Christus, gehört haben (die nicht getauft sind), werden nicht in der Kirche oder in einer kirchlichen Friedhofskapelle verabschiedet; die Feier für sie findet in der Regel direkt am Grab statt und wird von einem/einer weltlichen Grabredner/in durchgeführt.

Über die Toten wird während der Trauerfeier gesprochen, um deren Leben in Erinnerung zu rufen und das Schöne und Schwere, was man miteinander erleben konnte, zu vergegenwärtigen. Es geht dabei nicht um bloße „Nachrede", sondern um den Versuch, einem Vergessen des Verlorenen vorzubeugen.

Schwarz wird in vielen Kulturen als besonders feierliche und ausdrucksstarke Farbe angesehen; es signalisiert u. a. auch, dass ein Mensch sehr traurig ist und ein wenig Abstand zum sonstigen Leben benötigt.

- *„Warum wirft man Blumen oder Erde in die Gräber?" – „Warum stellt man Blumen oder Kerzen auf die Gräber?"*

Blumen und Erde (Staub) sind Zeichen der Vergänglichkeit allen Lebens (vgl. dazu Ps 103,13ff., aber auch Gen 3,19; Ijob 10,9 und 34,15; Ps 104,29 sowie Koh 3,20 und Sir 17,31); sie machen deutlich, dass niemand unsterblich ist und dass der Tod und alle mit ihm verbundenen Zerfallsprozesse mitten in unseren lebendigen Alltag hineingehören.

Blumen können allerdings auch Ausdruck von Verbundenheit und Liebe sein: Wer sie verschenkt, möchte zu erkennen geben, dass er/sie Zuneigung empfindet und Nähe zu ermöglichen wünscht. Auch der Erdwurf am Grab kann mit einer zweiten Bedeutung belegt werden; er ist formal ein Relikt aus der Zeit, in der Verstorbene von ihren Angehörigen (z. B. einer Dorfgemeinschaft) per Hand bestattet wurden, und drückt Bemühen um Totenversorgung aus.

Grablichter können – so wie Blumen und Erde – als Vergänglichkeitszeichen erklärt werden: So wie eine Kerze allmählich niederbrennt und dann erlischt, schwindet auch das menschliche Leben. Keine Kerze brennt unbegrenzt; niemand lebt endlos.

- *„Gibt es auch Katzen und Hunde im Himmel?"*

Wenn der Himmel als Chiffre für Gottesnähe verstanden wird, gibt es keinerlei Grund, Tiere aus diesem Bereich auszuschließen. Gott hat versprochen, sich um alles Lebendige zu kümmern und für sein Werk, die gesamte Schöpfung, einzutreten. Und das, was er verspricht, hält er auch.

- *„Wo sind denn die Toten?"*

Erwachsene sollten sich nicht dazu verleiten lassen, exakte Ortsangaben „zu erfinden", sondern den Mut aufbringen dazu zu stehen, dass die Zukunft der Toten letztlich ein Geheimnis bleibt („das weiß ich nicht; ich brauche es auch nicht zu wissen; für mich darf es ruhig ein Geheimnis bleiben"). Das Bekenntnis zum eigenen Nichtwissen befreit zur Entwicklung eigener Vorstellungsbilder und zur Toleranz fremder Bildern und Überzeugungen gegenüber; es entbindet aber nicht von der Verpflichtung Kindern „Rede und Antwort" zu stehen.

Info 6: Was Erwachsene (nicht) sagen sollten – Missverständliche Äußerungen und positive Impulse

- *„Dein Papa ist auf eine ganz, ganz lange Reise gegangen."*

Wenn der Tod naher Angehöriger durch den Verweis auf eine lange Reise kaschiert wird, ist Enttäuschung vorprogrammiert. Wer verreist, schickt Grußkarten bzw. Päckchen und kommt auf jeden Fall früher oder später wieder zurück. Kinder, die dementsprechend „Lebenszeichen" von Verstorbenen erwarten, hoffen vergeblich; sie werden schließlich vermuten, vergessen oder böswillig verlassen worden zu sein, und erleiden so doppelten Trennungsschmerz.

Vorschlag für einen positiven Impuls: Es sollte deutlich gemacht werden, dass die Verstorbenen nicht „freiwillig gegangen" sind, sondern gerne bei und mit ihren Angehörigen weiter gelebt hätten, wenn das möglich gewesen wäre (Traurigkeit und Trennungsschmerz bei „Scheidenden" und „Hinterbleibenden").

- *„Deine Mama schläft jetzt für immer tief und fest."*

Die Identifikation von Tod und Schlaf (die Kinder mitunter auch selbst vornehmen) kann verwirrend wirken und sogar Schlafstörungen hervorrufen: Wer schläft, müsste eigentlich wieder aufwachen, und wenn das nicht gewährleistet ist, wird jedes Einschlafen zu einer u. U. tödlichen Bedrohung.

Vorschlag für einen positiven Impuls: Es sollte deutlich gemacht werden, dass Schlafen eine „Tätigkeit" Lebender ist und dass Tote zwar manchmal wie Schlafende aussehen, aber – anders als sie! – nicht wieder aufwachen, um mit trauernden Hinterbleibenden weiterzuleben (deutliche Differenzierung von Schlaf und Tod).

- *„Dein Opa ist im Himmel."*

Kinder, die (noch) nicht zwischen relationaler und lokaler Himmelsdimension („Gottes- und Menschenhimmel") unterscheiden können, werden beim Verweis auf den Himmel davon ausgehen, dass ihre verstorbenen Angehörigen irgendwo oben in den Wolken verschwunden sind. Diese Annahme kann diffuse Ängste auslösen: Es ist z. B. äußerst unangenehm, sich vorzustellen, jemand müsste während eines Gewitters mit Donner, Blitz und Hagelschauern auf einer wenig Schutz bietenden Wolke hocken, und es wäre auch äußerst unschön und gefährlich, wenn das durch Tote bevölkerte Firmament plötzlich wegen totaler Überbelastung einbräche und auf Lebende herabstürzte.

Vorschlag für einen positiven Impuls: Es sollte deutlich gemacht werden, dass der „Gotteshimmel" überall dort ist, wo Gott sich – wie versprochen – um seine Menschen kümmert und dafür sorgt, dass ihnen alles Notwendige zur Verfügung steht (Betonung der Relationalität der Himmelsdimension).

- *„Deine Oma ist jetzt ein Stern und leuchtet für uns."*

Kinder lernen heute recht früh, wie die Sterne entstanden sind und was sie substanziell ausmacht. Aus diesem Grund werden sie früher oder später widersprechen, wenn sie auf die vermeintliche „Sternenexistenz" Verstorbener verwiesen werden. Auch das

Vorhandensein von Sternschnuppen könnte zu Problemen führen; schließlich ist es nicht gerade beruhigend, davon auszugehen, dass immer dann, wenn ein Komet zu entdecken ist, ein Toter vom Himmel fällt.

Vorschlag für einen positiven Impuls: Es sollte deutlich gemacht werden, dass Sterne am Himmel trotz ihres Objektcharakters an geliebte Verstorbene (als Subjekte) erinnern können und auf diese Weise dazu beitragen, Tote im Gedächtnis zu behalten und durch lebendige Bilder „von früher" zu ihrer tröstlichen „Vergegenwärtigung" beizutragen (deutliche Differenzierung zwischen Sternen und Verstorbenen; Betonung der Trostfunktion von Erinnerung[en]).

- *„Der liebe Gott hat deinen Bruder zu sich geholt, weil er ihn so lieb hatte."*

Wenn Gott all die, die er besonders liebt, auch besonders früh „abberuft", könnte es aus kindlicher Sicht durchaus sinnvoll sein, ein rechtes „enfant terrible" zu werden. Wer frech und ungehorsam ist, gehört bestimmt nicht zu den Lieblingen Gottes und hat dementsprechend Aussicht darauf, länger zu leben als andere, die sich freundlich und angepasst zeigen. Natürlich könnte auch umgekehrt darauf geschlossen werden, man müsse nur lieb genug sein, um möglichst bald zu sterben und bei den toten Angehörigen sein zu können.

Vorschlag für einen positiven Impuls: Es sollte deutlich gemacht werden, dass Gottes Liebe nicht zum Tod, sondern zum Leben führt – und das hier und jetzt (gegenwärtig-immanent) und auch dann, wenn zu Ende gestorben wurde (zukünftig-transzendent). Wer zu Gott gehört, bekommt zwei Leben geschenkt: Ein erstes hier auf der Erde, in dem durchaus schon viel vom „Gotteshimmel" zu entdecken und zu spüren ist, und ein zweites, das ganz und gar in den „Gotteshimmel" (die Ewigkeit) einführt (Betonung der Unbedingtheit und Beständigkeit von Gottes Liebe).

- *„Deine Schwester ist gestorben, weil sie krank war."*

Wenn Kinder mit dieser Aussage konfrontiert werden, vermuten sie u. U., dass jede Krankheit zum Tode führt und entwickeln dementsprechend heftige Abwehr-Phobien mit äußerst negativen Konsequenzen. Jeder Schnupfen und jeder Husten werden dann als sicheres Todeszeichen gewertet und maßlos gefürchtet, und auch schniefende und hustende Menschen oder Tiere gelten als überaus gefährlich, da todbringend.

Vorschlag für einen positiven Impuls: Es sollte deutlich gemacht werden, dass längst nicht alle Krankheiten zum Tode führen und dass es viele medizinische und sonstige Möglichkeiten gibt, Kranken zu helfen und ihre Lebenskraft zu stärken (Krankheit als „Notsignal" und nicht als „Todessignal"; Überwindung der Kausalität von Krankheit und Sterben).

3. Hilfreiche Literatur zum Thema „Sterben – Trauer – Tod"

3.1 Zielgruppe: Erwachsene

- **Böke, H. u. a.:** Trauer ist ein langer Weg, Düsseldorf 2000.
- **Bücken-Schaal, M.:** Kindertrostrituale für kleine und große Abschiede (Inspirationskarten), München 2014.
- **Canakakis, J.:** Ich sehe Deine Tränen. Lebendigkeit in der Trauer, Das Lebens- und Trauerumwandlungsmodell (LTUM), 1. Aufl., Freiburg 2008.
- **Cramer, B.:** Bist du jetzt ein Engel? Mit Kindern über Leben und Tod reden, Tübingen 2008.
- **Ennulat, G.:** Wie Kinder trauern. So können Eltern die Selbstheilungskräfte ihrer Kinder fördern, 1. Aufl., Freiburg 2008.
- **Everding, W.:** Wie ist es tot zu sein? Tod und Trauer in der pädagogischen Arbeit mit Kindern, Freiburg i. B./Basel/Wien 2005.
- **Färber, M. u. Lutz, M.:** ... plötzlich mit dem Tod konfrontiert. Leitfaden für Kitas mit Notfallplänen, Checklisten und Hilfen zur Trauerbegleitung, München 2014.
- **Finger, G.:** Mit Kindern trauern, Freiburg 2001.
- **Finger, G.:** Wie Kinder trauern. So können Eltern die Selbstheilungskräfte ihrer Kinder fördern, 1. Aufl., Freiburg 2008.
- **Franz, M.:** Tabuthema Trauerarbeit. Erzieherinnen begleiten Kinder bei Abschied, Verlust und Tod, 2. Aufl., München 2004.
- **Geiter, H.:** Tränen sind wie kostbare Perlen. Kinder begegnen dem Sterben, Ein Buch für alle, die Kinder in ihrer Trauer verstehen und begleiten wollen, Esslingen 2014.
- **Hinderer, P. u. Kroth, M.:** Kinder bei Tod und Trauer begleiten. Konkrete Hilfestellungen in Trauersituationen für Kindergarten, Grundschule und zu Hause, mit Illustrationen von K. Sander, Münster 2005.
- **Jarratt, C. J.:** Trennung, Verlust und Trauer, Was wir unseren Kindern sagen – wie wir ihnen helfen, übers. von C. W. Müller, Weinheim/Basel 2006.
- **Jennessen, S.:** Manchmal muss man an den Tod denken ... Wege der Enttabuisierung von Sterben, Tod und Trauer in der Grundschule, Baltmannsweiler 2007.
- **Junker, O.:** Und plötzlich ist alles anders. Trauernde Kinder verstehen und begleiten, Konkrete Hinweise für die Akutsituation und die Zeit danach für betroffene Eltern und Kinder, für Angehörige und Begleiter, für Einsatzkräfte und Seelsorger, Aachen 2008.
- **Kachler, R.:** Meine Trauer wird dich finden. Ein neuer Ansatz in der Trauerarbeit, Stuttgart 2005.
- **Kast, V.:** Trauern. Phasen und Chancen des psychischen Prozesses, Nachdr. der Neuaufl. 2002, Freiburg i. B. 2009.
- **Kißgen, R. u. Heinen, N. (Hgg):** Trennung, Tod und Trauer in den ersten Lebensjahren. Begleitung und Beratung von Kindern und Eltern, Stuttgart 2014.
- **Kübler-Ross, E.:** Kinder und Tod, 1. Aufl., München 2008.
- **Lammer, K.:** Den Tod begreifen. Neue Wege in der Trauerbegleitung, mit einem Geleitwort von Y. Spiegel, Neukirchen-Vluyn 2003.
- **Lammer, K.:** Trauer verstehen. Formen – Erklärungen – Hilfen, Neukirchen-Vluyn 2003.
- **Leist, M.:** Kinder begegnen dem Tod, 5. Aufl., Gütersloh 2008.
- **Ludwig, C.:** Wenn das Haustier stirbt. Vom Umgang mit Tieren, Tod und Trauer, Köln 2001.
- **Pfleiderer, E.:** Lebensgärten – Wüstentäler. Ein Praxisbuch, um Kinder und Jugendliche in ihrer Trauer besser verstehen und hilfreich begleiten zu können, Esslingen 2014.
- **Plieth, M.:** Auch Tote sind nicht gern allein. Kinderzeichnungen von Sterben, Tod und dem Leben danach, Freiburg i.B. 2014.
- **Plieth, M.:** Begleitheft zum Medienpaket, Wie der kleine rosa Elefant einmal sehr traurig war und wie es ihm wieder gut ging" (Stichwort „Kindertrauer"), in der Reihe Bilderbuchkino.de, hg. vom Matthias-Film-Verlag (gemeinnützige GmbH), Berlin 2010.

- **Plieth, M.:** Das „Benno-Prinzip" oder: Was hilft, wenn Trauer wehtut?, in: KatBl, 6/2008, 417–422.
- **Plieth, M.:** Kind und Tod. Zum Umgang mit kindlichen Schreckensvorstellungen und Hoffnungsbildern, 5. Aufl., Neukirchen-Vluyn 2011.
- **Plieth, M.:** Mit Kindern ihre Trauer leben, in: Grundschule Religion, 4/2003, 4–6.
- **Plieth, M.:** „Religiöse Ver(w)irrung" – Erschreckendes zum Thema Tod und Sterben im Kinder- und Jugendbuch. Tendenzen – Perspektiven – Defizite, in: Heumann, J. (Hg.): Auf der Suche nach Religion. Die Wiederkehr der Religion im Kinder- und Jugendbuch, 1. Aufl., Oldenburg 2007, 35–56.
- **Plieth, M.:** Religiöse Vorstellungen in neueren Kinderbüchern zum Thema „Sterben, Tod und Traurigkeit", in: Über Gott und die Welt. Religion, Sinn und Werte im Kinder- und Jugendbuch, hg. von J. Heumann, Frankfurt a.M. 2005, 141–161.
- **Plieth, M.:** Tote essen auch Nutella. Die tröstliche Kraft kindlicher Todesvorstellungen, Freiburg i.B. 2013.
- **Plieth, M.:** Wie Kinder ihre Trauer leben, in: Arbeitsbuch Trauernde begleiten. Erfahrungen, Konzepte und Gottesdienste aus der Praxis der Trauerarbeit, GottesdienstPraxis, Serie B: Arbeitshilfen für die Gestaltung von Gottesdiensten, Kasualien, Feiertagen, besonderen Anlässen und Arbeitsbücher für die Gemeindepraxis, hg. von E. Domay u. A. Methfessel, Gütersloh 2004, 105–108.
- **Röseberg, F. u. Müller, M. (Hg.):** Handbuch Kindertrauer. Die Begleitung von Kindern, Jugendlichen und ihren Familien, mit 27 Abbildungen und 9 Tabellen, Göttingen 2014.
- **Schroeter-Rupieper, M.:** Für immer anders. Das Hausbuch für Familien in Zeiten der Trauer und des Abschieds, 2. Aufl., Ostfildern 2014.
- **Specht-Tomann, M. u. Tropper, D.:** Zeit des Abschieds. Sterbe- und Trauerbegleitung, 7. Aufl., Düsseldorf 2010.
- **Specht-Tomann, M. u. Tropper, D.:** Zeit zu trauern. Kinder und Erwachsene verstehen und begleiten, Düsseldorf 2001.
- **Tausch-Flammer, D. u. Bickel, L.:** Wenn Kinder nach dem Sterben fragen. Ein Begleitbuch für Kinder, Eltern und Erzieher, 1. Aufl., Freiburg i.B. 2015.
- **Voß, B.:** Kinder in Trauer. Kinder beim Abschiednehmen begleiten, Berlin 2005.
- **Voss-Eiser, M. (Hg.):** Noch einmal sprechen von der Wärme des Lebens …" Texte aus der Erfahrung von Trauernden, mit einem Vorwort von J. Zink, 8. Aufl., Basel/Freiburg i.B./Wien 2010.
- **Wegleiter, K. u.a. (Hgg.):** Tod – Kein Thema für Kinder? Zulassen – Erfahren – Teilen. Verlust und Trauer im Leben von Kindern und Jugendlichen, Anregungen für die Praxis, Esslingen 2014.
- **Witt-Loers, St.:** Sterben, Tod und Trauer in der Schule. Eine Orientierungshilfe, 1. Aufl., Göttingen 2009.
- **Wolfelt, A. D.:** Für Zeiten der Trauer. Wie ich Kindern helfen kann, 100 praktische Anregungen, Stuttgart/Zürich 2002.

3.2 Zielgruppe: Kinder

- **Abedi, I.:** Abschied von Opa Elefant. Eine Bilderbuchgeschichte über den Tod, mit Illustrationen von M. Cordes, Hamburg 2006.
- **Akeson, K. F.:** Erik und das Opa-Gespenst, mit Illustrationen von E. Erikkson, übers. von D. Brunow, Hamburg 2005.
- **Bach, M.:** Auf Wiedersehen, kleiner Vogel! Eine Geschichte über das Abschiednehmen und den Tod, mit Illustrationen von ders., Münster 2015
- **Bauer, J.:** Opas Engel, mit Illustrationen von ders., Hamburg 2001.
- **Baumbach, M.:** Nie mehr Wolkengucken mit Opa?, mit Illustrationen von V. Körting, Stuttgart 2014.
- **Barth, F.-K.:** Himbeermarmelade, mit Illustrationen von D. Wünsch, Wuppertal 2003.
- **Benecke, M.:** Wo bleibt die Maus? Vom Kreislauf des Lebens, mit Illustrationen von L. Fuss, Düsseldorf 2008.
- **Beuscher, A.:** Über den großen Fluss, mit Illustrationen von C. Haas, 1. Aufl., Düsseldorf 2002.
- **Bley, A.:** Und was kommt nach tausend? Eine Bilderbuchgeschichte vom Tod, mit Illustrationen von ders., Ravensburg 2005.
- **Blumentritt, L.:** Lara's Schmetterlinge. Mit bunten Flügeln in ein neues Leben, mit Illustrationen von ders., Darmstadt 2003.

- **Bos, T.**: Papa, hörst du mich?, mit Illustrationen von A. van Haerungen, übers, von L. Uitgeverij, 2. Aufl., Stuttgart 2014.
- **Broere, R., de**: Opa kommt nicht wieder, mit Bildern von A. de Broere, übers. von Chr. Jung, Hamburg 2000.
- **Butt, Chr. (Hg.)**: Warum steht auf Opas Grab ein Stein? Beerdigungsbräuche erklärt von Kindern für Kinder, Stuttgart 2010.
- **Dubois, Cl. K.**: Wenn ich nicht mehr bei dir bin, bleibt dir unser Stern, mit Illustrationen von P. Gilson, übers. von I. Fröse-Schreer, Gießen 2004.
- **Dorey, M.**: Wenn ich an meine Oma denk ..., mit Illustrationen von ders., übers. von A. Potyka, Wien 2003.
- **Eder, S.**: Papa in den Wolkenbergen – Das Bilder-Erzählbuch für Kinder, die einen geliebten Menschen verloren haben, mit Illustrationen von E. Gasser, Salzburg 2013.
- **Erlbruch, W.**: Ente, Tod und Tulpe, mit Illustrationen von dems., München 2007.
- **Fech, M.**: Opa, ich kann Hummeln zählen, mit Illustrationen von I. Pin, Düsseldorf 2007.
- **Fortier, N.**: Orangen für Opa, mit Illustrationen von F. Legendre, übers. von R. Griebel-Kruip, Düsseldorf 2008.
- **Gätjen, H.**: Willi will's wissen. Die Reportage für Kinder und alle, die es wissen wollen, Wie ist das mit dem Tod?, mit Illustrationen von U. Kraus, Frankfurt a.M. 2007.
- **Gliemann, C.**: Ohne Oma, mit Illustrationen von P. Trischler, Karlsruhe 2011.
- **Gray, N.**: Der kleine Bär und sein Opa, mit Illustrationen von V. Cabban, übers. von N. Landa, Rheinfelden 2000.
- **Heine, H.**: Der Club, mit Illustrationen von dems., München 2001.
- **Herbold, M.**: Papi wir vergessen dich nicht, mit Illustrationen von ders., Gossau, Zürich/Hamburg 2002.
- **Hermann, S.**: Luca und der Schmetterling. Ein Bilderbuch vom Abschiednehmen, mit Illustrationen von J. Bade, 1. Aufl., Gütersloh 2007.
- **Holzinger, M.**: Abschied von Anna, mit Illustrationen von H. Stollinger, Innsbruck 2011.
- **Hubka, Chr.**: Wo die Toten zu Hause sind, mit einem pädagogischen Anhang „Wie mit Kindern über den Tod reden?", mit Illustrationen von N. Hammerle, 2. Aufl., Innsbruck/Wien 2005.
- **Jalonen, R**: Das Mädchen unter den Dohlenbaum, mit Illustrationen von K. Louhi, übers. von A. Pykkönen-Stohner, München 2007.
- **Karimé, A.**: Lea, Opa und das Himmelsklavier, mit Illustrationen von A.-K. Behl, Wien 2011.
- **Krankendonk, A.**: Vom Weinen kriegt man Durst, mit Illustrationen von S. Halfmouw, übers. von A. Kluitmann, Düsseldorf 2000.
- **Krol, D.**: Kevin Kanin oder Als es dunkel wurrde am Lohewald, mit Illustrationen von P. Kunstreich, Stuttgart 2005.
- **Langen, A.**: Vier Pfoten am Himmel. Ein Bilderbuch zum Thema Tod, mit Illustrationen von A. Bohnstedt, Freiburg i.B./Basel/Wien 2008.
- **Lévy, D.**: Angelmann, mit Illustrationen von M. Roussel, übers. von E. Jacoby, Hildesheim 2005.
- **Lüftner, K.**: Für immer, mit Illustrationen von K. Gehrmann, Weinheim Basel 2013.
- **Meindertz, K. u. Jekkers, H.**: Ballade vom Tod, mit Illustrationen von P. Grobler, übers. von R. Erdorf, Hildesheim 2009.
- **Mertikat, F.**: Jakob, mit Illustrationen von B. Schreuder, Ludwigsburg 2010.
- **Moritz, A.**: Tod und Sterben Kindern erklärt, mit Illustrationen von S. Gehrke, Gütersloh 2001.
- **Müller, B.**: Auf Wiedersehen, Oma, mit Illustrationen von ders., 2. Aufl., Gossau, Zürich 2004.
- **Mandy, M.**: Traurig sein ist okay! Ein Trauer-Begleitbuch für Kinder, die einen Verlust erleben, mit Illustrationen von R. W. Alley, übers. von S. Lohninger u. R. Jaroslawsky, 1. Aufl., Gutenstein 2004.
- **Newman, L.**: Die beste Katze der Welt, mit Illustrationen von R. Himler, übers. von P. Baumann, Oldenburg 2007.
- **Nilson, U.**: Adieu, Herr Muffin, mit Illustrationen von A.-C. Tidholm, übers. von O. Könnecke, Frankfurt a.M. 2003.

- **Nilson, U.**: Die besten Beerdigungen der Welt, mit Illustrationen von E. Eriksson, übers. von O. Könnecke, Frankfurt a.M. 2006.
- **Olbrich, H.**: Abschied von Tante Sofia, mit Illustrationen von A. Leson, 2. Aufl., Lahr 2003. (kleines Bilderbuch bzw. Taschenhandbuch für den Preis von 2,95 €)
- **Post, A.**: Auf Wiedersehen, Papa, mit Bildern von H. van Vilet, übers. von A. Kluitmann, Düsseldorf 2000.
- **Randerath, J.**: Der Abschiedsbrief von Opa Maus, mit Illustrationen von D. Chudzinski, Stuttgart/Wien 2007.
- **Ringtved, G.**: Warum, lieber Tod ...?, mit Illustrationen von Ch. Pardi, Bremen 2002.
- **Rohner, V.**: Wie Großvater schwimmen lernte, mit Illustrationen von D. Wünsch, Wuppertal 2011.
- **Rosen, M.**: Mein trauriges Buch, mit Illustrationen von Qu. Blake, übers. von R. Rosenstein, 2. Aufl., Stuttgart 2007.
- **Saegner, U.**: Papa, wo bist du? Ein Kinderbuch zu Tod und Trauer für Kinder, mit Illustrationen von dems., 1. Aufl., Leipzig 2005.
- **Saegner, U.**: Sarahs Mama. Wenn die Mutter stirbt – ein Kinderbuch, mit Illustrationen von dems., Neuauflage, Ludwigsburg 2013.
- **Schins, M.-Th.**: Eine Kiste für Opa, mit Illustrationen von B. Müller, 1. Aufl., Berlin 2008.
- **Schins, M.-Th.**: Zuckerguss für Isabell, mit Illustrationen von B. Müller, Wuppertal 2005.
- **Schlotte, W.**: Mein Opa hat die Taschen voller Buntstifte, mit Illustrationen von dems., Weinheim/Basel/Berlin 2003.
- **Schössow, P.**: Gehört das so? Die Geschichte von Elvis, mit Illustrationen von dems. u. D. K. Künster, München/Wien 2005.
- **Schopf, S.**: Abschied von Rosetta, mit Illustrationen von M. Tophoven, Wien/München 2006.
- **Schubiger, J.**: Als der Tod zu uns kam, mit Illustrationen von R. S. Berner, Wuppertal 2011.
- **Schulz, H.**: Die schlaue Mama Sambona, mit Illustrationen von T. Krejtschi, 2. Aufl., Wuppertal 2007.
- **Stellmacher, H.**: Nie mehr Oma-Lina-Tag, mit Illustrationen von J. Lieffering, Stuttgart/Wien 2005.
- **Stock, O.**: Was ist mit Opa? Ein „Kniereiterbuch" für eine Erzählstunde zum Thema Sterben, Loslassen, Tod und Abschiednehmen, mit Illustrationen von C. von Hackewitz, 1. Aufl., Basel 2015.
- **Teckentrup, B.**: Der Baum der Erinnerung, mit Illustrationen von ders., München 2013.
- **Treiber, J.**: Der Großvater im rostroten Ohrensessel, mit Illustrationen von J. Rassmus, Wien/Düsseldorf 2006.
- **Treiber, J.**: Die Blumen der Engel, mit Illustrationen von M. Blazejovsky, München 2001.
- **Vendel, van de, E.**: Großvater, Kleinvater, mit Illustrationen von I. Godon, übers. von R. Erdorf, Hamburg 2007.
- **Verrept, P.**: Du fehlst mir, übers. von M. Barendrecht u. Th. Charpey, Wien 2000.
- **Vinje, K.**: Pelle und die Geschichte mit Mia, mit Illustrationen von V. Zahl Olsen, übers. von E. Wohlenberg, Gießen 2000.
- **Walbrecker, D.**: Ist Omi jetzt ein Engel?, mit Illustrationen von M. Mair, München 2006.
- **Wegenast, B.**: Hannah und ich, mit Illustrationen von K. Meyer, Düsseldorf 2008.
- **Weigelt, U.**: Der alte Bär muss Abschied nehmen, mit Illustrationen von C. Kadmon, Gossau, Zürich/Hamburg 2003.
- **Weitze, M.**: Wie der kleine rosa Elefant einmal sehr traurig war und wie es ihm wieder gut ging, mit Illustrationen von E. Battut, 7. Aufl., Zürich 2009.
- **Westera, B.**: Seinen Opa wird Jan nie vergessen, mit Illustrationen von H. van Straaten, übers. von A. Grootelüschen, Oldenburg 2001.
- **Wiegel, St.**: Für immer in meinem Herzen. Das Trauer- und Erinnerungsalbum für Kinder, mit Illustrationen von R. Efinger-Keller, Ostfildern 2009.
- **Wild, M.**: Ben und Bommel, mit Illustrationen von F. Blackwood, übers. von M. Stehle, Stuttgart 2011.
- **Wöhrmann, M.**: Mats und Opa. Ein Gespräch über das Sterben, Münster 2014.
- **Yumoto, K.**: Der Bär und die Wildkatze, mit Illustrationen von K. Sakai, übers. von U. Gräfe, 1. Aufl., Frankfurt a.M. 2009.

V. Statt eines Nachwortes: „Das Thema hat mir gefallen ..."

An dieser Stelle melden sich noch einmal einige Kinder zu Wort. Ihre Äußerungen belegen am eindrücklichsten, wie wichtig es für sie war, über das Thema „Tod und Leben" zu sprechen.

> Was hat mir an dem Thema „Leben und Tod" gut gefallen? Und was nicht?
>
> Am Thema „Leben und Tod" hat mir das Buch „Abschied von Tante Sofia" gut gefallen. Die Radioaufnahme hat mir auch gut gefallen, weil man da seine Erlebnisse vom Tod erzählen konnte. Bei dem Thema „Leben und Tod" hat mir auch alles andere gut gefallen.

(Sebastian R.)

> Thema Leben und Tod
>
> Mir hat das Thema gut gefallen weil Ich viele fragen beantwortet bekommen habe die ich noch nicht wuste. Es war schön darüber zu reden weil vieleicht manche Kinder erst mal gemerckt haben das der Tod zu den Leben dazu gehört und es nicht schlim ist zu sterben für die Angehörigen ist es nicht schön man trauert sehr aber der Tod gehört einmal zum Leben dazu und jeder Mensch muss einmal sterben ob alt oder jung.

(Iris)

> Das Thema „Der Tod" hat mich schon interessiert. Kinder erzählen von Angehörigen, die verstorben sind und auch von den Beerdigungen. Gefallen hat mir auch das Lebenslabyrint, das wir gemacht haben, das Buch von Tante Sofia, der Rundgang über den Friedhof. Sehr traurig war jedoch die Beerdigung von Tobias Vater.

(Christina)

Als wir mit dem Thema Leben und Tod angefangen haben, dachte ich, ich könnte dazu nichts sagen oder schreiben. Aber dann merkte ich wie sehr mich dieses Thema interessierte. Sofort am Anfang wurde mir klar das der Tod etwas wichtiges ist. Als wir auf der Beerdigung von Tobias Vater waren, ist in der gleichen Stunde meine Cousine geboren. Da ist mir aufgefallen, wie sehr alles beinander liegt: das kommen und das Gehen. Als wir das Buch Abschied von Tante Sophia gelesen haben haben, habe ich mich sehr gefreut denn es ist ein sehr schönes und hilfreiches Buch. Hinterher als ich das Buch zuhause gelesen habe, habe ich mich noch mal ausführlich mit meinen Eltern unterhalten. Mir hat alles gut gefallen.

(Janine)

Was mir am Thema Tod gefallen hat:

„Das Buch Abschied von Tante Fohla,

Lebenslabirinf,

Die Beerdigung von Tobias Vater

Friedhofsbesuch,

(Andreas)

Das Thema Tod und Leben hat mir gut gefallen. Besonders gut gefallen hat mir das Buch, weil es eine Geschichte zum Nachdenken ist und solche Geschichten mag ich gerne. Das Thema Tod und Leben hat mir auch weitergeholfen, weil ich jetzt Vorstellungen habe, was mit den Toten passiert. Als das Radio kam und mir Fragen stellte, hatte ich das Gefühl, als ob mein Kopf voll wäre mit Antworten und dass ich davon Kopfschmerzen hatte, aber nach einer Weile wurde der Kopf leerer und die Kopfschmerzen gingen weg. Es war ein schönes Gefühl seine Gedanken aussprechen zu können.

Karin

(Karin)

Mir hat das Thema „Tod und Leben" gut gefallen. Sehr gut fand ich das Buch: „Abschied von Tante Sofia". Besonders gut hat mir das Gedicht: „Alles, was auf Erden geschieht" gefallen. Das andere wie zum Beispiel: Radio, die Bilder u. s. w. fand ich befriedigend.

Note: 2

(Sebastian F.)

Was mir am Thema Tod/Leben gefallen hat

Mir hat am Thema Tod/Leben alles gefallen. Mir hat das Buch von Tante Sofia gefallen. Ich will das Thema Tod/Leben weitermachen.

(Sevim)

Als sie mich befragt haben, wurde ich ein bisschen traurig. Trotzdem hat das Spaß gemacht. Wir sollten Bilder malen, das war gut. Später haben wir Bonbons bekommen.

(Maximilian)

> Liebe Frau Itze an der Thema Tod
> hat mir das Buch Abschied von Tante Sofia
> sehr gut gefallen. Dafür sind wir zum
> Friedhof gegangen und uns alles schön
> angeguckt. Und das Radio hat mir sehr
> gut gefallen, denn ich konnte alles sagen
> was in mir steckt.
> Danke für alles was du für uns getan hast.
> von Melek

Wie hat mir das Thema Leben und Tod gefallen

Mir hat es gut gefallen, weil ich vorher sehr große Angst vor dem Tod hatte. Und durch das Tante-Sofia-Buch, das Interview und durch vieles mehr ist das nicht mehr so. Mir hat es sehr gut gefallen. Und jetzt habe ich auch nicht mehr so große Angst vor dem Tod.

(Nina-Marie)

Thema (Tod)

Ich finde vom Thema Tod alles gut, aber am besten fand ich die Geschichte von Tante Sofia, weil ich durch die Geschichte viel über Tante Sofia gelernt habe.

(Ümit)

Ich fand das Thema Tod gut weil
~~ich jetzt~~ etwas mehr über den Tod
weiß und nicht mehr so viel Angst
habe wie vorher. Vor dem Interview
hatte ich erst auch angst aber als
ich dann da saß hatte ich, keine
~~nehr so viel~~ Angst mehr. Das Buch
"Abschied von Tante Sofia hat mir
auch sehr gut gefallen. Ich fande
es gut und würde es auch für andere
Klassen empfehlen darüber zu sprechen.
   Lisa

Mir gefiel das Thema gut weil es
war gut über den Tod zu sprechen
und nach zu denken wo die toten
wären. Mir hat das auch etwas
Mut gemacht aber ich habe
Angst wenn meine Mutter, mein Vater,
meine Schwester und ich gestorben sind
dass ich sie nie mehr wieder
sehen, aber an sonsten hat mir das Thema
gefahllen.

(Alexander)

Leben und Tod

Dieses Thema hat mir sehr gefallen, weil ich jetzt weiß, wie es unseren verstorbenen Mäusen geht. Das Buch Tante Sofia fand ich auch besonders schön. Als wir vom Leben gesprochen haben, hat es mir immer Spaß gemacht, mich zu melden. Das Raten der Bilder war auch sehr lustig.

(Friederike)

Was mir am besten am Thema Tod gefallen hat

Mir hat am Thema Tod am besten gefallen das Buch von Tante Sofia und vor allem das Gedicht von Tante Sofia. Und wo wir immer am Anfang das Gebet gesprochen haben. Oder auch die Geschichte „Ein Freund". Und dass die Kinder mich so gut unterstützt haben. Und dass so viele mit auf die Beerdigung von meinem Vater mitgekommen sind.

Was ich nicht gut fand

Als mein Vater mitten im Thema gestorben ist.

(Tobias P.)

Ich fand das Thema Leben und Tod sehr schön. Aber was mir am besten gefallen hat, war das Interview. Ich fand den Gang zum Friedhof gut. Das Buch von Tante Sofia hat mir gezeigt, wie der Abschied von Menschen ist. Ich habe es bis jetzt zweimal mitbekommen. Einmal bei meiner Schwester und bei meiner Oma. Aber dieses Buch zeigte auch, wie das Leben weitergeht nach dem Abschied, und das fand ich echt schön. Wir konnten uns aufmalen, wie ich mir den Tod vorstelle, aber das in meiner Vision. Und diese Sachen fand ich alle wirklich schön. Aber was ich nicht so schön fand war, dass wir uns keine richtige lange Zeit genommen haben über den Friedhof zu gehen! Aber das Thema war schön.

(Julia)

Thema: Tod   Was gut und was nicht gut war 19.06.2000

1. Ich fand das ganze toll. Weil ich dazu noch was gelernt hab (von Leben und Tod).

2. Die Geschichte Abschied von Tante Sofia das Buch fand ich auch gut!

3. Also man kann wohl alles sagen, aber mir fällt leider nichts ein. Aber das war Super Toll!

Leben   Tot

(Serpil)

Die Autorinnen:

Dr. Ulrike Itze (Jahrgang 1964) ist Rektorin an der Gemeinschaftsgrundschule Ladbergen. Sie hat im Fach Religionspädagogik zum Dr. paed. promoviert. Darüber hinaus veröffentlichte sie mehrere Bücher im Bereich pädagogischer und didaktischer Fachliteratur und betätigt sich in der Lehrer/innen-Fortbildung.

Prof. Dr. habil. Martina Plieth (Jahrgang 1959): Pfarrerin der Evangelisch-Lutherischen Kirche in Bayern (ELKB), Theologin und Pädagogin, Professorin für Gemeindepädagogik und Kirchliche Bildungsarbeit an der Evangelischen Hochschule Nürnberg (evhn).